U0603003

明末清初大转折

枭雄吴三桂

千江月◎著

中国铁道出版社有限公司
CHINA RAILWAY PUBLISHING HOUSE CO., LTD.

图书在版编目（CIP）数据

明末清初大转折：枭雄吴三桂 / 千江月著 . —北京：
中国铁道出版社，2018.8（2021.9重印）

ISBN 978-7-113-24138-4

Ⅰ . ①明… Ⅱ . ①千… Ⅲ . ①吴三桂（1612-1678）-
人物研究 Ⅳ . ① K827=49

中国版本图书馆 CIP 数据核字（2017）第 317005 号

书　　名：明末清初大转折：枭雄吴三桂

作　　者：千江月

责任编辑：刘建玮　　　　　　　　电　　话：（010）51873038

装帧设计：天下装帧设计　　　　　电子信箱：liujw0827@163.com

责任印制：赵星辰

出版发行：中国铁道出版社有限公司　　（100054，北京市西城区右安门西街 8 号）

印　　刷：三河市燕春印务有限公司

版　　次：2018 年 8 月第 1 版　　2021 年 9 月第 2 次印刷

开　　本：710mm×1000mm　　1/16　　印张：17.5　　字数：285 千

书　　号：ISBN 978-7-113-24138-4

定　　价：48.00元

序

后世对吴三桂褒贬不一。但无论如何，在明末清初的历史大转折中，吴三桂都是一位极其重要和关键的人物，本书选择从这里着笔。

吴三桂，十七岁血战救父，经历明清松山大战；运作机诈权变手法，紧紧抓住稍纵即逝的战机，大战山海关，击败李自成，为清廷入主中原立下汗马功劳；追击南明余部，成为雄踞西南一隅的平西王。在民族矛盾、集团利益冲突中，他高高举起反清大旗，自立为王。吴三桂一生打了无数胜仗，最后却败在了"划江为国"的美梦中。

历史的走向的确是纠结在一件件历史大事件中，然而，历史事件的始作俑者、推波助澜者、主要活动者，却都落实在一位位历史人物身上。

吴三桂这位历史人物的命运，与明清转折紧紧相连，甚至可以说是这个转折时期的历史缩影、历史之镜。他忠于明朝，然而明朝却迅即灭亡；他想与李自成议和，然而吴家却被李自成抄了，心爱的女人也被李自成部下占了。吴三桂找到"骑墙借兵"的道路，与清军联手，在烽火硝烟中，一生戎马生涯，风浪翻滚，云起云涌。

吴三桂人生十分复杂，他的个性多变，在这一点上色彩鲜明。"冲冠一怒为红颜"让后人又感又叹。吴三桂仕明叛明，联闯破闯，降清反清，人生之善与恶如此高度浓缩在历史大转折中，最终成就了这段具有传奇色彩、令人拍案的历史。

吴三桂以家族力量为依托，与超大强手融合，乱局之中，沉浮之际，与险恶的命运作曲折的抗争；抓住机会，制造机会，做大自己，做强家族集团。

目录

明末清初大转折：枭雄吴三桂

第一章
时势造英雄

吴祖联姻

俗话说，父亲铺下的路子，往往是儿子登天的梯子。而谈起吴三桂，必得首先谈起他的父亲——马贩子吴襄。

很多人看不起祖传的技艺，忽视祖宗传承下来的手艺，而吴襄却没有。他正是从祖传的驯马、贩马生意中，赚到了人生的第一桶金。

吴家还有个祖传的宝贝——武术。正是运用祖传的马背上的武术功夫，吴襄打开了一片广阔的人生天地。

人生就是这样，有个祖传的手艺能赚钱，有个祖传的爱好会休闲。

吴襄参加了一次殿试，得中武举进士。笔者很佩服这位马贩子，凭着祖传的爱好而考取国家公务员，即使今天也不多见。

凭着武举进士这块敲门砖，吴襄投到辽东名将李成梁的帐下。一个全新的人生——军旅生涯开始了。

人事主管翻了翻吴襄的档案，当即得出结论，这是一个什么背景都没有的人。不用想，这样的人，被直接放到了部队最底层接受锻炼。

兴冲冲举着科举考试的高级文凭进入部队，却当了一名边防骑兵，吴襄挨了人生的当头一棒。

祖传的马上功夫，吴襄已经练到九成功力。在飞驰的马背上，他不但能弯弓搭箭，还能精准射中目标。命中率之高，让人咋舌。这套祖传武艺，跟前人成吉思汗的高级射手哲别有一拼。凭着这套功夫，在一次军队内部武术比赛中，吴襄一举夺魁。

"小伙子箭术技艺超越常人"，一位将官略略地眯了一下眼睛，将吴襄提升到低级军官系列。让我们小小地祝贺下吴襄，他终于由兵变成了官，虽然仅是个军阶垫底的小官。

完全靠真功夫硬本领，走硬拼死搏的路线，这辈子要爬升到高级军官职位，在李成梁这帮子官员的手下，几乎不可能。手中的武举文凭，祖传的马上功夫，难道就这样白白地浪费掉？依着贩马的经验，吴襄有个感觉，自己必须想办法，必须要改变。

这时，当地的一个望族——祖氏，进入吴襄的视线。

祖氏世代生活在辽东，在辽东政界、军界，根基深厚。到祖大寿时，祖氏家族已经历五代发家致富的繁荣过程。

祖氏以军功起家，以军功发家，这样的人家，也叫武功世家。天启元年（1621年），也就是吴襄考取武举进士的那一年，祖大寿在广宁巡抚（辽宁北镇）王化贞部队任中军游击。七年后，即崇祯元年（1628年），在"宁锦大捷"中，祖大寿立下大功，被袁崇焕提升为前锋总兵，挂上征辽前锋将军印。

一人得道，鸡犬升天，祖氏力量又一次迅速膨胀，成为辽西首屈一指的世家大族。上自总兵，下至副将、参将、游击，各级军官中，都有祖家的人。

吴襄看好目标，立即行动，用跳槽的办法，投到祖大寿的帐下。

在改变命运的征途上，吴襄的这一跳，实在是关键。连他自己也没有想到，一个超级大红包正在那里等着他。

进入祖大寿的部队中，吴襄没有歇着。他立即着手，寻找祖大寿身边的人，接下来，用金钱铺路，用他们的嘴，将自己的能耐，向祖大寿的耳朵里猛烈吹风。

听到身边的人经常谈到吴襄马背上的功夫如何了不得，祖大寿脑子里，渐渐形成一个看法：这个青年，是个难得的人才。部队经常打仗，最需要的，正是这样有真功夫硬本领的人才。祖大寿做出重大决定，要用力网住这个人才，于是决定把自己的妹妹嫁给吴襄。

留住真正的人才，就得拿出硬实的宝贝。

祖、吴两人的关系，由上下级关系一下变为裙带关系。吴襄也跟着进入了升官的快速路，参将、指挥使，一路升上去。崇祯四年（1631年），吴襄升至锦州总兵官。

总兵官是明代时的地区最高军职，拥兵数万，俨然地方军区一把手，相当于现在的地方军区司令。

大家应该为吴襄的成功鼓掌。成功向着有才能的人，成功更是向着有计谋、有手段的人。

此后，通过联姻与多年经营，祖、吴两家已经发展成为独霸辽西、声势显赫的望族。他们执掌的，是国家最重要的权力——军权。无论祖家，还是吴家，都培育了庞大的私人武装，拥有数千家丁。

以祖氏为首的辽西军人集团，以祖氏为主干，旁及亲戚、部属、心腹，势力遍布辽西地区各城镇。通过手中的军事力量，祖家占据一切要津，把持着这一地区生杀予夺的大权。祖、吴两家的人，即使朝廷大员，甚至是当时的皇帝，也没有人敢得罪他们，就算两家中有人犯下大罪，朝廷也不得不采取宽容的态度。所谓树大根深，即是如此，外人轻易动摇不得。

与军权伴生的，还有经济大权、政治大权。就吴氏父子、兄弟、亲属及其子弟、家丁组成的吴家军而言，吴氏核心集团也就三千来人，而他们的背后，每人都有数百亩庄田。与国家穷困、民不聊生的惨景相比，吴家的子弟兵个个生活得如同贵族。吴氏变成了当地名副其实的大地主，家丁们也都是个顶个的中小地主。

万历四十年（1612年），在一个丽日爽朗的清晨，吴襄迎来了人生中一个大喜的日子，儿子吴三桂出生了。

吴襄很高兴，这小子聪明机灵，值得花时间培养。从他能跑会跳开始，吴襄就给儿子制定了严格的骑射训练课，让他每天手不离箭、身不离鞍。

吴三桂头脑聪明，喜欢舞枪弄棒，热衷骑马射箭。对于高强度的军事体育运动，乐此不疲。

舅父祖大寿看到如此聪明的吴三桂，也觉得这小子与其他孩子不一样，看来是个可塑之才，于是也越来越看好吴三桂，加入了"教师队伍"。

吴三桂十分喜欢军旅生活，一心想着长大后当一名军官，梦想着在战场上指挥千军万马杀敌立功。

十七岁那年，家教成果在一次考试中完美地表现出来。在武功应试中，吴三桂得中武举，拿到参军入伍的资格证书。不久，二十岁的吴三桂升为游击，人称"少年悬印"，成为同龄人中的佼佼者。

当小伙子正睁大眼睛寻找机会表现自己时，突然，一个血淋淋的机会却扑面而来。

血战救父

崇祯二年（1629 年）年底，后金军（清军前身）闯入明朝领地，疯狂抢劫。这一消息很快便传到了明朝皇帝崇祯帝的案头。

第二年正月，朝廷命令祖大寿与孙承宗一起，率领边军，打击正在边疆抢劫的后金军。

后金军行动迅速，一日之间，在相差百里的不同城镇抢劫，"潜师饱飏"。

长期与这种"国际惯犯"交手，祖大寿已经摸索出一套办法。他派出多股侦察小分队，每三百人一股，轻装简骑，对后金军实施"侦骑远探"。

不久，侦察小分队传回消息。

二月，祖大寿做出决定，主力部队既不尾随追击，也不正面与后金军摆阵作战，而是悄悄开出长城，在建昌城（辽宁凌源）集结。这里丘陵连绵，树高林密，定是后金军回家的路线。祖大寿准备利用这里的地势，提前设下埋伏，在他们回家的路上，打对方一个措手不及。

随队出征的吴襄对儿子吴三桂嘱咐道："你随我一起出征。不安排具体军事任务给你，但要你做好一件事，用你的一双眼睛、两只耳朵，认真观察，增长见识。"换个当代说法，这是父亲在安排儿子当战场实习生。

战场上，意外的情况有时会出现，虽然概率不大。然而一旦出现，往往就危险万分。

这天，碧空如洗，万里无云。按照预定的计划，吴襄率领一支三百人的小分队出城侦察。

向着预定的目标地点，小分队快速前行。

刚刚走到半路，这支小分队突然与飞奔而来的后金大部队相遇。后金军已经抢得盆满钵满，带着胜利的微笑，准备悄悄地回家。返回速度之快，远远地超出吴襄、祖大寿的预测。

走在回家的路上，后金军从上到下就只剩下一个想法：千万别在回家的路途遇上明军大部队的拦截。明军会不会在回家的路上半路设伏？凭着长期抢劫积累起来的经验，后金军统领，有一个非常强烈的预感，这次一定会有明军设下的埋伏。这一路抢来，太过于顺利，没有遇上半点儿麻烦，这就太不正常，太过于出人意料了。

明军会在什么地点设伏？这是一个谜，带着这个谜团，后金军一路狂奔。"越快越好，越隐秘越好，定要赶在明军还没有发现我们的行踪之前，回到东北的深山老林中"。

突然发现明军的侦察小分队，后金军一下子全都明白过来，明军果然在回路拦截我们，地点可能就在附近。

后金军统领果断发出命令：不能把这些人放走，不能暴露我们回军的信息，活捉他们。哈哈！这真是撞上枪口的鸭子、送上门的筹码，是我们回家的买路钱。围猎他们，累伤他们的马腿。

围猎，是北方古老、独特的打猎方式。大部分骑手，围住一座山头，小部分猎手，冲上山里，敲锣擂鼓，让猎物在惊惧中不停地奔跑。反复地折腾，直至野兽累得跑不动了，猎人轻易就能将其活捉。

发现后金军只是紧紧包围，却不放马过来拼杀，吴襄立刻明白过来，他们这是在逼我们投降。我们一旦投降，虽然眼下性命可保，然而，却成为明军出击后金军的重大障碍。吴襄做出决定，绝不投降。

不投降就只有一条路可走——突围。

后金军起劲地运用起围猎战术。明军"急奔"，后金军就"急围"；明军"缓奔"，后金军就"缓围"。双方就像两个木匠拉大锯，你来我往在地面上追来跑去，直到吴襄的军队缓缓接近明军据守的城池。然而，不论吴襄如何左冲右突，就是没有办法摆脱后金军的围困。毕竟三万人围三百人，把这点人围在核心，慢慢地玩，最后，累也要累死这支小分队。

得到消息，祖大寿心急如焚，立即爬到城楼楼顶远望。事出突然，明军还没有做好出击的准备，而后金军势力太过于强大，来势汹涌，远远地超出摆在城里的这点明军。

眼前的形势，绝不能派军队出城作战，否则的话，就是以卵击石，必定城池丢失、全军覆没，定会犯下不赦之罪。远远地望着城外吴襄带领的那点儿人马，祖大寿这一次彻底犯难了，除了听天由命，还能有什么办法？

第一章 时势造英雄

吴三桂站在舅舅祖大寿的身边，无比焦急。看到舅舅没有一丁点出兵救人的意思，当即跪了下来，祈求道："请舅舅快快发兵，赶紧把我的父亲从围困中解救出来吧。"

"今天跟往日不一样，事出突然，来不及与孙承宗部联系，城里就这么点儿人马，你叫我怎么救？"

吴三桂反复请求，祖大寿给出的答案就是一个，不答应。痛哭流涕中，吴三桂再一次向舅舅双膝跪下，提出一个类似于自杀的请求，"儿请率家丁以死相救"。

祖大寿点头同意，说道："那是你自家的人马，你当然有调用的权力。我为你打开城门，可到了城外，是生是死那就由上天决定了。"

于是，吴三桂率领精挑细选的二十名勇猛家丁，像一条长蛇，突然之间，冲出城门。

就在冲出城门的那一刻，吴三桂排出了冲锋的阵势：自己居中，左右各置一将领，其他二十人分为两翼。

看到明军据守的城门突然被打开，又看到从城里冲出来的只有那么点儿人马，后金军简直不能相信自己的眼睛。

这些城里的明军，必定是用了一个让人摸不着头脑的诡计，极有可能是诱我军深入。既然认定这是明军的计谋，那就不敢轻易跟这二十一个人死战。后金军用了一个稳健也叫保守的做法，在军阵中闪开一个阵口，放这二十一个人冲过来，随即便将他们裹入阵中。

一经冲进后金军的军阵，吴三桂向着后金军的兵士立即展开冲杀。一边向敌军冲锋，一边在马背上弯弓搭箭，两名离吴三桂最近的后金兵应弦而倒。

发现这个情况，后金军军阵中有人大声惊呼："这人马背上的功夫了不得！"骑在飞驰的马背上，居然也能箭无虚发，真是让人想不惊叹都不行。

就在后金军所有人都被这神奇的一幕惊呆时，一名极富实战经验的将官保持了清醒的头脑，他举着一面纛旗向吴三桂冲了过来。这将官的做法也蛮有创意，不停地摇动纛旗，用这种奇怪的做法，用晃来晃去的旗子，吸引吴三桂的眼球，努力让马背上的吴三桂失去方向感。

望着那位疯狂摇晃旗子的将官，吴三桂立即将马的脚步放缓，随即搭箭，安定心神，对着那摇旗人，放箭射了过去。旗子猛然倒地，摇旗的将官从马背上应声跌落下来。

将官的头比普通士兵的头值钱，更重要的是，割下将官的首级，挂在马背上，对其他后金军也是强有力的震慑。吴三桂当即放马，朝着将官的尸体冲了过去，跳下马背割取首级。吴三桂没有想到的是，那人虽然受到重重的箭伤，却并没有立时死过去。

看到吴三桂举刀朝自己的脖子砍过来，说时迟，那时快，倒地的将官忍住疼痛，一伸手抽出一把随身的短刀，一面奋力跃起，一面照准吴三桂面部直刺过来。那架势，就是肉搏拼命。吴三桂没有任何的提防，当即中刀，鼻梁上顿时血流如注。

此时吴三桂的手中早就握了一把用来砍对方脖颈的刀，他没有顾及自己的伤口，朝着后金军将官的脖子，用力砍去。吴三桂手起刀落，后金军将官这颗热乎乎的头被硬生生地砍了下来。之后，他随手扯下一块死者身边旗子上的布，一边用旗布将鼻子上流血的伤口按住，一面飞身上马，同时嘴里高声呐喊着，向着父亲所在的方位冲了过去。

很快吴三桂等人就冲到了吴襄所在的地方。吴三桂大声地喊着"随我来"！三百名明军听到期望已久的喊声，立即明白发生了什么事，当即随着吴三桂朝着城池的方向突围。

祖大寿一直站在城楼上眺望。望着远方发生的一幕幕，望到吴三桂与吴襄的明军合拢，祖大寿立即发出命令："全体官兵，一齐呐喊；全体动手，擂鼓助威！"

猛烈的战鼓声从城里突然而起，城墙上无数观战的士兵放开喉咙以最高的分贝高声呐喊。雷鸣般的声音从城墙顶上喷涌而出，后金军被搞蒙了。喊杀声、战鼓声已经响成一片，这架势，似乎有千军万马正在用声音做热身运动，这就要从各个城门奔腾而出。

后金兵的脑子都没有歇着，都在想同一个问题：明军用如此之少的人来冲阵，那一定是诱敌之术，绝不可能放这二十一个人来送死。在这二十一个人的背后，在城墙的后面，一准儿埋伏了庞大的军队。只要这二十一个人得手，那些城墙后面的军队，随时就有可能像决堤的洪水冲泄出来。

这么一个念头在后金军将官的脑子里不停地闪现，使得他们全都做出了一个错误的决定，对着眼前的明军，不敢用死力堵截。

吴三桂一直冲在明军的前边，那架势真是锐不可当、凶猛异常。后金军十分清楚，他手中的那把神奇的弓箭是一定要人命的，谁跑近他的跟前，谁就一准要丢命，挂在他马背上那个前后乱滚的将官的脑袋就是证明。这样一来，吴三桂带着数百名明兵冲到哪里，后金军就立即动作，速速躲闪让开。

吴三桂明白自己已经得势，带着明军朝着城池的方向猛冲，直至冲出了包围圈。后金军害怕中了明军的诱兵计，不敢死命追赶，只得眼睁睁地望着这一小队明军像逃进草丛的老鼠一样，迅骤远去。

后金军个个心中清楚，这几百明军能不能逮着是小事，自己能不能安全地回家，才是大事。看到明军没有从城池里冲出来摆阵作战，驮着大包小包的"国际惯犯"后金军以最快的速度朝老家的方向迅捷逃遁。

望着吴三桂带领这群失而复得的明军侦察小分队跑到城门下，祖大寿赶紧下楼，亲自出城迎接，嘴里大喊着："好样的，贤甥！"

看到祖大寿，吴三桂跳下马背，倒地就拜，忍不住大声哭了起来。吴襄站在旁边，满脸痛楚地说出一句话："要不是我儿拼死命相救，怕是今生今世不能见面。"祖大寿一把扯起跪在地上的吴三桂，一边回应道："我马上提请皇上特别超擢。"

少年得志

舅舅祖大寿果然给力，运用那颗后金将官的人头，加上那三百条明军的性命，一举将外甥吴三桂送上了参将的高位。

在参将军帐踱着方步，无比兴奋地坐在朱红大漆的椅子上，感觉着同伴们羡慕的眼光，双手接过同事们送来的贺礼，吴三桂心中有一种醉醺醺的感觉，人生就是要这样，遇上一个大机会，才能出人头地，成就人生。

一个阴雨天的下午，窗外冷风阵阵。一场苦雨淅淅沥沥下了九天，不见变晴的迹象。这段时间以来，吴三桂的心里，比这阴雨天还要阴沉，如果这辈子全靠军功，全靠杀敌立功，往上升迁的话，那要等到何年何月？敌人，并不是我想去杀，就有机会去杀的。从小练就的这身功夫，难道就这样在这么一个参将的职位上，慢慢地荒废？

众所周知，中国古代官场的升迁路，往往有两条，一条叫机会，另一条叫后台。既然没有在前线杀敌立功的机会，为什么不在后方开辟"战场"？沿着这个思路，吴三桂立即将眼光瞄到了一个人的身上——巡抚方一藻，辽东地区最高行政长官。

一天傍晚，暖风习习，万道霞光照亮西边的天空，吴三桂扛着精美、贵重的礼品，轻轻地走进了辽东巡抚方一藻家。在成堆的礼品中，吴三桂悄悄放进了一样东西——门生帖子。

方一藻高兴地收下礼品，兴奋地收下门生帖子。两人由先前的陌路人变成了官场上互相援引的师生。吴三桂在官场上从此有一个比舅舅祖大寿更高大的靠山；而方一藻这棵大树也通过吴三桂往新的地方、新的领域生长出新的根系。

方一藻是叔叔级的，他与我之间有代沟，我再怎么奉迎他，也找不到共同语言。来往方一藻家中，吴三桂暗中观察，突然发现这个大大的坎。

两人表面上热热闹闹，骨子里却冷冷清清，形同陌路。吴三桂将如何迈过这道坎？

在反复观察方家人的情形后，吴三桂终于有一个惊喜的发现，方一藻的儿子方光琛，跟自己年龄相仿。方光琛这人脑子灵活，点子多，喜欢扯东拉西，岂不可以从此人这里撕开缺口？

接下来，我们时常可以看到吴三桂拎着方光琛最喜欢的好酒好烟好茶到方家走动。在方家的后花园，落日余晖中，两位年青人一边嗑着瓜子，一边聊着时局，一边品着香茶，一边着谈世事；时常可以看到两人一起下馆子，一起喝烧酒，吃牛肉，海阔天空地神侃。

渐渐的，两人结成了忘形之交。

吴三桂产生了一个非常好的感觉，"曲径通幽，是的，正是这样一种成就感"。

成功的路子找到了，第二战场开辟成功了。吴三桂很是兴奋。他转动着眼球儿，继续扫视着高台上的大人物。这时，一位更加位高权重的人物，进入了吴三桂的视线。这个人就是辽东地区最高军事统帅——蓟辽总督洪承畴。

第一章 时势造英雄

事实证明，套路是成功的，直接运用就成了。带上满满的礼品，吴三桂走进洪总督家的大门，双手递上门生帖子。

洪总督还没有"不收礼"的习惯，于是高兴地收下了这个门生。洪总督心想，多个门生多条路，多个门生就多了一双听世界的耳朵，多了一双看周围的眼睛，更多了一个考虑问题的脑袋。

总督家的大门虽然打开了，但他内心的那扇小门却还紧紧关闭着。坐在营帐里，吴三桂心绪不宁，打开这扇门的钥匙握在谁的手里？

"幕僚谢四新是个人物，简直就是洪承畴的左右臂膀"。功夫不负苦心人，观察洪总督身边的人，吴三桂有了重大发现：谢这个人，与一般人不同，非常博学。

于是，吴三桂每次拜见谢四新，都必做两手准备：一堆礼品，一串话题。

与吴三桂交往越深，谢四新的感觉就越强烈："随意神侃，或是聊些有深度的话题，吴三桂还真的是不一般，知识渊博，兴趣点广泛，是个值得深交的朋友。"

谢四新收获了成堆的礼品，吴三桂收获了上级派发的一个大礼包，他被提升为副将。

"胜利了！""成功了！"人世间没有比这更好的感觉。"还有没有更高的职业在等着我呢？"吴三桂将眼光往更高的台面上扫，突然发现，那里有一个更高级别的大人物，那就是坐在监军职位上的太监。

明朝开国时期，朱元璋把太监往死里整，那时皇宫里的太监，生活在社会最底层，除了倒马桶，就是扫地、养马。到了明朝末期，经过两百多年的世事变迁，太监的命运发生了翻天覆地的变化，升级为操纵帝王权柄、运作国家命脉的重大关键群体。明朝末期，凡是当官的、为将的，假如得不到宦官的支持，便很难在朝廷里立足。国家政权以如此奇特、极其简单的方式与宦官联结起来，明朝末期的悲剧就此产生。

有人会问，为什么宦官一定是国家政权的大祸害？

要知道，宦官这群人，往往出身贫苦。家长没有钱供孩子上学读书，孩子从小就被迫走上太监这条最为恐怖的人生路。

从小就没有上过学，从小就没有机会进私塾拜老师，太监们自然地成为最缺少知识、也最缺少教养的人群。

一旦这样的人掌握国家最高层的权力，就容易胡作非为，任性乱来。宦官们手握国家权柄，行动路线往往只有一条：一切围绕钱、权转动，再也不是为了国家利益、人民福祉、帝王江山。

让太监掌握国家权柄的始作俑者，不是别人，正是一代又一代的皇帝们。明朝末期的皇帝，不停地、反复地看到有知识有文化的政府官员为非作歹，一个接一个的高官，犯下大案要案。政府官员们争权夺利，视王法为儿戏，皇帝渐渐对文官集团失去信任。

皇帝们想出来的办法也很简单，出奇地信任自己的身边人，信任平日里倒马桶、扫地、洗衣、端菜盆子的下层人，信任这群知识少、文化程度低的"特殊人才"。这种畸形的信任，造成明末一个普遍现象，太监不在皇宫里做倒马桶、扫垃圾的"本职"工作，反而被派到宫城的外面当官，而且是当最最重要的官——监军。

明朝末期，在边疆军事重镇，都有宦官坐镇，随时监视军队将领的一举一动。将领们都知道，这些人其实就是皇帝的化身。

正在台上走秀的太监高起潜，"以知兵称，帝（崇祯）委任之"，具体工作是监视宁远、锦州及山海关三大军事重地的边防驻军。

在这片军事重地当将领，无论哪一级，其言论、行动都逃不过监军高起潜那双严密监视的眼睛。将领想不丢官，想不掉脑袋，第一件事，不一定是要打败敌人，而是必须做到不得罪那位叫高起潜的领导。否则，不只是家产被没收，脖子上的那个脑袋都有可能被他削掉。

吴三桂拜方一藻、洪承畴，通俗来说，就是"拜码头"，而拜高起潜则大不相同，吴三桂将高起潜拜为自己的"义父"，即再生父母。官场上，吴三桂不单单看得懂行情，而且顺势而为，抢占了最具战略意义的制高点。

官场升迁

早年任陕西三边总督期间，洪承畴与李自成率领的农民起义军周旋多年，反复攻打，各有胜负。总体上，双方打了个平手。

一直在战场上混，一直在刀尖上打滚，时常在失败中煎熬，时而感受胜利的喜悦，洪承畴实战经验越来越丰富，成长为那个时期明朝最尖顶的军事指挥人才。

清军（皇太极改国号为"清"）势起，明朝辽东军事形势迅速恶化。清军变成了明政府重大威胁。崇祯十二年（1639年）初，洪承畴被调到辽东担当统帅。

把最恐怖的国防威胁，交到最能干的将领手里，崇祯皇帝决策英明。

都说新官上任三把火，这第一把火该如何烧，是不是立即指挥明军跟清军狠狠地打上一仗？洪承畴耐住心事，默默地做起了一件事，细细察看辽东各地明军将领优劣，查看兵力配置情况。正所谓"知彼知己，百战不殆；不知彼不知己，每战必殆"。

洪承畴心道："明军有一个大问题，这里的兵士训练很不系统。眼前，这些缺少专业军事训练的明军，如果急吼吼与长年在战场打滚的清军开战，必败无疑。真是不看不知道，细看吓死人。

察看清军情形，洪承畴的心猛然收紧了一倍，"虏情紧急，与清兵的战斗不可避免。""清军到底是一支怎样的军队，我还没有跟他们交过手，真正是一无所知。必须从实战中，从反复交手中，才能真正了解清军。这必定需要一个过程，需要无数个战场实战。一将功成万骨枯，想不枯都不行。"

洪承畴心想："至少，我有一个明显的感觉，对付清军这样的强军，明军必须训练，克期完成。否则，后果不堪设想。要速图整顿军队，第一步，以最快的速度挑选宁远团练总兵。"

这是一个正确的决断。

但谁能担当如此重任？洪承畴设定三个选人标准：要有实战经验，不能只是纸上谈兵的教官；通晓兵法，特别是能熟练使用各种武器，熟悉布阵、进退的作战方法；系统地掌握战斗号令，能演习刺杀，跟敌人有战场肉搏的经验。

沿着"实战、兵法、演练"三大标准，洪承畴在军官队伍中反复搜寻，在排除了多位候选人后，最后把目光落在了吴三桂身上。

蓟辽总督洪承畴首先提名，约请辽东巡抚方一藻共同推荐，经由总监关宁两镇御马监太监高起潜同意，并且由他出面，向朝廷报告，经崇祯皇帝批准，吴三桂的职位最终被落实下来。

崇祯十二年（1638年）七月，刚满二十七岁的吴三桂接到升官的喜报，升为宁远团练总兵。

既有功劳铺底，上面又有人提携，三个关键人物着力，成就了吴三桂青年得志、平步青云的梦想。

军情紧迫，刻不容缓，清军一天都不会等。心念及此的洪承畴立即着手，制定练兵计划：从现役辽兵中，抽出一万人，交到吴三桂手上，进行第一期的操练。以后，每期练一万人。敦促朝廷从速批复，从快执行。

好在朝廷官员很够意思，练兵计划迅速得到高起潜同意，并很快得到朝廷批准。

面对清军这一强敌，明廷办事速度是给力的。面对清军重大威胁，洪承畴表现出了足够的谋划力、魄力，有节奏地推进明军战斗力升级。有如此给力的台柱子，崇祯皇帝信心满满，我朝必定能够越过清军这道坎，必定前途光明。

"国家投下巨资，将万人大军交到我的手中。这是明军打败清军的种子，这重重的担子，压在了我的肩上。兵该如何练，才能一举打败强劲的清军？练人，尤宜练器（武器），'不独必人与器相合，器与人相合，方可言练（方才达到练兵目标）'。"

如何练人？吴三桂研究出了一套吴氏阵法。

他用大比武的办法，选出一千名精锐骑兵，之后以每五十骑为一队，共编为二十队。每队设领骑官一名。接下来，吴三桂把这二十位领骑官的姓名写在二十支竹签上，插在自己的靴筒里。情况紧急时，他便信手抽出一支，高声呼叫竹签上写有的领骑官姓名。领骑官便带上队伍即刻冲锋陷阵，大军紧紧跟进。

吴三桂希望在高手中挑精手，在勇气中激荡锐气，以达到"无往而不胜"的作战目标。

吴三桂的这套阵法，是不是模仿了唐朝李世民的成功做法？当年李世民也是用比武的方式，挑选出一千名精锐骑兵，组成玄甲骑兵队。这些人全部穿着皂衣玄甲，分成左右两队，秦叔宝、尉迟敬德分别统领。关键时刻，李世民亲自身披玄甲，率着这支奇装异服的超能量队伍，冲在最前面。虽然只有一千人马，却是唐军精锐中的精锐，特别能战斗。屡败敌军，声名大振。对手只要一望到这支战无不胜的队伍，往往首先失去了锐气。皂衣玄甲骑兵队，起到了震慑敌胆的重大作用。或许吴三桂借鉴了历史上成功人物的成功做法。

可见，成功可以复制。

随后，用了两年时间，吴三桂再次练成两万精兵。加上先前训练的一万人，这三万军队，成为明军中具有极高战斗力的强拳劲旅，号称铁骑。

就在吴三桂训练军队小有成就，正准备进一步扩大练兵规模，大展拳脚时，一场明清史上最大规模的大战扑面而来。

大战实在来得太早了一点，如果再等上几年，吴三桂再多练几万人马，明朝的运气也许将会有所转变，这实在难说。

第二章
松山大血战

大战序幕

崇祯十四年（清崇德六年，1641 年）初，明军与清军在辽西的争夺趋于白热化。明清史上一场关乎双方存亡的大战——松山大战，终于爆发。

镜头沿时间轴往前移。天启初年，袁崇焕积极构筑宁锦防线，以锦州、宁远、松山、杏山及大小凌河各城为依托，大量修筑堡台，加高加厚城墙；屯驻重兵，筑成了一条防御清军的"边防长城"。

正是这条"边防长城"，使得清军在随后十多年间，只能在大、小凌河之间徘徊，无法前进半步。正是这条"边防长城"，使得锦州、宁远等沿线城市，就如坚不可摧的堡垒，梗在了清军通向明朝重要关隘——山海关的咽喉上。

这十多年时间里，清军也并没有歇着。向南，征服了朝鲜；向北，征服了强大的蒙古察哈尔部。

清军南征北战，不单单扩大了清朝版图，增加了清政府财富，更使得清军历经无数战火考验，战斗力越来越强。

如果大明朝廷看不清清军这位老对手的新变化，还在紧紧扼守宁锦防线，还在袁崇焕往日打造的成绩上过小日子，那么明朝灭亡的风险就必定要翻着倍往上涨。

但现在必须挪开军事变化的视角，因为有比军事更大的灾祸正在祸害明朝的肌体。此时的明朝北部正在遭受开朝以来从未有过的大旱灾和由此引发的大饥荒。

多年连续性干旱，大片地区粮食连年歉收，严重的地方出现"父子相食"的惨状。大批大批的人，失去基本生存条件，成为流民。数十万流民，如李自成、张献忠等，蜂拥而聚，揭竿而起。

这些人既没有受过正规的军事训练，也没有收税机关没有军费作保障。理论上讲，不是明政府军的对手。但事实上，他们这些人也的确只是想搞饭吃，并不想真的跟明朝的政府军过不去。而且对于皇帝屁股下面的那把龙椅没有任何的想法；然而，让人看不懂的是，明朝政府军却被流民起义军打得焦头烂额。

主流史学家分析，这是因为明朝历经两百多年的成长，就像是一位两百多岁的老人。这样的人，机体上的零部件处处有毛病，军队就是毛病最多的地方。明军的腐败问题、纪律败坏问题、军队作风问题，此时已经不是小问题。在与流民起义军一场接一场的战斗中，这些毛病，毫无保留地暴露出来，展示在明朝皇帝的眼前。

内外交困，明朝压力山大。

看着明朝的悲惨景象，清朝政府高层的谋臣们，个个欢呼雀跃。"今四方咸归，后患已绝，无内顾之忧……而南朝（指明）君臣将相，又有谁是敌手？"

一边是两百多岁的"老人"，一边是发展几十年血气方刚、朝气蓬勃的"青年"；一个是面积广阔、人口众多、资源丰富的"大象"，一个是斗性十足、因面积狭小正在谋求更大发展空间、更大生存空间的"饥狼"。

清太宗皇帝皇太极每天都在看着明朝的变化。越往深层看，思路越清晰：出击明军的条件已经成熟，选择一个正确的时机、正确的地点，对明军发起一场正确的进攻，一举打破与明军长期以来的僵持状态。

皇太极很快选定出第一个军事目标——锦州。他觉定从锦州下手，在明军坚固的防线中，猛烈撕开一道血淋淋的大缺口。

不过，瘦死骆驼比马大，明朝这只"大象"虽然瘦弱，但或许只需要轻轻地踹一脚，就能将清朝这只小小的饥狼踩成一堆碎骨烂肉。

到底鹿死谁手？全看接下来的战场血拼。

明崇祯十三年（清崇德五年，1640年）的春天，大雁北回，轻风和煦，皇太极派出的大军在温暖的阳光下整装出发。

各路大军陆续开到义州，丢下箭戟刀枪，当起了"工程兵"，纷纷搞起了工程建设。接着，大批军用马匹从各地集结过来，大批军粮被调运过来。城里很多人在做木工活计，修造用于攻城的冲车、云梯等器械。更多的人在这里大搞军事训练，练习攻打汉人的新战法——攻城战法、山地战法、围歼战法。

整整花费了一年的时间，皇太极仔细地做着大战前各项准备工作，强化训练各参战部队。

成功留给有准备的人，成功属于经过专业训练的人，这话看来是有道理的。

第二年（清崇德六年）三月，春光明媚，冰雪消融。经过一年的军事训练，攻打锦州的各项准备工作全部完成。在这暖和迷人、万物复生的天气里，皇太极命令清兵从义州城拔营而出，向锦州进发。

大批清军携带着充足的攻城器械，将锦州城严严实实包围起来。

清军在锦州城四周"填壕毁堑，（城内明军）声援断绝"。

锦州突然围，得到消息，明朝政府最高层迅速做出反应，紧急命令蓟辽总督洪承畴赶紧策划方案，尽快解除锦州之围。

五月上旬，洪承畴快速北上，前进到军事要地松山，到达锦州外围，实地察看清军态势。

"清军人数众多，组织严密，训练有素，武器装备精良，准备充分，特别是士气高昂。这样的强军劲旅，非常难以对付。我还从来没有同清军交过手，这陌生的对手一上来就如此狠辣！"洪承畴倒吸了一口凉气。

侦察部队送来各种消息，一一摆到桌面上。智囊参谋反复研究，最终得出一个结论：解锦州之围，最少要十五万人马；少了，就办不了事。看着这个结果，连洪承畴自己都大为吃惊。

这份载着重大结论的军情报告，于当年十二月，被摆到明朝最高级别的阁臣会议上。

我们简单算下，从五月到十二月，报告直达内廷花去了整整七个月的时间，效率真是让人无语。

经过大臣们激烈讨论以及兵部论证，最终，崇祯皇帝做出决定：从全国各地地方驻军中，抽调精干人马，救援锦州。

之后，一批接一批的明军，向宁远集结。崇祯十四年初，部队集结完毕，总计十三万人。如果加上锦州城内的守军，则达到了预设的十五万人的目标。

第二章 松山大血战

— 17 —

假如有人问，军队数量储备上，明朝政府为什么如此捉襟见肘？

答复必定是，流民起义军已经让明朝政府军疲于应对。

明军中力量最为强劲的八大镇将，如白广恩、马科、吴三桂等人，全部聚集洪承畴帐下。摆在宁远城中的军队，是明军中最精锐、最强悍、最能打仗的部分。

吴三桂精挑细选，带来了两万人马，也同时带来了独创的吴氏战法。

统帅洪承畴熟悉手下各支队伍的作战能力，为此他做出特别规定：吴三桂、白广恩、马科三员勇将，各自带领队伍，独当一面。其余五位将领，只得合力，不可单独行动。

知己，洪承畴做到了。

搏杀开始

崇祯十四年（1641年）四月下旬，春暖花开，草木变绿，天气情况比较适宜大规模野外作战。于是，洪承畴亲自率领大军向锦州方向进发。七镇总兵率先到达一线战场，在松山与杏山之间，安营驻扎。

围攻锦州的清兵，一部分包围锦州城，围而不攻，主力则部署在乳峰山上，占据有利地形，引诱明军仰攻山头。

打仗，说到底，也是一笔成本账。这笔账，清军将领的算法有点怪。如果清军攻打明军的城池，一座一座地攻，一座一座地打，耗时耗力，风险高伤亡大。而选定以锦州为诱饵，摆下乳峰山山地战场，用围点打援法，吸引明军长途奔袭，利用山地的有利地势，结合以逸待劳的优势，消耗明军的有生力量，当耗尽明军战斗力从而达到清军稳操胜券的目的。

换句话说，就是不在乎一城一地的得失，而以消灭明军的有生力量为战争目标。明军有生力量消耗殆尽之时，清军即可攻占山海关，轻取明朝心脏北京。

清军高层中，的确有一批军事战略的高人。

清军据守的乳峰山，位于锦州与松山之间，地势陡，易守难攻。

明军如果不攻打乳峰山，直接进攻锦州外围的清军，乳峰山上的清军，必定从山上冲下来，直扑明军后路，直插明军后背，结果可想而知。

而要攻打乳峰山，由于清军占据了山地所有的有利地形，明军除了仰攻，没有任何的空子可钻。

皇太极摆在洪承畴面前的，是一道让人抓耳挠腮的两难命题。

在洪承畴眼睛看不到的地方，东、西石门附近的山林里，皇太极也预先隐藏了两把血淋淋的撒手锏。提前埋伏两万精锐骑兵，等到明军集中兵力仰攻乳峰山时，这些埋伏的清军将从明军背后突然杀出。那时，与乳峰山上顺势俯冲的清军配合，必定杀得明军片甲不留。

乳峰山诱饵加东西石门伏兵，皇太极为十三万明军摆下了大杀场。

洪承畴，你面前的对手绝不是李自成等的农民军级别的。皇太极送给你的，是一个真正的死亡陷阱。

四月二十五日，明军先头部队与驻扎山脚的部分清军展开小规模的接触战。两军一经接触，清军立即往山腰方向收缩。

在一触即溃的清军面前，明军将领毫不迟疑，挑选精锐步兵，带上弓箭，拖上大炮，向驻守山腰的清军发起仰攻。

艺高人胆大，人多气势壮。你清军不就是躲在山上吗？当缩头乌龟吗？那就用石头砸鸡蛋的力量，踏平乳峰山。

明军的进攻，并非围山而战、多点开花、全面围攻，而是在乳峰山的东西两翼，摆成两路纵路，用点线突破的战法，发起仰攻。

十三万人马，在两个点上集中突破，给清军的压力绝不是一点点大。用这种向山腰梯级推进的路线，很好地化解了山上清军的地利优势。

仰攻高山，是一种极其困难的战斗。但并非没有成功的先例，铁木真（成吉思汗）仰攻太阳汗驻守的纳忽山岭时，就用了点线突破的办法，并最终取得了胜利。铁木真将这套战术，事先给下属编了一道非常形象且容易记忆、易于理解的打油诗，"进如山桃皮丛，摆如海子样阵，攻如凿穿而战"。

明军一边缓缓向山腰推进，一边擂动战鼓，高声呐喊，"兵心甚壮"。冒着从山上滚落的矢石，明军先锋部队抢占近处高台，每当得手，后续梯队立即跟进；利用高台架设大炮，向高处的清军狂轰猛炸，同时高张旗帜，激起信心。

强大的声势下，明军勇气倍增，前锋部队向山腰上的清军发起一次又一

第
二
章

松
山
大
血
战

次的冲锋。向着每一处危险的山坡地段，与驻地而守的清军搏命拼杀。拉到一线参战的明军也是战场上混大的，有的长年跟起义军打，有的长期跟清军搏杀，这些人有着丰富的实战经验，绝不是初次上战场的新兵蛋子。

乳峰山山腰上，仰攻的明军与向下俯视阻击的清军，已经杀声一片。枪炮声、喊杀声、战鼓声震天动地。

围困在锦州城内的明军，天天盼望解围，日夜盼望援军早日到来。早就得到援军将要到达的消息，突然听到远方隐约传来嘈杂的声音，知道援军已经到达。据城而守的祖大寿立即指挥守军打开城南门，与围城的清兵展开战斗。

所有人等待这一天的到来已经等得太久了，所有的人都憋了一股劲。这会儿明军冲出城门，与围在城外的清军往来冲杀，与援军遥相呼应。

清军同样也在睁大眼睛耐住性子等着这一天的到来。早早埋伏在西石门的八千精锐骑兵，吃饱喝足，静静等候着出击的最佳时机。

第一波消息传来，"明军排成纵队，正倾注全力从乳峰山脚往山腰上爬"；时间一分一秒地过去，快接近中午时分，第二波消息传来，"冲上半山腰的明军正全力与山腰上的清军肉搏对杀"。

"时机已到"，清朝骑兵立即冲出埋伏的阵地，八千匹战马全部奔腾而出，犹如一股强大的洪流，骑兵们高声呼叫着，向着正在山脚集结的左翼明军后续梯队疯一般直扑而去。

"背后突然出现大队清军骑兵"，听到消息，明军将领们大为吃惊：后续梯队一旦被冲垮，冲到半山腰的攻山部队必定后继乏力，后果将不堪设想。

吴三桂位居左翼。这几天来，一直在想一个问题：找个机会，检验吴氏阵法，看看作战效果到底如何。正在努力地寻找机会时，吴三桂突然发现，机会来了。

吴三桂当机立断，命令骑兵部队依着吴氏阵法，面对面朝清军骑兵直冲而去。

吴三桂亲自率领一千名高手中的高手，冲在最前面，"鼓锐当先"，与清军骑兵面对面地对冲。

十多次反复冲击，明军"兵气强劲"。这一千名挑选出来的高手，冲在最前面，那些冲过来的清军骑兵岂是对手？在战场当场阵斩清兵十多人，遏制住了清军骑兵猛烈冲击的势头。

吴氏阵法，果然厉害。清军骑兵，虽然长年在战场打滚，在吴三桂的骑兵面前，也只得远远地观望，不敢再往前靠近一步。

在东石门，一万两千名埋伏已久的清军骑兵在做同样的动作，向仰攻山腰的右翼明军主力阵地发起突然袭击，排成冲锋的阵式，展开猛烈冲击。

洪承畴富有实战经验，对战场不可见的风险，早有预备措施。他事先预留部分炮兵，执行外围警戒任务。洪承畴的"留一手"，关键时刻真正起到了巨大作用。炮兵们一直睁大眼睛，四处观察远方的任何动静。突然，他们发现远处遮天蔽日的大队清军骑兵来袭，便立即开炮，轰击清军。

无数发炮弹，一齐射向庞大的清军骑兵战阵。清军骑兵没经历过如此这般的打法，无论在以前的朝鲜战场还是蒙古战场，完全没有遇到过炮火轰击骑兵的恐怖场面。一时间，清军骑兵战阵里，炮火连天，轰声隆隆，清军战马骑兵血肉乱飞。

无论骑兵还是战马，都被这猛烈的爆炸声打晕，被乱飞的弹片吓懵。清军骑兵只得停驻在大炮射程外围，不敢死劲往明军阵地冲锋。

发现骑兵被明军大炮轰得七零八落，清军早就准备了第三招，最高指挥官立即发出指示，开动牛车，运来三十门红衣大炮，从东、西两面向明军阵地发炮还击。

清军中也有牛人。每一步的行动，都在预先的谋划之中。

双方炮兵你来我往，不停歇地对射。

整整一天，步兵攻山战、骑兵战、火炮对射战交替进行，从上午一直打倒傍晚日落时分。清军事先埋伏的骑兵突袭一次次被打退，明军攻山战虽然局部有进展，但也没有取得重大的战果。双方都没有取得突破，差不多打了一个平手。

乳峰山之战，明军没有胜利，但也没有失败。总体上，没有达到预定的解锦州之围的目标。

通过这场战斗，通过实战检验，通过对清军作战能力、战略战术的现场观察，虽然只是一次交手，洪承畴很快提炼出一套对清军作战的观念体系。"清

第二章 松山大血战

军是一支野心勃勃、实力深厚、手段狡诈的敌人；明军与清军的战争，不可能一战而定胜负，这将是一场持久战。"

如果说乳峰山之战有什么战果，"持久战思想"应该是最大的战果，也是最为重要的战果。

发往朝廷的奏报中，洪承畴重笔写道："大敌在前，兵凶战危；解围救锦，时刻难缓。死者方埋，伤者未起。半月之内，即再督决战，用纾锦州之急。"意思明确：眼下不能打，要花时间重新设计作战方案；要花时间治疗战士对清军的心理创伤。

洪承畴重点提出"持久之策""且战且守"，达到稳扎稳打、拖住清兵的战略目标，使清军"欲战不能、粮饷不继"，逼清军自困。只有当这样的条件出现时，明军才有可能一举而击败清军。

"你皇太极用围点打援我明军来打，我将计就计，跟你拖，久拖不决，拖也要拖死你清军"。

洪承畴的持久战思想、战守结合的观念，拖住清军逼清军自困的手法，一举打破皇太极"用围点打援招吸引明军救援，用以逸待劳、地利优势从而消灭明军主力"的战略美梦。

兵部尚书陈新甲，主管军事，手握明朝全国军队的大权，认真地、细致地看了洪承畴的奏报，反复思考后，得出了一个完全相反的结论。"对清军的战争思想、战略战法，明军最最不可的，切切不能的，就是持久战。"

"知己知彼，才能百战不殆。洪承畴只知彼不知己，只知道清军力量强劲，清军野心强大；只了解对手，却不清楚自己，不清楚我朝眼下糟糕的经济状况、军事状况。"

"战争的出发点，不应该定位在清军的虎狼之心，而在于我大明王朝当前恶劣的经济形势、军事形势。国库空虚，怎能经得起长期战争的拖累？持久战，必定旷日持久，必定靡费粮饷；眼下天灾、战事频频，久拖必伤。"

陈新甲看到了明朝眼前面临大饥荒的困难局面，看到了政府军与流民起义军长年苦战的局面，用孙子的话讲，做到了"知己"。然而，他却没有亲历明清前线战场，忽视了清军的强大，走到了另一个极端。

"既然我朝拖不起，那就速战速决。必须用铁拳头砸鸡蛋的办法，用十三万人马快速解锦州之围，清军必定无奈我何，明清战火必定渐弱渐熄。"

"那么，接下来的难题，就是如何落实速战方略。"思考到这一步，陈新甲很快找到了打开这把锁的钥匙。

在皇帝面前，陈新甲高声责骂洪承畴"用师年余，靡费粮饷数十万，而锦围未解，内地又困"。一番痛骂后，陈新甲刻意指责洪承畴三费之后（费钱、费粮、费时），发出指令，"克期进兵"。

"对兵部指令，洪承畴或许阳奉阴违，那就必须再出一招"。崇祯随即任命马绍愉、张若麒为兵部职方主事、职方郎中，"出关赞画军事，督促洪承畴与清兵即刻决战"。

"心急吃不得热豆腐"，饿急的人吃滚热的豆腐，一定会烫伤食道。热豆腐可能表层不怎么热，用劲吹一吹，还能进口，然而，热豆腐里面温度非常高，没有冷一冷的话，极有可能从喉咙直至食道，烫出严重的伤口来。

只知道肚子饿，无视豆腐内部热。心急地想吞下一块内部温度高达八十摄氏度的热豆腐，陈新甲会不会是铁喉咙，不会烫出毛病来？

"陈新甲执掌兵部大权，行事果然滴水不漏，我这里想用拖字招，拖垮急吼吼的清军。现在看来，身后站着两位监军，真是一点拖的余地都没有留给我。除了与围困锦州的清军打上一仗，还有路子可走吗？胳膊拧不过大腿。"无奈下，洪承畴只得听命行事。

崇祯十四年（1641年）七月二十六日，明军正式誓师援救锦州，二十八日进兵，二十九日进抵松山。

镜头移到清军高层。

乳峰山之战，明朝主力大军主动撤离战场。这就说明，在明军将领中，必定有一位战争高人。要知道，乳峰山战场，是我军着力摆下的一架战争绞肉机。那么，接下来，明军会采取什么动作呢？

皇太极反复揣测明军留下的这个谜。

明军必定要解锦州之围。然而，如果明主力部队另辟对明军有利的战场与我军较量。那么，我军布下的围点打援的套子就只能落空。能不能将明军引导到某一个地方围而歼之？如果不行，清军与明军之间的战争，将只会有一个结果，持久对峙，到了那时，清军面临的变数就会无穷多。

就在双方不停地掂量、反复地猜度的时候，七月二十九日，皇太极惊喜地发现，明军主力大军又一个不落地回来了，回到锦州附近的松山来了。

"这就对了。既然你明军主力部队用一篮子鸡蛋的方式，全都拎过来了。这一次，岂能让你再跑回去，岂不要让你一个鸡蛋不剩地砸碎在松山？"

皇太极立即发号指令："立即迎战进驻松山的明军，以达成把明军牵制在松山、阻隔在松山，绝不可让明军接近锦州。"

"哈哈，明军够不着目标地锦州，这就相当于给他们挖下一个大坑，明军必败"。

八月初二，明军与涌入松山的清军展开进攻。"打过松山，解围锦州城！"明军士兵高喊着口号，向担任阻击任务的清军发起了猛烈的进攻。

明军组织了精兵强将，向清军的阵地发起连续冲锋，试图从中撕开一个缺口，向锦州方向推进。然而，奇怪的是，明军无论如何用力，都像打在了一堵橡皮墙上，始终冲不破、打不垮。有时好不容易打开一个突破口，清军瞬间又将前进的道路堵死了。

明军就像一条长长的蚯蚓，在硬实的地面上，拖动着长长的身躯，费力地前行，清军就像无数只蚂蚁，在蚯蚓的头部疯狂地撕咬，咬得蚯蚓满头流脓。

双方的战斗异常激烈，明军打得非常勇敢，宣府总兵杨国柱战死。

执行牵制任务的清军打得也异常顽强。清军的战斗力，绝不是虚的，是在无数次硬仗恶仗中磨炼出来的。

明军一波接一波地进攻。每一次冲锋，都十分激烈。明军取得了一些小胜利，然而，从总体上看，没有突破清军松山防线，还是无法接近目的地锦州城。

终于将明军拖住了！皇太极打着如意算盘：做十笔十万的生意，不如一次做一笔百万的生意。这一次，十三万人马送上门的大生意，岂能让明军再大大咧咧地跑回去？这笔生意，我做定了。

连日的晴天，太阳像火一样炙烤着大地。站在阴凉的大账里，面对各位将官，皇太极一连发出两道命令。

"既然对方送来了大生意，我岂能不投下大本钱。我大清这一次要倾举国之兵，将全国能打的部队全部拉到一线战场，与明军展开决战，彻底毁灭明军的有生力量，将明朝这头老象的四条腿全部打断，看他们还能蹦到什么时候。"

"这十三万明军主力，是明军中的精锐，是明军中最能战斗的部队。摆到我们眼前的，是一场真正的硬仗、大仗。打败明朝，在此一举。为此，我上前线指挥，目的只有一个，树立我军彻底消灭明军的信心。有了信心，将士的斗志必定倍增。不只是要有坚定的信心，强大的力量，还必须要有置对手于死地的手段，我心中早已有方案。现在，我们立即出发，到实地勘查，再做决断。"

各出奇招

带着一行人马，皇太极疾驰六昼夜。七月十九日，众人到达松山附近的戚家堡。

现场踏勘地形地势，皇太极心中消灭明军主力的方案，更加坚定、更加成熟。

皇太极发出命令："精兵从王宝山、壮镇台到南海口一线下营。下营后，所有人立即就地挖壕沟。壕沟要挖三重，每重掘壕深要八尺，宽要丈余。目标只有一个，断绝松山要道，既切断明军的粮道，又切断明军的退路。"

"哈哈，我清军据壕而守，让你明军十三万人马无粮可食，无路可退。前进不得，后退不能，饿也要饿死你，困也要困死你。到那时，你明军的逃难路，就变成你们的坟地。"

清军"出则为兵，入则为民"，"倾全国之兵"的力量是巨大的，全国能出动的民众一齐动手，仅仅一天一夜的工夫，这个巨大的就地掘壕工程即告完工。

进到松山城附近的明军，从上到下，打破头也没有想到，在大部队背后的地面上，居然会在一日一夜之间突然冒出三重人工壕沟来，马腿无论如何跳不过去，人更蹦不过去。

皇太极头脑冷静，将敏锐的眼光扫到了杏山城。明军控制的杏山城里必定多多少少还有些粮食。派出小部分军队围住杏山城，防止明主力大军进城取粮。虚兵围城，围而不攻即可。

第二章 松山大血战

明军既前进不得，后退又有壕沟，必定找其他一切可能的路线逃跑。坐在宽大的营帐里，看着眼前信心满满的众位将官，皇太极品着手边热气腾腾的香茶，发出一道指令："从塔山开始，南到海边，北到山岭，以及宁远北边的连山，一切去路，俱遣兵邀截，分兵各路截守。"

这就是传说中的"雄心勃勃、手段高强"。

洪承畴一直在盯着清军的一举一动。

出发前，洪承已经畴制定明确的军事目标，"虽有千难万险，必解锦州之围"。方案简洁：大军直接开到锦州城下，直扑那里的清军。到了锦州城下，小部分军队，挡住乳峰山上的清军，主力大军与城里的明军里应外合，歼灭围城的清军。之后，以锦州城为依托，再来慢慢收拾驻扎在乳峰山上的清军。

明军刚走到松山脚下，就遭到清军的顽强阻击。这一点早在洪承畴的意料之中。为阻止我明军救援锦州，清军必定中途设伏。这些担任阻击任务的清军，如此经打。就如一群饿狼，围着一只大象，拼命地阻击绝不放手，绝不松口。这倒有些出乎洪承畴的意料，以前的流民起义军，每每遇到强大的明军主力，必定逃跑。眼前的清军为什么如此顽强，毫无逃跑的意思？清军的阻击战，简直就是死磕、硬拼，不讲求任何的策略？太让人不可思议！

正在努力地寻找其中的原因，洪承畴突然得到一个消息，"清兵在我们后面掘成三重深八尺、宽丈余的壕沟，切断我军饷道"。

洪承畴大吃一惊。

大军出发前，为保护粮食供应，保证饷道畅通，洪承畴曾作了充足的准备。他认定清军势必前来抢粮，切断明军的饷道。为此，他组织了强劲的护粮队伍。

但清军却不按常理出牌，不是用骑兵队袭击明军的运粮队，居然直接在地面上挖掘壕沟，皇太极的天才创意的确让洪承畴吃惊不小。与筑边防长城相比，这一做法，真是省时省力。

但洪承畴并没有把皇太极的壕沟战法放在眼里，"我军已带足了三天的军粮，集中力量，一举冲破清军的阻击，待部队冲到锦州城下，那些壕沟还有什么作用？到了那里，清军囤积在锦州城边的粮食不就是为我们准备的吗？在绝对的优势面前，所有的阴谋都没有任何的作用。我军具有绝对的兵力优势，现在到了发挥优势的时候，这不正是我们明军此行的目的所在吗？"

时间不等人，洪承畴连夜召集部队高级军官军事会议，"我们必须找出对策来，打退眼前这股挡在我们前行路途的清军"。

经过激烈的讨论，将领们达成了一个共识，就是打，狠狠地打。"我们这十三万人马，跑这么远的路，是来干什么的呢？本来就是找清军打仗，那么现在狠狠地打上一仗就是了。胜了，清军挖的那些壕沟不就完全失去作用了吗？"

对于打败眼前这支不算强大的清军，明军将领们个个充满信心。以前没有机会与清军过招，这次要好好地会一会。于是大家连夜分头准备，第二天一早，吃饱喝足之后，与眼前这股担任阻击任务的清军狠狠地干上一仗。

二十日上午，明军吃饱喝足，将领士兵一齐出动，向着挡在前进路途的这支清军发起猛烈进攻。再不是什么点线攻击，不是撕开突破口，而是拉开阵式，摆出全面决战的大架势。这一天，打得天地昏暗。

双方激战一整天，到了日落时分，未分胜负。

洪承畴非常奇怪，为什么我军如此出力，还是打不败数量明显比我们少的清军？

这个问题的答案在皇太极手中。

"明军退路断绝、粮路断绝，必定求取速战速决。我军阻挡部队，不再跟明军死战硬磕，请大家牢记拖字诀，跟明军拖上三天，拖到他们军粮断绝，事就成了。不求胜，也不许败，拖住明军。在明军的强力进攻面前，朝着锦州的方向，我军每天有节奏地退缩几十里。既保存实力，同时拉长明军回逃的路线。明军士兵回逃之时，体力必定消耗在漫长的逃跑路上，实力也将步步削弱。"

"等到明军军粮断绝，必定恐慌，军心涣散，必将自行瓦解。那时，就是我军彻底消灭明军有生力量的好时机。"

二十一日上午，明军步骑兵再次向眼前的清军发起强大的攻势。

昨天的进攻，从将领到士兵，都有一个共同的目标，力争胜利。

"昨天一整天全面开打，事实证明我们不可能迅速打败眼前的清军。那么，今天我们必须做出改变，改为重点进攻，寻找清军的薄弱点，集中力量，找到某一个或几个方向，打开缺口。"

第二章 松山大血战

洪承畴发现，在强力进攻面前，清军往锦州方向缓缓退缩。然而，奇怪的是，在明军前行时，清军又从侧面发起疯狂进攻。清军的进攻，看上去毫无章法，突然从埋伏的树林里冲出来，从埋伏的山坡上冲下来，向着明军前行的部队，一阵疯狂进攻后，又急急撤退。

"清军不恋战，不贪战，停停打打，打打停停。这是在延滞我军向锦州方向前进的速度。壕沟战、阻击战、延滞战，皇太极的玩法还真不少。"望着绵延不尽、边打边行、边行边打的十三万明军，洪承畴掂量出了对手的分量。

到了傍晚日落时分，一整天战斗结果出来了，明军虽然向着锦州的方向前行了几十里，然而，总体上没有彻底打败清军，甚至没有打退清军，清军还守候在明军前进的路途上。

"这两天的仗打了也白打，除了双方都丢下一部分士兵的尸体，明军也只是向锦州的方向挪动了一点点。沿途都是战斗，大军要到达锦州，不知要拖到猴年马月。"

"如果战况照这样的走势发展下去，后果将一定是粮食吃尽，所有人不是战死，就是饿死。"洪承畴感觉出了现实的压力。"饿死的可能比战死的还要高，甚至高出许多倍。饷道被截断的话，外面的粮食会一粒也运不进来。现在必须精打细算口袋里那仅存的一点军粮。"

"原本不是问题的问题，现在还真是被皇太极弄成了大问题。打开这把锁的钥匙在谁的手里？"

反复琢磨之后，洪承畴终于想出了解决难题的办法。

二十一日晚上，洪承畴召集各部各镇将官到帐内议事。

"大家的口袋里，仅有明天一天的粮食。后天，大军将无粮可食。粮路被截，无粮可进。大军不可能饿着肚子打仗，所以，明天就是最后的决战时刻。"

"不必等着赶到锦州城外再与清军决战，明天，我军便与摆在眼前的清军决一死战。"

"各敕励本部力斗，予身执枹鼓以从事，解围在此一举。"

洪承畴想出来的这套办法，我们可以称它为"死里求生"。

历史上有过不少死里求生的成功案例，现在，十三万明军的确走到了死亡的边缘。

帐内沉默了片刻，有人小声地提出不同的意见。"这三天来，我们难道不是天天发死力？奇怪的是，即便这样也打不败清军。明天就一定能胜？"

过了一会儿，明亮的烛光下，又一个声音从将官群里发出来："我们再也不能跟清军全方位死搏了，眼下不要有任何打败清军的想法。事实证明，我们前天、昨天、今天打不败他们，那么明天也同样打不败他们。因为他们就如一堵橡皮墙，你打一步，他退一步，我们停下来前行吧，他们就四处袭扰，搞得我们前行不得。他们念的是拖字诀。拖到我们军粮断绝。显然，清军已经知道我们只带了三天的预备军粮。那么，我们就只有一件事可做，打回宁远去。我们先回宁远补充给养，这就叫留得青山在，不怕没柴烧。只要自己的性命还在，我们今天打不败清军，没有关系，还有将来嘛，将来打败他们就是了。"

摆在洪承畴面前的，现在是一道必选题，到底是"死里求生"还是"回师就粮"？无论是选择哪种路线，都必须谋划出一个具体的方案。

此刻明朝的命运，走到了最关键的时刻。决断错误，不光要断送掉十三万明军的性命，还会葬送朱家的万代江山。因为这十三万人不是别人，是明军的精锐所在。不只是清军这个敌人要靠他们打败，李自成等农民起义军也已起势，同样需要一支队伍去挡住那股可能毁灭一切的大洪水。

关键时刻，洪承畴没有坚定地反对将领们退师就粮的主张，采取了默许的态度。

为什么是默许？

原因真的很复杂。因为兵在各位大将的手上，洪承畴不可能拿着铁链硬逼着将领回到决一死战的主张上来。因为失利退师，朝廷必定追究责任。到那时，上自皇帝、兵部，下到各位大臣，一定要将决策者千刀万剐。这重大的政治责任，是洪承畴扛不住的。"回师就粮，必定会被朝中大臣的口水淹死，被兵部尚书削掉脑袋。即使战死疆场，多少也能留个好名声，绝不能死在皇帝的刀下，留下千古骂名。"

所以，我们看到的事实是，洪承畴发出了作战指令，"虽粮尽被围，应明告吏卒：守亦死，不战亦死，如战或可死中求生，明日望诸君悉力。"

我们真的应该看到而最终却没有看到的事实是，洪承畴没有就"退师就粮"进行过任何的具体的安排。

洪承畴玩的是政治，将官们看到的是眼前的现实，死亡的风险就这样丢给了十三万明军，最终丢给了大明王朝。

现在，就看这十三万明军，能否求得命运逃脱，一切就看上天的安排。

所有的将领心中都十分清楚，明天的"决一死战"，一定是没有的。那么，今晚就是大家活命的重要时刻。

回逃，也叫突围，在什么时候行动最好？答案一定是晚上。利用夜色的掩护，才最有可能突围出去，最有可能逃出敌人的视线，从而跳出敌军的包围圈。

回到营帐，夜已经深了，吴三桂立即召集将官开会，没法想出一个安全的回逃方案。

"清军并不可怕。三天的较量，无非也就是双方打个平手，而且我军还小有胜利，只不过没有达到解锦州之围的目标。现在，也就是要找到一条安全的回家路线，绕开清军挖的那些壕沟，如此而已。"吴三桂极力地给将士们打气。

突然，一位新降的蒙古人进帐献计，"清军今晚一定会严密设防。小路必定严兵堵截，大路当稍宽，宜从大路。"

到底是走大路安全还是走小路更安全，一旦决策失误，吴三桂手下的两万人马就会坠入万劫不复的深渊。

吴三桂想了想，当场做出决定，部队沿大路前进。正在他进一步细化突围方案，具体安排各方面的人手时，忽然有人进帐来报，说是远方有晃动的火把，声音嘈杂。接着又有哨兵进来报告，说是大同总兵王朴已带领本部人马先行一步，正在突围。

吴三桂当即产生了一个感觉：时间急迫，来不及细细地构思方案。若是落后了，一定逃不脱。

于是，吴三桂传令本部人马即刻起行，直奔大路，力争沿大道杀开一条生路。

大路难道就真的没有布置重兵吗？

现在是检验吴三桂决断的时候了！

仅以身免

明军的粮道被断绝，打了三天仗又没有什么结果。下一步，明军必定会想尽办法寻找粮食。算定这笔账，皇太极向着身边的将官，下达作战命令："绝不能让明军逃回宁远城取粮，把企图回家的明军，消灭在他们回家的路上，让他们回家的路变成他们的坟场。"

算定对手，这才是高手中的高手。

"明军的突围行动，一定会选择在夜间进行，而绝不会是大白天。据守路口的各支军队，今天白天的任务是吃饱喝足，美美地睡觉。到了半夜直至凌晨时分，截杀突围的明军。"

清军张网以待。

天上月光皎洁，繁星点点，山上树影斑驳，远处偶尔传来夜鸟拍翅的声音。各支明军部队，纷纷寻找路径，一心一意要趁着夜色跑回宁远去，至少在今晚要跑出清军的包围圈。

十三万明军，要跑出清军的包围圈，并不是天大的难事。对这支装备精良、斗志昂扬的精锐之师来说，甚至可以说是小事一桩，何况宁远城离松山并不遥远。三重壕沟，也不是什么天大的难题，无非派出一支部队，多砍些树木往沟里扔。在填沟大队的两边，组织部分军队挡住清军的进攻。

一句话，整个突围工作，如果整体策划，有序进行，明军绝不会有太大的损失。

将领们个个都清楚，今晚名为"回宁远取粮"，其实就是集体大逃亡。"洪承畴没有同意，我们违背了'明天发力死战'的命令"。这样的行为，只能偷偷地进行，不可能公开地布置，更谈不上全面地组织。各系统之间，谈不上相互协调配合，没有统一的指挥。

各营之间，各敲各的鼓，各唱各的调，明军陷入一片混乱之中。"且战且闯，各兵散乱，黑夜难认。"十几万人的部队，变成了无数只胡乱扑腾的苍蝇。

黑夜，的确有利于夜间行动的生物，然而在完全陌生的地方，人们根本就辨不清方向。明军兵士过于密集，互相拥挤，结果在惊慌、焦急、惶恐中，自相踩踏。

月光下，星光中，到处是呼救声、哭喊声。被树枝、石头、同伴绊倒的明军士兵，要么被身后的人冲撞，要么被飞驰而至的军马踩踏过去。骨碎筋断，毫无办法。

明军大部队前进到了深壕边沿。这才发现，这里的清兵早已严阵以待。已在此埋伏多时的清军一点儿也不客气，立即给明军以迎头痛击，疯狂砍杀，气势汹汹。可明军却只想逃命，不想战斗。清军从明军的逃兵后面一路掩杀，刀枪之下，明军丢下一大片尸体。

壕堑边沿上，不计其数的明军在往下跳，想努力从这里寻找到一条生路。纵身跳入壕沟的明军，当场失去战斗力，要么被壕沟里的清军削掉脑袋，要么被砍去手脚。这时，其他明军士兵才明白过来，不得不沿着壕堑的边沿逃窜。大军就这样一直跑，一直跑，一直跑到了大海边上。

清军挖壕堑挖到海边本来就没法挖了，如果是退潮，明军就可以从海滩上绕过去。然而，明军的运气实在是糟糕透了。这些无法突围的明军在清军的追击下，被迫压缩到海滩上。不巧，此刻恰逢涨潮，很多人正在海滩上努力寻找逃跑的生路时，便被突然而至的潮水无情地席卷而去，葬身大海。

有人说，大明王朝是自己灭亡了自己。这话以前真不信，现在，真是想不信都不行。

如果陈新甲不把洪承畴往死路上逼；如果从皇上到大臣有"胜败乃兵家常事"的胸怀，面对军粮断绝的困境，洪承畴会不会积极主动地组织回师救粮的突围工作呢？当然，历史不能假设。

现在终于有时间把镜头对准吴三桂了。这位明清转折史上的关键人物，今晚的运气实在是太差。

吴三桂指挥部队朝准大路方向悄悄前行。

一路上的情况果然应验了蒙古人的预测。在小路上，皇太极布下重兵猛将，在大路上，基本没有投放什么兵力，只有他自己以及文武随从，也就四百来人，在做守卫营帐的工作。这些地方，表面上看过去，布置得极为隆重，类似于盛妆演出，设旌旗、置帐幔，而实际上没有重兵，没有重要将领。

吴三桂再一次捡到了人生的一个大红包。上帝就是这样关注运气特别好的人，即使在他失败的路上，还为他准备了一个超级大红包。

看到明军大队人马来势凶猛，皇太极立即产生了一个感觉，"明军中还是有厉害的人物。别人都朝小路上逃，这人却朝大路上奔，其算计之精准，超出常理，超越常人。"

"手头四百来人绝不可能阻截对方两万人的大部队"，皇太极发下命令"归兵莫遇，纵之可也"。打听到眼前这支明军的带队人物叫吴三桂，皇太极说出一句感叹的话来，"吴三桂果是汉子！得此人归降，天下唾手可得矣。"

大路直通杏山城。

城墙根下，驻扎少量清兵。皇太极仅安排两员将领带队，两位将官也不是什么猛将能人。杏山城城边的这点驻军，无论兵将，都不是吴三桂的对手。

趁着清兵虚兵围城的机会，吴三桂率领本部兵马，径直闯过拦击的清军，轻轻松松、毫发无伤地逃入杏山城中。

整整一个晚上的折腾，第二天天亮时分，明军突围的结果出来了。先行逃命的王朴，也逃到杏山城里，唐通、马科、白广恩等重要将领，相继逃出重围。张若麒（兵部尚书陈新甲的那位心腹）逃到了小凌河口，从那里，找到了一条船，从海上逃向宁远。曹变蛟、王廷臣突围失败，又跑了回去，不得不与洪承畴固守原来的阵地。

接下来就是皇太极部署兵力聚歼明军残兵余众的时间。

住在安全的杏山城里，站在城墙顶上，望着城外越聚越多的清军，吴三桂强烈地感觉到自己所在的这座城池已经变得岌岌可危。在与王朴商量后，二十六日，二人决定带着手下的队伍一起突围。

"杏山城四周，清军已经布下重兵。逃回宁远的路上，清军也一定会布下精兵强将。要想活着回到宁远，那就只有一个办法可行，且战且退。"

刚刚走出杏山城，明军就遭到埋伏在城西的大队清兵的迎头痛击。

吴三桂安排一部分队伍殿后，阻击从城西扑过来的清军，同时又安排另一支队伍在前边做开路先锋。全军连打带跑，黄昏时分，主力大军跑到了高桥镇。

这下感觉安全了。前锋部队跑了一整天，殿后部队打了一整天，所有人都打算好好地休息一下，吃点食物，美美地睡上一觉，恢复精力。

但侦察分队突然发现，在高桥镇附近的山林里，预先埋伏了大量的清军

第二章 松山大血战

— 33 —

部队。以逸待劳的清军，正一批接一批向着明军的休息地点悄悄地涌过来。

"清军中的确有高手啊！"吴三桂感到有些措手不及，"他们是如何提前预测到我们会逃到高桥呢？"这里，我们不能不佩服皇太极的算计能力。

清军快速聚拢而来，吴三桂已经没有时间猜测皇太极是如何未卜先知的。他必须立即想出办法，逃出这个即将合拢的新包围圈，只有决一死战，才能打开一个逃命的缺口。

吴三桂立即组织军队，就地摆开阵势，与清军中跑在最前面的骑兵面对面地捉队厮杀。

一支是埋伏多时，一支是训练有素。在血色黄昏中，你来我往，毫不相让。前边一排人马倒下去，后边一排人马跟着冲上来。两边冲杀在一起的人马越来越多。

天色越来越暗，慢慢地，天空已经暗黑得什么都看不清。没有了月亮，没有了星星，这样一个阴暗之夜，狂风来了，乌云来了，突然出现的天气，帮了吴三桂、王朴的大忙。

伸手不见五指，不利于战场展开，双方的战斗渐渐停歇下来。

借着浓浓夜色的掩护，吴三桂、王朴带着队伍连夜摸黑突围。

皇太极算定，吴三桂、王朴一定会利用黑夜突出去，"从桑噶尔寨到大海的海滨，沿途布下重兵，实施严密封锁。"

接下来，无论白天还是夜晚，堵截战、追击战、埋伏战、遭遇战，接连不断地发生。这支明军已经精疲力竭，没有办法重新进行严密的组织，渐渐地处于惊慌、无序之中。

清军达到了目标，他们把这支明军的回家路变成了坟场。明军士兵全部战死，仅吴三桂、王朴二人凭着个人的高超武功，在清军的重重堵截中，侥幸逃了出来，最后逃到了宁远。我们在相当多的资料里可以看到一个相同的文字记载——"仅以身免"，可以看出这批从杏山城逃出来的明军全军覆没。

吴三桂逃离后，杏山城还有数千明军。这些人随后分批逃走。逃亡途中，他们同样遭到了被清军全部歼灭的厄运。

不能不佩服皇太极围攻杏山城的手段。围而不攻，故意放明军出城，在其逃亡途中，设下伏兵，沿途追杀，既发挥清军骑兵的绝对优势，又避免不擅长爬墙攻城的劣势。

现在到了松山大会战小结的时间。

清兵大获全胜，歼灭明兵五万多人，缴获的甲胄、武器堆积如山，缴获军马七千多匹，捕获洪承畴等一大批明军高级军事领导。

明军全军覆没，其中很大一部分被海水淹死，浮尸漂荡，多如雁鹜（《清太宗实录》）。松山、塔山、杏山三座城池丢失。最后，明辽东骁将祖大寿认定锦州再也不可能坚守，举城投降。

明军中，一部分溃兵散将渐渐逃回宁远。

松山大战的后果极其严重。就如一个人得了癌症，这样一次的大手术，一旦宣告失败，死亡只是一个时间问题，除非有医术高手创造出奇迹。

这样的奇迹是完全可以创造出来的。从地理位置上看，明朝丢失的只不过是关外的几座城池。接下来，如果能及时地采取收缩政策，坚守山海关一线，依托明长城的保护，把清军堵截在关外，明朝的希望还在。就如一个人，某只手患下不治之症，那么高明的医生一定会切除这只病变到无法医治的手，以及时阻止病毒侵害心脏。虽然病人要承受巨大的痛苦，但保住性命总比丢掉一只宝贵无比的手要好。

接下来，就看明朝"截肢手术"这样的大动作能否果断决策、迅速动作了。

八月末，崇祯给吴三桂发出一道圣旨，加升提督职衔，命其"收残转败"。崇祯同时向各镇将领发出指示，"回逃兵卒全部由吴三桂统领，守护宁远城，徐图再举"。

大臣祖泽溥立即上奏章，强烈反对，"吴三桂这样的战场败将、逃跑将军，不应该受奖升职，而应该降职查办。否则，将来的仗还如何打？如果战场上逃跑的将领不严加惩处的话，将来谁还会为朝廷卖命？吴三桂的坏榜样一旦树起来，从今往后，战场上的将领一定会逃命成风"。

祖泽溥的后面，跟着一大批高举"正直"大旗的官员，这些人全都认定一个理，"首请大彰法纪，以振肃将来"。

崇祯笑了，大臣们的这番举动，早已皇帝的预料之中。崇祯皇帝立即推出第二招，惩处一批人。崇祯将眼睛瞄准了跟吴三桂一起从杏山城逃回来的王朴，用"临阵首逃"的罪名将他逮捕。在松山大战的那天晚上，王朴首先逃跑、带头逃命。兵部尚书陈新甲随即上奏章，提出兵部两点处理意见，"只斩王朴；勒令马科等逃出来的镇将立下军令状，如果再有失误，必将处死"。

崇祯的心中，一黑一白两手处理是必须的，也是必要的。重用吴三桂，以图将来，算是扳回一局。如果将吴三桂、马科、白广恩全都杀光，大明的江山就没有有能耐的人来保护了。崇祯算定了这本账，所以只杀"首逃"，其余的人，必须再用。

舆论却不吃这一套。御史郝晋看到的是三个字"不公平"，在奏章里高呼"六镇罪同，皆宜死"。在奏章的后面，他还特别补充了一句，"三桂实辽左之将，不战而逃，奈何反加提督？"

如何平息舆论？崇祯迅速发话："处死职方郎中张若麒，同时将兵部职方主事马绍愉削籍。"这就是告诉大家，这一次松山大会战之所以失败，错在决策层（让张若麒、马绍愉背黑锅），不在执行层。

对于整个参战的十三万明军来说，唯有吴三桂一人是松山大败仗的真正受益人。这位幸运儿在逃跑之后，在国家的深重灾难中，再一次捡到了人生的大红包。

京城艳遇

历史大舞台，不应该只是男人独演的平台，女人也应该占有半边天。历史连续剧里，不同的女人扮演着不同的角色。下面即将登场的美女陈圆圆，在明清军事、政治大角逐中，扮演了一个奇怪的角色。

陈圆圆在江南，吴三桂在关外，两人空间距离相隔四千里。古代交通不便，四千里，真正是一个天文数字。天各一方的天作之合，一般人绝不会有这样的好运气。

崇祯十六年（1643年）初夏的一天，在贵戚田弘遇的家里，两人不期而遇。

有人会问，"吴三桂在守卫宁远，抵抗清军，为何跑到京城里来了？"

时间往前推一年，崇祯十五年，镜头摇向皇太极。

从春天到夏天，皇太极一直在考虑一个问题，"明军真正能打仗的十三万精锐大军，已被我彻底毁灭，支撑明朝这座大厦的军事支柱，已被我摧毁。"

"既然明朝已没有军队能抵抗我，那就派出大军，深入明朝的心脏地带，搞军事破坏，既削弱明朝实力，又寻找甚至制造进攻北京的机会，同时还抢劫财物，增强我方国力"。

经过半年的思考、策划，方案成熟成形，经过半年的军事训练，抢劫队伍膨胀壮大。趁着秋高气爽的美好天气，在皇太极七兄阿巴泰率领下，抢劫大部队出发了。抢劫大军绕道蒙古，穿越长城，来到明朝的地面，疯狂地制造军事、政治、社会大混乱。

抢劫大军不以占地为目标，一直深入明朝国内，最远闯到山东兖州。从秋天、冬天，一直忙活到第二年春天，清军的铁骑踏遍河北、山东。

崇祯十六年春天，朝廷发现这支清军的动向越来越不对头，"先前似乎是在试探着乱打，春天到来的时候，清军一天天向着我京师的方向逼近？"

崇祯着急了。

明朝地方守军一天也没有歇着，从秋天打到冬天，向清军不停地进攻，反复攻打。所有的仗，全部证实了一个结论，"地方驻军，不是马背上混的清军的对手"。在严峻的现实面前，在紧急的军事形势面前，兵部终于想出一个对策，"调提督吴三桂、山海关总兵马科、山东总兵刘泽清率部紧急驰援京师"。

明军三支部队悄悄潜入螺山（北京怀柔北）。清军正在附近放开手脚，大肆抢劫。吴三桂、马科率部突然出击，向清军发起猛烈的进攻。突然而至的明军大部队，打乱了清军的路线图。明军不但成功止住了清军向北京进逼的势头，而且"屡有斩获"。

兵部这一次用对了人，办成了事。

五月十二日，崇祯下旨，亲自接见立下战功的将领。十五日，吴三桂、刘泽清、马科等人被请入高大巍峨、金碧辉煌的武英殿，皇帝摆下大宴，盛情款待。

崇祯的脸上摆满了胜利的微笑，出手阔绰，三位将领都得到了丰厚的赏赐。吴三桂还得到了一个非常特别的礼物，皇帝亲手送给他一柄"尚方宝剑"。

吴三桂深深地感受到了皇帝对自己特别的器重。崇祯用一把剑，亲手收买到了世上最为珍贵的东西，一颗忠心，一颗忠于明朝的心。

美丽的春天快要过去，北京地区的天气一天天变热，清军不适应这里越来越热的气候。眼看此时的北京四周云集了吴三桂、刘泽清、马科这样的狠人，清军再也找不到一丝空档，便迅速从冷口向北退去。

京城警报解除。手握重兵的军事将领，不能在京师长久逗留。短暂休整后，吴三桂在做返回宁远前的准备工作。

一天上午，吴三桂突然接到大富豪、皇亲田弘遇派专人送来的一封信，拆开细看，是一封邀请函，"请吴提督到观家乐小住几天。"

崇祯时代的顶级官场，田弘遇绝对是个人物，一般的官员想巴结还巴结不上的高层人物。单单他的养女早就从崇祯的妃子，升到了"皇贵妃"的顶层级别。

田弘遇的这个养女不是一般般的女人，若不是万里挑一，也成不了他的养女。田贵妃不单单只是漂亮，她"能书，最机警"，受到崇祯特别的宠爱。

有了如此给力的干女儿，干爸爸田弘遇的身价翻着倍儿往上涨，官封右都督。头顶"皇帝的岳父大人"的荣耀大帽子，大臣们称他"田戚畹"。

田弘遇最喜欢一样东西——钱。同样是为着钱，商人们在市场里打拼，他努力在官场奋斗，大手笔圈钱，"窃弄威权"。田戚畹这么做，京城里的人，只能看在眼里，恨在心里。没有人敢得罪他，没有人敢揭发他，对田大人种种非法行为敢怒不敢言。

田戚畹官场红得发紫，家里的钱堆得像山，而明朝的国势却背道而驰。眼下，到了非常危急的关头。特别是农民起义军，向京畿逼近的动作比清军快。现在的起义军，不再只是搞饭吃，搞钱花，而是直接冲皇位而来。

恐怖的国势让田弘遇非常忧虑。

不要以为田弘遇忧虑的是国家大事。他哪里会为国着想、为皇帝担忧？他忧虑的仅是两件事：自身的安全、田家巨量财富的安全。

崇祯十五年七月，田贵妃病逝。

突然之间失去内援，田弘遇的孤立感油然而生。

田弘遇睁大眼睛，努力寻找可以援引的目标人物。"吴三桂受到皇帝如此器重，又如此年轻有为，他岂不是我当下依傍的最佳人选"。

结交吴三桂，田弘遇信心满满。手中有一样宝贝，那是即便皇帝都没有的。"家里养了全国最漂亮的干女儿，随时可以作为大礼赠送。"

朝中大臣结交封疆大吏，属严重违规行为，皇帝最为忌讳。田弘遇敢于违规操作，可见其早已视王法为儿戏。

"吴三桂长年在烽火连天的关外奔波，这样的铁血汉子，对于江南美女，一定会情有独钟"。田弘遇算定，这场宴请，双方都是赢家。

站在观家乐大门前，吴三桂正在看着高大的墙头，看着一排排鲜红的琉璃瓦，观看门前一排排人工细雕的柚木屏风，只见田弘遇亲自迎出府门，降阶躬清。

"今天迎接的绝非一般般的人物，而是风雨飘摇之中的保护神。清军要打来了，'流民军'也要打过来了，皇帝怕是泥菩萨过河，自身难保。只有手握军权的将领，才是值得我花下血本的人。"田弘遇脚下生风。

第三章　乱世机遇多

— 39 —

吴三桂走进客厅，只见靠墙一排排金丝楠木摆架上，各式奇珍异宝映入眼帘，果然是"帝都荣华地，国戚富贵家"。

田家餐桌上摆满让人眼馋的鱼肉大餐。田弘遇礼仪周到，频频敬酒。大家酒兴正浓时，悠扬的丝竹声响起，一群田家美女，个个打扮得像出水芙蓉，载歌载舞步入客厅。

吴三桂感觉着有点眼花缭乱，只见其中一位美女，素装淡抹，边舞边唱了起来，舞姿轻盈，嗓音清丽。

吴三桂喜不自禁，在田弘遇的耳边说出一句话来："这位莫非就是人们盛传的圆圆？真的是倾城之色啊！"

田弘遇当即喊道，"过来过来，给吴将军斟酒。"

从眼角的余光里，田弘遇发现，吴三桂对陈圆圆顾盼不已。

自从走进了军营，耳边听到的都是金鼓、军号的声音，眼睛看到的都是狼烟、军人与战马，战场上无情的厮杀，满地乱滚的人头、喷涌而出的鲜血、流在地上的人肠子。置身于如此繁华的京师，没有战场的担忧；置身于如此豪奢的府第，享受美女亲手把盏，人生能不快活吗？刚刚三十出头，就成为全天下人仰慕的青年将军，吴三桂第一次全身心充满成就感和快乐感。

吴三桂开怀畅饮。趁着这空当，我们赶紧把陈圆圆的档案翻一翻，看看她是如何从江南到京城来的。重要的历史人物，一定要介绍清楚。

《庭闻录》记载，"陈姬，名沅，字圆圆"，江苏武进县金牛里（即今奔牛镇）人，十八岁入籍梨园，"父业惊闺，俗称陈货郎"。

这位陈货郎十分了得。他出屯入村，走街串巷，手摇铃鼓，口唱货物名目，从正业里，衍生出一大爱好来，以货物名称、货品特色为内容，自演自唱，以此吸引沿途乡民购买挑担中的货物。

将爱好与职业挂钩，这样的人，堪称牛人。在他的家里，经常有十几个人与他同吃同住。这些人只做一件事，"日夜讴歌不辍"。

来的粉丝太多，住的时间太长，结果把陈家吃穷了。不过，陈货郎还有一个大的收获，那就是女儿陈圆圆。

受到父亲的熏染，陈圆圆非常会唱歌，也非常喜欢唱歌，成为当地唱歌一族中的佼佼者。

有了唱歌这门子手艺，陈圆圆决定到大城市去闯荡。

虽然是乡村女孩，然而陈圆圆的演出却场场成功，"每一登场，花明雪艳，观者魂断"。陈圆圆的特色唱腔——弋阳腔，"演西厢，扮贴旦红娘角色，体态轻靡，说白便巧，曲尽萧寺当年情绪"。陈圆圆的能力是能够让观众一下子进入她所扮演的角色而不能自拔，用感情演绎人物，达至演出的最高境界。可谓"声甲天下之声，色甲天下之色"。

看到过她的人，都说她长得美，有倾城之色。听过她唱歌的人，都说她声音超群逸众，无与伦比。能博得如此之大、如此之美的名声，可见陈圆圆绝不是一般般的女人。

今天，一个女人如果长得非常美，歌唱得特别好，能成为歌星，引来百万、千万量级的粉丝倾慕；可在万恶的旧社会里，女子如果长得特别美，歌又唱得非常好，就会招来许多灾祸。天下太平时，命运"好"的女子会成为公子哥儿追逐求欢的对象，更有甚者成为恶霸地痞手中的玩物；而兵荒马乱时，这样的女子则常常朝不保夕，随时会成为胜利者掠卖转手的战利品。此时的明朝，北方地面上，兵连祸结，战争不断；南方的天空，有长江天堑阻隔，眼下还是歌舞升平。

崇祯十四年（1640年）秋，"窦霍豪家"派出家丁来抢陈圆圆。而陈圆圆因事先得到消息，故而藏身于一个隐秘的地方，成功脱逃。

崇祯十五年（1642年）春，田弘遇到南海进香。一路上，能找到的财宝，他都会不放过。一行人如蝗虫一般，将所过之地掳掠一空。此时的田弘遇，变成了一头豹子，见到什么吃什么。除了货物，他还强抢美女。只要打听到某某人有点姿色，哪怕是娼妓，也一定要想尽办法弄到手，其中常常使用的手段，就是两个字——暴力。

"明朝难道不是一个法治的世界？"

"封建社会都是人治的天下。"地方官吏惧怕田弘遇的势力，没有人敢得罪他。

到达苏州，田弘遇立即派出人手搜寻美女。苏州一带，空气湿润，生长在这里的女子肤质细腻，成为全中国出美女的绝佳地方。苏州的确美女云集。民间说法，上有天堂，下有苏杭。其中有一种解读，苏杭美女众多。苏州的美女素质高，文化水平高，歌咏水平高。田弘遇到了苏州，真是想不搜寻美女都不行。

"京城有大官到了苏州，正在搜寻美女。"得到这个消息，陈圆圆立即藏了起来。不躲不行啊！陈圆圆心想自己的名声那么大，一准会成为人家搜寻的重点对象。

果不其然，田弘遇到苏州后指名道姓地要地方官员交出陈圆圆。

皇亲国戚来势汹汹，摆出的架势又大，地方官员惹不起，想不交出陈圆圆都不行。

一群非常喜欢听陈圆圆唱戏的铁杆粉丝马上做出决定，他们集体站出来保护陈圆圆。因为田弘遇一旦把陈圆圆带到京城，他们以后就再也不可能听到陈圆圆唱戏了。

"民众要闹事？"得到消息，田弘遇立即拿出两千金，派人将钱交到陈圆圆母亲的手上，并带上一句话——"我们这是公平交易"。同时，他还向地方官喊话："维持地方稳定，不得让百姓在京官出行时闹出乱子来。"

于是，田弘遇胜出，陈圆圆到手，并将其带到北京。

家中有宝惧贼盗。像田弘遇这样的高官，不也是贼盗中的一类吗？

现在再将镜头转向吴三桂。此时，餐桌边的吴三桂看着陈圆圆，已经是目不转睛。

见此情景，田弘遇是喜上眉梢。他一边举杯，一边说道："我今天要做一件大事，以美女赠英雄！"

听到田弘遇的话，吴三桂十分兴奋，可他还很清醒——"如此倾城倾国的美女，不要白不要，但千万不能白要；否则，某种说不清道不明的把柄，就一准落入这个满脸堆笑的田弘遇手中。"

最终，吴三桂高兴地从田弘遇手中接下这份天上掉下来的"大礼包"，同时从崇祯赏赐自己的银两中，拿出一千金作为聘礼，一定要田弘遇收下。

现在要问陈圆圆乐意不乐意？答案是乐意，非常乐意。美女，当然要配上年轻有为的将军才合心合意，跟着年迈的田老头过日子，百分之百不爽。

此前，吴三桂已娶妻辽东人张氏，陈圆圆入吴家只能做侍妾。然而，对于以唱戏为职业的女子来说，在那个时代，这已是最好的归宿了。

吴三桂的家不在北京，实在不方便把陈圆圆带到烽火连天的关外。反复思考后，吴三桂决定将陈圆圆暂时寄住在田弘遇家中。

这时，关外接连不断地传来军情急报。吴三桂也接到了兵部指令，从速离京，奔赴宁远战场。

孤守宁远

松山大战，清军连夺松山、锦州、杏山、塔山四城，皇太极一口气吃掉明军十三万，吞下明军中最能战斗的精锐。

皇太极如此显赫的战绩，全都摆在了吴三桂的眼前。

吴三桂真是想不正视都不行。

作为松山大战中皇太极的手下败将，面对皇太极这部战争机器，能不能守住宁远，吴三桂心中是如何想的呢？吴三桂不是傻瓜，如此聪明脑袋，他的心中其实比谁都清楚。

眼前的宁远跟往日大不相同。城池还是那座城池，但军事形势却已经发生了翻天覆地的变化。

二十年前，明统帅孙承宗、袁崇焕精心布置宁（远）锦（州）防线，坚守了整整二十年，现如今，锦州丢失，宁锦防线不复存在。宁远变成战争汪洋大海中的孤城，处于强大清军兵锋威胁之下。清军控制下的塔山城，离宁远不过百里，清军骑兵要不了多久，便能到达宁远，随时都可以发起进攻。

清军将领，已经不把宁远放在眼里，不在乎宁远的军事存在。清军大部队，沿着大道，越过宁远，一路向西挺进，径直到达山海关前，对选定的明军军事目标，发起攻击。"已经狂妄，几近疯狂"——这是宁远城守军对那些在离城不远的大路上，从自己眼皮底下呼啸而过的清军，最直接的感受。

皇太极运作的套路，类似于隋朝末年李渊、李世民父子攻打隋朝都城的做法。李氏父子的军事目标、政治目标定为打下隋朝都城长安，挟天子而令天下。从太原进军长安途中，碰到猛将屈突通。屈突通守河东郡城，拼死守城，不出城交战。其意图明确，念起拖字诀，把李渊父子的唐军拖在河东郡。

几次攻打河东郡城毫无进展，李渊决定派一小部分人围住河东郡城，大部队向潼关进发，目标直取长安。历史证明，李渊的决策是英明的。之后，李渊攻下隋都而定天下。

皇太极的思路比李渊更大胆，他没有派军队去围攻宁远。他手中有一套更强劲的战法，更加近似于"二战"末期美国攻打日本本土的蛙跳战法。"二战"末期的太平洋岛屿争夺战中，美国海军在取得海军力量优势后，为加快战争进程，如青蛙跳跃一样，跳过其中的某些岛屿，快速向日本本土推进。

皇太极的眼光跳过宁远，眼睛瞄准了山海关前的三座城池——中后所、中前所、前屯卫。

山海关与宁远之间，明朝筑起的这三座城池，面积较小，兵力单薄。

那么，吴三桂能够看穿皇太极的蛙跳战略吗？

"如何守宁远？"吴三桂着眼于守主城，即"固守宁远城"。从接下来发生的一系列事件中，我们没有看到吴三桂有"主城、卫星城整体战略思想"的考虑。

松山大战结束后，吴三桂清楚地看到，宁远已经成为清军接下来一定要进攻并且一定要夺取的军事目标。"我能看出来的状况，兵部那班人也一定能看出来，皇帝也一定能看出来。那就从这里着笔，向兵部、向皇帝要人、要钱、要粮。这一次，他们即使想不给也不行！"

"如何守住关外的那片天？"松山城破两个月后，崇祯十五年四月初，崇祯派出特别看好的一个高人到宁远主持军务，此人名叫范志完，原本是兵部左侍郎，现任命为督师，总督辽东宁锦军务兼巡抚。

派出人手的同时，四月十二日，崇祯发下手谕，"作为固守之计，宁远防御最为重要，同时兼顾其他三城。多多积贮粮饷。"

从皇帝到大臣，到边关守将，全都认定宁远第一重要。守住了宁远，其他三城也就能守住了。这样一来，关外就能固守。

从持久战到速决战到防守战，明朝最高层走过了一个痛苦的过程。

"你明朝一定重兵固守宁远，你明朝将那三座卫星城作为次要来守，我就将计就计，来个蛙跳战略，跳过宁远，从你的中后所、中前所、前屯卫开刀"。

跳开定式思维，出其不意，击中对手软肋。皇太极，真乃牛人中的牛人。

明军输血打气，清军毫不在意。

崇祯下了狠心："虽然经济困难重重，可关外必须投下巨资，发饷金十二万,从户部调发折色银三十万两,调运天津漕米。其中三分之二给吴三桂,三分之一给白广恩、李辅明。"

看着运进城的金钱粮草,吴三桂十分高兴,又上奏朝廷"请调拨盔甲、弓箭、枪炮等军需"。四月二十日,崇祯批示"即速察发"。

短时间内,宁远快速集结了三万明军,补充了足够军需,防御能力得到增强。崇祯努力地发放物资,吴三桂专心地守宁远。

崇祯十六年(1643年)二月,吴三桂派出得力将官率兵侦察敌情,"昼则埋伏深涧,夜则且哨且行"。

如果与皇太极的"蛙跳式战略"相比,崇祯、吴三桂这些战术动作就是传说中的小巫见大巫。

皇太极最近身体不太好,不久便卧床不起。

虽然重病在身,可皇太极仍然盯着明朝在关外的一举一动。看到明朝在不停地加强宁远城的防守力量,病床上的皇太极越来越坚定了蛙跳方案的信心。那就无视宁远主城,拿下宁远的三个卫星城。这样的话,再强大的宁远也会因为失去与母体的联系而随着时间的推移慢慢凋亡。

看着自己的病情持续恶化,皇太极将这套思路交到了继承者手上。

清崇德八年(明崇祯十六年,1643年)八月,皇太极病逝。年仅六岁的福临(皇太极第九子)即位,称世祖。郑亲王济尔哈朗、和硕睿亲王多尔衮摄政。第二年开始,清廷改元顺治。

皇太极死后一个月,济尔哈朗、多尔衮做出决定,避实击虚,攻打中后所、中前所、前屯卫三城,切断宁远与山海关之间的联系,将宁远城孤立起来。

崇德八年(1643年)九月十一日,济尔哈朗、阿济格率领清军大部队,从沈阳出发,直扑中后所。前不见头、后不见尾的大部队里,红衣大炮以及各种火器和攻城装备十分显眼。到达目的地后,清军就地休息一天。第二天傍晚,攻城战打响。

清军大部队放下手中的武器,大搞土地工程建设,砍树的砍树,挑土的挑土,搬石头的搬运石头,整个大军昼夜不停地劳作,从东边一小段下手,填平城外的护城河。

由于没有装备足够的火炮,城里的明军无法阻止清军接近壕堑。清军几乎无阻碍地搞填河工程。

红衣大炮随即发挥作用，向着城墙的方向，不停地发炮轰击。半天的时间，城墙被轰裂几处缺口。通过填平的壕堑，清军呼啦啦拥到城墙根下，立即用云梯、挨牌，在不同的方位，向城池发起进攻。

守城的明军拼死抵抗，然而城内力量单薄，城外没有救兵，不是人数众多的清军的对手。

从轰破的城墙口，清军杀入城中，明军溃散逃命。此战，清军歼灭明军马步兵四千五百人，俘虏四千人，擒斩明军将领二十人。

清军就地休息五天后，于九月二十九日，打响进攻前屯卫的战斗，十月初一日城破。

紧接着，向中前所发起进攻。守城的明军总兵黄色知道守不住，弃城而逃。

清军只用了不到十天的时间，就将宁远的三个卫星城拿下。可以看出，三个卫星城的明军守军力量薄弱，不堪一击。同样可以看出，清军战斗力十分强大。三城明军损失一万五千人，城中储备的军用物资，悉数落入清军手中。

清军攻城前，精明的吴三桂已将他的家眷从中后所撤出。不久，吴三桂的父亲吴襄携家眷住进了北京。

"三个卫星城，十天之内，全部没了！"吴三桂的心中越来越清楚，孤岛宁远是不可能守住的，现在待在这里，无非也就是在为明朝尽忠而已。

眼皮子底下，时不时有人逃亡，时不时有小批的军人直接逃到清军那边。特别是在崇祯十六年（1643年）十二月，守备孙友白带着手下大队人马，从宁远逃出，直接投向清朝，受到清政府的优待。

这些事绝不是小事。吴三桂强烈地感觉到宁远处境已非常险恶：显然，清军的攻心战，在宁远城已发挥作用；接下来会发生什么事情，是不是有更多的守城部队倒向清军，谁也无法预料。

守宁远已经没有任何实际的意义，那么，求生存就是第一位。如何脱离这个险境？每天从睡梦中醒来，吴三桂第一件要考虑的事就是这个难题。

突然，一个机会来了。

如此险恶的环境下，吴三桂始终没有弃宁远而逃，没有降清，应该说，对于明朝，此时的吴三桂是忠心耿耿的。

那么，清军攻打三个卫星城时，吴三桂为什么不主动发兵救场？为什么事先没有互为犄角的军事安排，而是听任清军攻打？

"固守宁远"是明廷制定军事方案时的一个重大失误。那为什么会有这样的失误呢？我们接着往下看，从明朝的皇帝到大臣，你将会看到这些人的头脑里到底在想些什么。

官场推诿

很快，历史进入了1644年，这一年是清顺治元年、明崇祯十七年。

正月初一，地点西安。李自成正在忙着新年做一件大事，正式建立王朝，封宋献策为军师，国号大顺，建元永昌。

正月初八，雪后天晴，万里无云。地面覆盖着厚厚的积雪，遍地里洁白晶莹。在这寒冷晴朗的空气里，李自成在做新年中的第二件大事——誓师。

绝不要小看了誓师仪式，就如同孩子出生第三天，全家要大宴宾客（三朝），盖一栋大楼也要奠基，人类发明的种种仪式，都有着它特殊的作用力。李自成率领起义大军，寒冷的空气里，无论敬天敬地还是敬鬼神，敬的其实都是人心。

誓师活动成果丰硕，起义大军万众一心，高呼着"打败明军，推翻明王朝，大顺一统天下"的口号。

"我军百万,已成气候,明军已显颓势。乘势而为,我纵军千里,直下北京。"李自成信心满满。

"千里进军，如果只是一路大军，必定遇到明军拼死堵截，玩命相搏。如果我军兵分左右两路，明军必定顾得了左路，顾不了右路，明军顾此失彼之际，就是我军拿下北京之时"。李自成帐中，宋献策一边喝着香茶，一边提出自己思虑多日的方案。

"好有见地！"

"左路做大声势，大搞政治宣传，吸引明军的注意力，右路悄悄地前行，但绝不能放快脚步，避免孤军深入，两路大军打配合拳。"

"军师所言有理。"

于是，大顺军的左路军每攻下一座城池，便立即派出宣传队，四处散发讨明檄文。同时，他们还向明朝兵部转送通牒，高调宣布下一个要攻打的目标。

明朝兵部不敢大意，立即调兵遣将，保护起义军指名道姓要攻打的城池。

兵部发现，明军调动的速度，远远跟不上起义军进攻的速度。兵部调动的兵马还在路上时，那里的城池便早已被起义军攻下。

明朝兵部不停地动作，大笔地投入资金、兵力，努力地保护起义军军锋所指的城池，结果却总是让皇帝失望。

"我军精锐悉数调往关外，松山大战中，打得所剩无几。起义军如此嚣张，挡住他们的这道大坝在哪里？"崇祯的心，就像乌云密布的天空，阴沉沉的情绪挥之不去。

只要一上朝，坐在大臣们面前，崇祯就叹气。接下来，他不停地向大臣们讨主意。

打仗就要用钱，大明朝廷的经济状况让大臣、皇帝全都头痛，真是"内帑如洗，一毫无措"。除了没钱，军队也大成问题，兵不足用、不堪用。这就是传说中的"叫天天不应，喊地地不灵"。崇祯的内心深处，一个感觉越来越刺痛，"这个庞大的帝国，莫非走到了山穷水尽的地步？难道就没有一个能人，能拯救我的帝国？"

眼睁睁看着明王朝向着绝望的目标一路狂奔，崇祯突然想到一个人，"既然宁远已经守不住了，这样的关键时期，为何好钢不用在刀刃上，真正地让它发力呢？"

崇祯迅速发出第一招。不向任何一方打招呼，用空降的办法，突然调吴三桂的父亲吴襄回京城候用。"先把你父亲留在京城，就不怕你吴三桂突然降清。像吴三桂这样的人才，清廷一定天天都在派出人手，暗中拉拢。"

崇祯十七年（1644年）正月十九日，即李自成率军从西安出发的第十一天头上，崇祯做出决定，"调用吴三桂，止住大顺军攻城略地的猖獗势头"。

突然，一道阴影爬上了崇祯的心头。

"方案交大臣们讨论，让大臣落笔签字"，崇祯的眼里闪出一道诡秘、痛苦的光。

"那群胡乱作为的大臣，真的该杀，真的想不杀几个人都不行。如果不是这班该死的大臣胡乱作为，我的江山岂能弄到今天这步田地？"崇祯恨大臣恨得咬牙切齿，"有这班大臣在，就必须让他们签字，至少让他们中的几个该死的人签字吧。"

皇帝的决定需要大臣签字？崇祯给出的答案是必需的。

镜头沿历史时间轴往前移，移到崇祯十五年（1642年），此时明军正在与清军、农民起义军同时战斗。

看着内外多线作战的不利局面，崇祯想出了一招，那就是"攘外必先安内"，也叫"外患是肢体之患，内患是心腹大患"。崇祯想出来的办法超越常人——与清兵议和，从而集中精锐兵力，集中全国能打仗的军队，一心一意剿灭农民起义军。

议和，意味着要牺牲一部分国家利益，甚至割让关外的某几处土地。这是一个大胆的、实用的、有重大意义的构想，又是一个非常危险的主意。崇祯反复琢磨这其中的风险，"这帮子大臣，一定会对这个超越常规的构思大加攻击。而大臣们的臭嘴，大臣们的乱作为，才是真正的风险所在。"

如何避免口水战？崇祯策划出一个方案。他特地找来兵部尚书陈新甲，把自己的"和清"想法跟他细细沟通，并特别嘱咐他，此事要秘密进行。

崇祯的做法简洁明了，没有绕弯弯。"这个危险度极高的任务，这就不声不响地交到了你的手上，希望你胜利完成和清任务之日，所有的大臣还被蒙在鼓里。"

可崇祯绝没有想到，由于陈新甲做事疏忽，明庭和清军议和的重大政治机密，没过多久，就走漏了风声。

这条重磅消息在大臣们中间传播。几位大臣，开始站出来，以"跟虏谈和为耻"为题，对陈新甲大张挞伐。更有甚者，直接跑到陈新甲面前，高声质问"可有此事？"

看着事态的发展，看着和清大事没有办成反而挨大臣们痛骂，崇祯十分恼火。

"这道重大方案，已经被陈新甲搅黄了，如果他把这事透漏出去，说是皇帝的主意，那么，这把大火就一定会烧到我的身上。那帮子榆木脑袋的大臣，一旦知道这是我的主意，肯定不会给我留面子，甚至可能会骂得更狠更凶更厉害。"

"追名逐利，这班该死的家伙，什么时候想想我朱家的江山？骂皇帝的确是出名的捷径，确实是名垂青史的荣耀，你们就不能为江山想想，为什么要和清？"

"办不成事，还坏了我的大事。"怒不可遏中，崇祯做出决定，批准几位大臣奏章中的提议，处死了陈新甲。

这位办事有瑕疵的兵部尚书，就这样当上了替罪羊。

崇祯的目标达到了，消息外漏的缺口彻底被封堵住了。皇帝胜利了。

当陈新甲因"妄议和清"的死罪被关进死囚牢房时，对于崇祯是个什么样的人，大臣们心中开始变得清晰起来。不用细细打听，用猜测的手法，大臣们内心里就已经明白，与清廷和议到底是谁的主意，只不过捉不到皇帝的把柄而已。

砍掉头的陈新甲永远不会说出那个被彻底封锁的秘密了。然而，崇祯是一个什么样的人，大臣们心里越来越清楚，"皇帝不敢承担责任，把责任往大臣身上推，也就罢了；为了他的大面子，不惜让大臣背黑锅，也就罢了；削掉替罪羊的脑袋，这就太过分了。君子都算不上，哪是什么人中君王？"

就这样，这事过去了一年，现在是崇祯十七年（1644 年）。

那班大臣对"和清案"狂轰滥炸的景象,崇祯记忆犹新。调用吴三桂进关，对付农民起义军。这事往大处说，就是放弃宁远，将整个关外拱手送给清军。那班大臣，即便今天不说一句话，到了成功剿灭起义军的那一天，也一定必定对我群起而攻之。

"不是有这么一个故事嘛，一头狼，掉进了猎人的陷阱，一只腿被铁夹子夹住了。这只狼在猎人还没有到达前，拼命地咬断那条被夹住的腿，依着剩下的三条腿,逃出猎人的追捕,保住一条性命。我不就是那头被夹住腿的狼，清军不就是铁夹子，关外不就是被夹住的那条腿？起义军就是可怕的猎人啊。只有丢掉关外，才有可能保住江山。否则，大顺军杀到京城时，必定江山易主，山河变色。"

"现在的关键是，不战而弃祖宗的土地，这个罪名，在大臣眼中，比跟清谈和严重万倍。"

"我把调吴三桂入关的事低调地交给你们大臣集体讨论。只要有人带头点头，之后大家同意，这以后'弃宁远、弃关外'的责任，他们之中，无论是谁，想逃也逃不掉。到关外失守之时，如果有谁叫着喊着要为丢失关外土地问责的话，如果有人叫着喊着要某些人杀头谢罪的话，替罪羊就一定必定是那班该杀的大臣。"

"我的脑子聪明，大臣们也绝不是笨蛋，他们之中，一准会有人看出端倪。要让大臣来背这个黑锅，绝不是一件容易的事。那就用化招，大事化小"。

在大臣面前，崇祯轻描淡写地说道："这次只调吴三桂外加五千精兵。调用这么个人加上这么点兵，相对于关外庞大的守军来说，不算什么，局面尚可以维持。"

大臣们努力地思考这句话的意义。

崇祯缓缓说出早就准备好的第二句话，"此等重大军机应行与否，原应先生们主持担任，未可推诿，延缓误事。"

"你们平时不就是要主持国家大事吗？现在这事儿，就交给你们决断。你们的动作要快啊，不能等到李自成把我灭了，你们的讨论结果还没出来。"崇祯心里骂道。

皇帝身边的大臣，绝不是一般人，也是久混江湖——如果把官场比做某种江湖。这些久历朝廷的大臣，早就摸清崇祯的德行。大臣们用老练、敏感的职业眼光，很快就看出这个军事决断的另一层意义。"只要在这个问题上点头，那就一定是自取杀身之祸。这样的事，谁敢做？这样的责，谁敢担？"

陈演第一个上场。身为首辅，想不表态都不行。陈演高调称赞皇帝的这个主意可取，接着又说出一句冠冕堂皇的话，"宁远之兵万不可调，一寸山河一寸金啊"！

这句话的意思翻译一下就是，我认可皇帝的观点，的确是到了必须割肉补疮的时候，但我同时也说了关外之兵不可调，到时调动吴三桂而丢了关外，责任就不是我的了。

有人问，首辅不怕大明的江山保不住吗？答案是，首辅首先要把自己的脑袋在大明的皇帝那里保住。

张缙彦刚刚被提升为兵部尚书，作为主管部门的主管领导，这事得表态。"三桂之调不调，视宁远之弃不弃，两言而决耳（三言两语就能决定的事）。"

第三章 乱世机遇多

张缙彦的话，真是一语中的，的确是三言两句就能搞定。然而到底如何"决"呢？宁远到底是弃还是不弃呢？他话到这里就打住了，没有下文。表面上看，在这个重要的问题上，他表明了自己的态度，实际上，他说了等于没有说。房屋上的大火正在那里燃烧，他就站在旁边说，这火救与不救，视那房子重要不重要，结果呢，他没有去调动人手，也没有端来一盆水泼上房屋顶上去。

看着下面的人不买账，崇祯急了，"调用吴三桂，收守关（山海关）之效，成荡寇之功，虽属下策，诚亦不得已之思。"

皇帝把话都说到这个份上，首辅陈演仍然不肯同意，不肯承担责任。"将来关外丢了，我一旦落笔签字，那一定背负杀头的罪责。"想来想去，陈演想出一个办法，"召集阁臣们开会，大家讨论，再作定论。"

"哈哈！让下面的人去担责。"陈演心中暗喜。

会议，就这样在这些官场高手手中，成为推脱责任的好办法、妙不可言的巧路径。

皇帝不愿担责，首辅不敢担责，如此一群人当权，国家不灭亡都难。

户外冷风飕飕，会议室里红红的木炭烧得正旺，暖气融融，内阁大臣们脱了皮袍，有的端着热气腾腾的茶杯，有的捧着烟袋，围坐一起，讨论首辅从皇帝那里拎过来的重大议题，"调用吴三桂，遏制嚣张的大顺军"。

能够入阁为相的，都是官场混大的。

会场气氛热烈，有的主张"不可调吴三桂"，有的主张"都城南迁"，有的模棱两可，也有的主张"赶紧调用吴三桂"。

"浮议一通，莫衷一是。"陈演心中骂着，"玩敷衍的游戏，只是嘴巴上喷口水，就是不做出具体的结论，看样子，这群人是不可能落笔定论。"

可皇帝正等着讨论结果，陈演心中一急，想出一招，赶紧向皇帝回话，"请行督、抚、镇再议宁远弃后，关（山海关）门作何守法？军民作何安顿？"

他把这个烫手的山芋，狠狠地扔给了更下一层官员。"哈哈！督、抚、镇的将领们，就让你们抓一抓头皮吧！"

崇祯心中万分火急，这事切切等不得也等不起，李自成那里一天也不等人，大顺军正马不停蹄地向京城挺进。于是，崇祯"差官前去，及取回奏"。

"皇帝是急，我们可不能急。这是掉脑袋的事，皇帝、首辅、阁臣们都不敢担责，我们如何担得起这个责？"督、抚、镇的领导，个个长着油滑的脑袋，没有一个是傻瓜。

皇帝急急地等下面办事的人收拢意见，督、抚、镇的领导们每天反复讨论，积极地讨论，认真地讨论，可就是得不出具体的结论。

宝贵的二十天时间就这样在争论中过去了。

调吴三桂的事没有着落，时间转眼到了二月初八，大顺军已经攻下山西首府太原，离北京城越来越近。

如果早下结论，吴三桂的骑兵或许能把大顺军挡在千里之外。而现在，"京师为之震动"。当然历史不能假设。

历史上，还是有人把国家命运放在个人安危之上的。

蓟辽总督王永吉就一直在观察着形势的发展。他眼睁睁看着大顺军将战火烧到了自己的脚下，自己再不挺身而出去救火，那明朝这栋两百多年的大厦就一定会被大顺军烧成灰烬。

"单凭我个人的力量，必定孤掌难鸣"，王永吉猛然发现，"御史杨鹗不仅与我想法一致，而且那人敢作敢为。"

王永吉找到杨鹗，郑重其事地说："都下公卿莫肯先发，吾两人于责无所逃。"

两人一拍即合，联名上奏，"请撤关外四城。前后屯失守，宁远孤悬二百里外，四面受敌，防御极难。寇氛日迫，三辅震惊。宜撤宁远，令吴三桂统边兵守山海关，即京师有警，关门之援可旦夕而至也。"

握着这份奏章，崇祯非常兴奋，"关键时刻，上天终于为我朝扔出了救命仙药。转送首辅陈演、阁臣魏藻德，就关外撤退相关事宜，赶紧策划具体实施方案。迅速派出相关人手，落实到位。"

接到皇帝转送过来的奏章，细细一看，陈演吓了一跳。他立即找到魏藻德，"上有急，故行其计，即事定，以'弃地'杀我辈，且奈何？"

两人心惊肉跳。寒冷的深夜里，书房里烛光闪耀，四条腿不停地打圈圈。天亮时分，两人终于想出了解招。第二天早朝时，两人向皇上回话，先征求各抚镇将领的意见，之后再行定夺。

"真是四只贼眼，这么快就看穿其中的路数。"崇祯在心中暗骂，并当即

第三章 乱世机遇多

发下话来，"从速召集科道九卿会议"。

德政殿里，黑压压的一大片，坐满了群臣。围绕"撤宁远"的主题，似乎个个都在思考这个难题的最佳答案，都没有几个人发言。仅有的几位发言人之中，支持王永吉意见的，少之又少，只有大学士范景文、倪元路、朱元俊等极少数几个人站出来说话。一句话，"撤宁远"观点，绝大多数与会者都保持了沉默。因为大家心中都清楚，绝不能背这丢掉关外的黑锅，保住自己的脑袋才是第一要务。

极少数赞成者中，吏科都给事中吴麟征的观点最为激烈。"宁远孤城，其势必弃。今日弃之为弃地，明日弃之为弃人。弃地已不可，弃地兼弃人更不可。而吴三桂勇将宜收用，（不可）委之敌人。今寇旦夕至，若使来捍京师，一举两得。"慷慨陈词之后，吴麟征提出要求，"六科共同署名，大家共同负起责任，立即调用吴三桂，刻不宜缓。"

只要一署名，这事就落地了。

聪明的六科领导个个都明白，只要一署名，丢地的责任就彻底地扛上肩了。这些人，你看看我，我看看你，大家玩起了同一个动作，相互推诿。

这件紧迫而重大的事，如果就这样在官员们的手中推来推去，接下来，一准没有结果。想到这一层，吴麟征决定自己来署名。随即，他将这份奏疏的讨论结果，交到了崇祯手上。

这事到这里应该了结了吧。毕竟这事紧急啊，李自成不等人，他的军队正一天天向京师逼近，而且现在也有了担担子的人——吴麟征。然而让人看不懂的是崇祯皇帝，他扣留了这份奏疏，不批示，也不下发。

到底是什么原因？

他自己没有说，也没有人给出答案。

可能的原因是，他心中清楚，如果他不批，下面没有人敢签署执行意见。他自己是绝不愿意承担丢祖宗土地的罪名的。而如果发下去让下面的人去执行，就再一次走入了上面叙述的那套泥牛入海的程序。

一个可能让国家起死回生的方案，在一群不敢担责任的人（包括皇帝本人）手里，就这样给糟蹋掉了。

进京勤王

没有遇到像吴三桂这样强劲的对手，大顺军向京城推进的速度，真正可以用"迅猛"这个词。

越来越恐怖的军事形势摆在皇帝的眼前，离京师仅数百里的地方，起义军横扫地方守军的防线。

陈演、魏澡德已经看得心惊肉跳。最终，他们彻底认定了一个理，必须调用吴三桂的边防军，才有可能挡住李自成的大顺军。残酷事实摆在了那里，关内的地方守军没有多少实战经验，根本就对付不了强大的起义军。

如果将国家的最高层比作三驾马车的话，在军事战争的关键时期，三驾马车就是皇帝、首辅、兵部尚书。现在，马车正在爬坡的关键时期，这三匹马都不愿意出力，那么这驾装载重物的马车，在这个陡峭的斜坡上，真是想不出车祸都难。

两人关起门来，反复地讨论，终于商量出一个办法。两人同时来到皇帝的面前，说出一句相同的话来，"建议皇上召见吴三桂父亲吴襄，听听他关于'弃宁远、守关门'的意见。"

"吴襄肯定会极力说服皇帝放弃宁远。在吴襄心中，一定想着如何才能让自己心爱的儿子尽快脱离那个被清军包围的宁远孤岛，尽快脱离那个危险万分的军事绝地。"陈演和魏澡德的小算盘打得砰砰响，"那样，弃地的责任，就可以不声不响地丢给吴襄了。"

于是，崇祯做出决定，"二月十二，在中左门召见吴襄，征询弃地守关策"。

可吴襄又岂是傻瓜？凭着贩马的丰富经历，凭着混官场的经验，心中立即推算出答案来，弃地定是死罪。当着崇祯皇帝的面，他一口咬定一个理儿，"祖宗之地尺寸不可弃"！

看到吴襄惧怕担"弃地"的责任，崇祯赶紧解释，"此朕为国家大计，非谓卿父子弃地也。"

"贼势甚迫，料卿子方略足以制之乎？"崇祯问道。

吴襄回道："若逆闯（指李自成）自送死，臣子必生擒之以献陛下！"显然，这位大半辈子久混"商场"的生意人，属于那种看到有大生意可做，立即拍

第三章 乱世机遇多

胸脯说大话的人。

身为皇帝，还从来没有人敢在自己面前如此大话喧天，崇祯赶紧提醒吴襄，"逆闯已百万，卿何言之易？"

还在崇祯要宣召自己前，吴襄的生意算盘就已经敲响。在拍胸脯保证之前，吴襄就已料定崇祯肯定认为自己所言只不过是大话，为此他早早准备好了一套说辞。这套说辞非常简短，只有一句话，然而却一语中的。这句神奇的话是"贼声言百万，实不过数万耳。中原乌合，未遇边兵交手之战。"

真的是这样吗？吴襄接着说出一串准备已久的数字。"以前官军遇大顺军，以五千人往，就等于给对方增加五千人；以一万人往，就等于又给对方增加一万人。"

这串数字重重地打在崇祯的脑门上，这些年来，事实的确是这样。

吴襄接着说道，"如今的大顺军，已经变了，变成屡胜而骄，原因是他们从来就没有遇到过像我儿子这样强劲的对手。若以臣子之兵当之，直成擒耳！"

崇祯脑子里，"大话吴襄"的形象，被吴襄一层层地成功剥掉。接下来，两人进行实质性的交易话题，就"合同"的关键项进行讨价还价——请吴氏父子出手，皇帝到底要花多少钱。双方对话如下。

"卿父子之兵几何？"

"臣罪万死！臣兵按册八万，实三万。"

"三万人能搞定李自成百万大军？"

"臣兵不过三千人可用耳"。

"三千人何以当贼百万？"

做贩马生意出身的人，即马贩子。对吴襄来说，打仗也是一笔生意，而且是全天下最大的生意，最最赚钱的生意。眼下，皇帝就是自己的大主顾，这笔大单已在眼前，就看自己如何去做。

"此三千人非兵也，乃臣襄之子，臣子之兄弟。臣所食者粗粝，三千人皆细酒肥羊；臣所衣者布褐，三千人皆纨罗绽绮，故臣能得其死力。"

这是一句双关的话，表面上看，是正面回答皇帝的问题，为何他吴家兵有着如此超人的牛力（以一当百），实际上，是用了暗示的办法，向皇帝提出一个话题，养这三千兵，绝不是一件容易的事，那需要千万的财力。

崇祯是个聪明的人，敏感的神经听出吴襄这话的内层意思。随即，一句话从皇帝的嘴里蹦了出来，"需饷几何？"

"百万"。

这个数字入耳，崇祯着实吓得不轻。

现在国库里，零零碎碎加起来，也凑不够百万数字。

"即论三万人，何用多饷？"表面是问，实际上是杀价。意思清楚，那百万也太多了吧，即使三万人马都不用花百万。

吴襄发现，对方已进入自己事先设计好的圈套。

那我就算一笔账给你听听。"百万犹少言之也"。为什么呢？"三千人在关外，人人皆有数百亩庄田。今舍之而入内，给何地屯种？这个钱要补偿给他们。这些人的家属在关外，尚有六百万生灵。今入关，用何道安插？安置费不是个小数目。推此而论，百万两恐不足以济，臣何敢妄言！"

这个账一算，把崇祯彻底搞蒙。心里默认了"百万"这个数字，另一个问题迅速跑了出来，"国库空空，我从哪里拿出百万？"

想了半天，穷皇帝感到自己又不能不做这笔生意，那就凑家当来充吧。"国库止有七万金，搜一切金银什物，补凑三十万耳。"

皇帝咬定要做这笔生意，跟吴襄杀了个狠价，从百万杀到三十万。

三十万金，如果从数字上来说，在这盘国运赌局中，吴襄已经赚大了。因为一旦成功打退了大顺军，挽救了这个危在旦夕的朝廷，后面的利润，一定是无穷大。

崇祯之所以步步中了吴襄设下的圈套，也实在是形势所逼。多少年过去了，官军越剿杀，大顺军越壮大。大明地方军实在太窝囊，太让皇帝失望。吴氏父子率领的边军，的确是打了不少的恶仗、大仗，有输有赢。那么，边军能不能对付大顺军？崇祯不敢肯定，这是个未知数。但是，这的确是个非常大的指望。而且除此之外，能作为指望的，似乎还没有第二个。

然而，在另一个同样重大的问题，即撤宁远援京师的问题，吴襄却给出了完全否定的答案，这又让崇祯失去了主意。

在撤宁远的问题上，大臣们已明显分成两派，一派是京外的督抚，一部

第三章 乱世机遇多

分人持赞成票，一派是朝中的大臣，以陈演、魏澡德为首，坚持"弃地非策"主张。理由是"无故弃地二百里，臣不敢任其咎"。反对派已经明显地表现出一种担心：事后定会有人因弃地而被追罪，到那时崇祯一定会为保住皇帝的面子而让廷臣背黑锅。因此，这些人一口咬定不能撤。

宝贵的一个月时间就在这种上下级互相折腾中过去。决定国家命运的大事，就这样在崇祯、大臣们谁也不愿承担弃地责任的"踢球赛"中，硬生生地给压下来。

时间就是机会。时间误了，机会就没了，终于，京师的危局，走到了无可挽救的地步。

崇祯十七年（1644年）三月初，大顺军打到了宣府的城墙根下。这里距离京师只有快马一日的路程。住在京城的普通百姓，家家户户都在做打包的工作，老老少少都在准备逃避战乱。

得到消息，大臣们全都处于一片惊慌之中。"大顺军的这场大火，已经烧至大厦的立柱了，大明危如累卵。"看着军情急报，崇祯反复想一个问题，"如果还有解招的话，这个招会在谁的头脑中呢？"

急中生智，崇祯想出一个办法来，召集文武大臣，科、道各官，开紧急军事会议，讨论战守之策。崇祯认定，解决这个难题的办法一定是有的，说不定就躲藏在大臣们那些聪明无比的脑袋里。

大厅里，挤满了肥胖的大臣，大家一个个穿戴整齐，各层级的官服鲜艳夺目。可没有一个人说话，会场很是寂静。

"平时这些官员满嘴主意，今天怎么全都哑巴啦？"崇祯心里骂着。本来带着满肚子希望而来，认为多少总能讨点主意，却突然发现真正危局来时，没有一个人能够为自己做点什么？失望和气愤中，崇祯长长地叹了一口气。

"朕非亡国之君，诸臣尽亡国之臣耳？"

崇祯用愤懑的情绪，大声地喊出这句话来。

声音久久在大厅里回荡。

所有的人都低垂着头，个个脸上没有一丝笑意。大家似乎参加一个葬礼，而不是一个对策研讨会。

说完这句话，也不跟大家打声招呼，崇祯一个人从座位上站了起来，拂袖而去。

"这群人，除了会骂人，会追责，啥能耐都没有。"崇祯的心里生出一层死灰来。

皇帝突然发现，"无意之中，居然塞住了所有大臣喜欢追责的嘴巴，现在，可以弃关外，调用吴三桂的边军。"

三月初四，崇祯赐吴三桂"平西伯"，赐封左良玉、唐通、黄得功为伯爵，另外还为二十多位将官升职。

三月初六，崇祯正式下令"弃宁远，征召吴三桂、蓟辽总督王永吉率部入京勤王"，同时向全国发出"勤王令"。

崇祯焦急中等待着各路大军奔赴北京抵挡大顺军。

一等再等，左等右等，却始终没有看到某一路大军来援。各路军队各有理由，山东总兵刘泽清派快马送来的理由有点搞笑，"我不慎坠马，脚部受伤，实在走不了"。

大厦将倾，皇帝指望有人来救急，这个时候，为什么手上有兵的人全都采取了同一个行动，迟迟不肯动身？接下来看吴三桂的行为，大家就明白了。

历史上也有特殊人物，有一个人急忙忙带着军队跑来勤王。密云总督唐通离北京最近，率领手下八千人马来到北京。

有人提问，"在李自成百万大军面前，八千人算什么？"

"我手上只有这么多人，这已经是我全部的家当"。

"杯水车薪"，看着唐通报上来的人数，崇祯立即有了感觉。

人数虽少，在皇帝面前，唐通慷慨激昂，一再表示"不辱君命"，搞得崇祯也很兴奋，当面封"定西伯"。唐通热血奋勇，率领手下八千人马迅速开到居庸关，开赴战场前线，开到保卫北京最为关键的地方。这就要为保卫京城率先立下第一大功。

如果唐通能够守住居庸关，守住北京的大门，北京就可能有救。各地将领们看到希望，必定有人率军前来助威，前来抢功。然而，事实是，唐通遇到大顺军后，便迅速投降了李自成。史评此人"口辩无勇略"，意即大话连篇，实际上没有什么脑子。

失去居庸关屏障，北京门户大开，大顺军无阻挡地向北京进发。

明朝就像一个癌症病人，只剩下最后一口气，随时都会断气，一切就要看奇迹是否出现。

在无数个日日夜夜的煎熬中，吴三桂每天差不多都在做同一件事，踮起脚尖，翘首企盼，焦急地等待北京那边传来撤宁远的指令。

一天清晨，吴三桂突然接到皇上赐封自己"平西伯"的圣旨。他十分高兴，就如寒风刺骨的隆冬深夜送来一件皮大衣，全身心洋溢着温暖。自己才三十三岁的年龄，可以说是盛年封伯爵？在人生中，在仕途上，谁人能达到如此的高度？

转念细想，又突然觉得某种不对劲的地方。"平西，那就是对付来自西边的大顺军的威胁，而不是打击清军。正常逻辑上，应该是'平辽''征辽'，现在却封'平西'？那就一定是来自西边的起义军闹出了大问题，而这个问题，从'伯爵'这顶高帽子来看，还不是一般的大。在我这个年龄段上，皇帝优赏'伯爵'，真正是破格、非常规的动作。"

刚刚领悟到这一层，深夜时分，吴三桂又突然接到皇帝派特使送来的又一道圣旨。

太监谢文举星夜送来"勤王令"。

"大顺军已经威胁到明王朝的命根子，"吴三桂迅速做出判定，"与王永吉一起，督率关外宁远军民撤宁入关，援救北京。"

吴三桂手上，聚拢了四万精兵，这些都是明军中最能打仗的部分。长年以来，这些人一直在边疆战场打滚，最有杀敌作战的经验，个个都是骁勇善搏的战场混子。吴三桂的手下另有辽民八万。"出则为兵，入则为民，皆耐搏战。突骑数千，尤骁悍"，俗称关宁铁骑。

吴三桂决定，大军入关的同时，一并撤走宁远百姓。

撤民入关，是历代以来传统的做法。辽兵家属多是辽东人，这些人一旦失去军队保护，就有可能被清军掠卖为奴隶，所以必须撤。

这个决定，对于宁远的军民来说，正确；而对于北京的危象来说，却是个彻头彻尾的错误。

那么，为什么吴三桂会犯下如此低级的错误？大家来看吴三桂撤兵的内心动机——既要解救北京，又不能冲在最前面。这有点儿复杂，我们接着往下看就明白了。

尽管北京的形势刻不容缓，远在宁远的吴三桂，却为撤退边民，不得不耽搁了四天时间。

三月初六，吴三桂下达撤宁远令。十日，撤退中的军民开始起程。人数在三十万左右，家家户户都有财宝要打包，不是说走就走。四天宝贵时间就这样被三十万人的打包工作耽误掉了。

不要小看这几天的时间。平时几天时间无所谓，关键时刻，时间宝贵无比。救火一分钟拖不得，一秒钟都等不起。四天时间耽搁掉的可能就是一个朝代。

接下来，大军每天行进的速度还不到五十里。

如此缓慢的行进速度，只能说，皇帝的运气，真是坏透了。

有人会问，为什么不拉出精锐骑兵，兼程疾驰以最快的速度赶到京城？精兵由吴三桂亲自率领，走在大部队的最后面，担当殿后的任务。

"这些撤退中的百姓，是不是正在受到来自清军的严重威胁，需要如此精心地呵护？"

"清军是不是跟在撤退的宁远军民后面追杀？"答案是，没有清军追杀。

清军攻下中后所等三城，毁坏城池，弃城不守，这里没有看到清军一兵一卒。可以看出，此时的清军并不是以占地为目的，而是以毁灭明军的战斗力为目标。

吴三桂撤宁入关，捡了一个大便宜，沿途没有任何的阻敌，更不用担心清军据城阻截。

对于宁远军民突然撤离的消息，清军一无所知，如何派出追兵？

六天后，即三月十六日，明军撤出宁远的消息才传到沈阳，清军这时才做出决定"修整军器，储粮秣马，俟四月初大举进讨宁远"。

吴三桂撤出宁远，没有受到清军任何威胁。

"既然安全地撤离，为什么不是一小部分队伍保护民众，而将主力以最快的速度飞驰北京呢？"

答案就只能是，吴三桂在故意拖延时间。

吴三桂为什么念起拖字诀？

自从接到"勤王令"，吴三桂认真地、反复地做一件事，计算自己出现

第三章　乱世机遇多

— 61 —

在北京城的"正确时间"。"只有在正确的时间出现在正确的地点，才能达到一个目的——花小力气博取大的功劳。"

计算结果归结为一个字——等。"等其他各镇明军先与大顺军交战，等他们各方都打得精疲力竭之时，那时我们再出现在大顺军的面前，就叫'及时'出现。"

如何等？归为一个字——拖。当然，必须打造出拖的强大理由。"保护边民，防止清军在边民撤出宁远的路途中袭击"是一个非常正当的理由。

拖的时间不能太长，也不能太短，这是个技术活。时间拖长了，北京就有可能被大顺军攻下；时间太短了，大顺军的战斗力还旺盛着，还没有被完全削弱。

军队的速度，吴三桂能控制住，而民众前行的速度，就难以把控。反复计算后，这个速度被吴三桂算出来了，"每天前行五十里，就会在正确的时间出现在正确的地点。"

从宁远到山海关，两百里的路程，骑兵一日一夜就能赶到，吴三桂念动拖字诀，大军整整走了五天，十六日入关。

此时，大顺军先头部队正越过昌平，向北京郊外挺进。

这个时候，吴三桂如果指挥部队当即冲过去，保住北京城，还大有希望。

但这只是我们读者的想法。吴三桂久在官场，在他的算盘上，挥动军队朝大顺军扑过去，还缺少一个要件。"大顺军是得胜之师，锐气正盛，这样的军队切切碰不得。"

"那就再等上几天，等到大顺军与某支勤王的军队打得不可开交，双方胶着状态之时，咱再杀进去，那时才是最好的时机。"

等待那个条件出现，必须在"等"字上制造出一个正当的理由。

理由很快被想了出来，"请求安家歇口五日"。吴三桂心想五天之后，即二十一日，我军一定会向大顺军扑去。守卫北京城的军队，五天时间你们一定能顶得住，你们一定要拼命地与起义军打啊！"

看着大顺军呼啦啦朝着北京城的城墙根下拥过来，得到"吴三桂也已入关，还要五天时间才能到达北京"的消息，崇祯胆战心惊，心急如焚。除了命令守城部队"拼死抵抗"，还能有什么办法？

宝贵的四天时间过去了，三月二十日，吴三桂率领大军开到丰润，北京城就在眼前。

李自成派出一支部队，计划攻打滦州。这支部队由降将唐通、白广恩带领。

看着眼前这些投降过去的部队，吴三桂信心十足，立即指挥军队扑了过去。

唐通、白广恩不是吴三桂的对手。大顺军大败而逃，吴三桂收服降兵八千。

如果照这个势头延续下去，北京城就还有救。

可非常不幸，北京城的守军没有能够扛住大顺军的进攻，就在前一天，即十九日，大顺军攻破北京城。

走投无路的崇祯，无限惆怅中独登煤山，看着眼前美丽的江山，在金光闪闪的寿皇亭前停下了自己的脚步。看着手上的索命绳，他泪流满面，嘴里反复说着一句话——"文臣人人该杀"。

无论皇帝，还是大臣，责任面前，一再推诿。这样的朝代真是想不落幕都难。阁臣们一再贻误军机，皇帝优柔寡断，而且任用那些毫无原则、素质低劣的太监守城。

"北京城破，皇帝上吊自杀"。得到消息，吴三桂非常震惊。

一路上都在打算盘，努力达到一个目标，"坐收渔翁之利"。吴三桂应该是忘记了一件事，他这样算计，别人不也是在这样算计吗？久经官场的武将们，人人都这样盘算，这个国家还有谁去拯救？结果就是皇帝没有看到勤王的大军，将领们自己搬起石头砸了自己的脚，国破家亡。

皇帝没了，进京勤王也就没有必要了。于是，吴三桂立刻率领大军，回转山海关。

"国破山河在，城春草木深"，接下来该往何处去？人生就这样不经意间来到了十字路口。

第四章
吾辈当死战

路在何方

站在山海关前，望着美丽无比的蓝天白云，吴三桂心中郁闷：手上这点儿兵马，不可能自成一个王国。自己忠心的明朝，居然瞬间没了。就如一个女子，刚刚新婚不久，蜜月还没有过完，丈夫便突遭厄运去世。幸福的女人转眼之间失去了爱人，这样的日子谁也不会好过。

一个现实的难题摆在眼前，政府没了，饷源无着，几万人的军队，薪水一分钱不能少。否则，大军只会一哄而散。

"有两条路，摆在眼前，一是投清，一是投大顺军。"清军是吴三桂生下地以来一直一直的死对头，去降清，至少到目前，这想法一丝一毫都没有。而大顺军呢，吴三桂处在观望中。"那位李自成，谁知道他能不能立得住脚？"

利害得失权衡之中，各方力量对比之中，吴三桂没有行动，在默默地做一项工作，静观其变。"不要急，耐住性子等，等到形势明朗，再为未来做出选择。现在就待在山海关，按兵不动"。

这时，有一个人迅速盯上吴三桂。

刚刚拿下北京城，站在北京城美丽无比的城楼上，看着脚下高大雄伟的宫殿群，宏图大业的成就感在李自成心中油然而生。

他突然意识到一个严重问题，山海关非常重要，那里是护卫北京、挡住关外清军最重要的屏障。

李自成召集丞相牛金星、军师宋献策商讨对策。

"吴三桂手下这支军队，将悍兵勇，不可小看。降将唐通、白广恩的主力大军，都不是他的对手，就是明证。"

"山海关与北京之间，虽然有六百里的路程，然而中间没有山川阻隔，那里必定是北京最大的威胁所在。就在山海关的另一边，还挤满了数量像蝗虫、攻击速度像黄蜂的清军。"

"如果吴三桂与清军联手，北京直至整个中原的大门，在清军面前就会豁然洞开。"

"必须拿下山海关"，李自成下定了决心。

讨论会得出重大结论："大顺军完全能搞定吴三桂，而且有两条道路可走，一是军事征服，二是政治诱降。第二条是重要的、首要的、优先选用的策略，要力争用软鞭子搞定吴三桂，求得成本低、风险低、效益高的良好效益。"

此时，政治诱降条件开始成熟。

大形势摆在吴三桂的眼前，大顺政权已成功占领京城，吴三桂那点可怜的力量不可能独自存在。就如小区整体拆迁一般，主体拆迁已经完工，某些人即使想当钉子户，也一定不会长久。

如何拆掉吴三桂的军队，不让他成为钉子户？三月二十一日，大顺军进入北京城的第三天，李自成开始第一个动作。

李自成看中一个人。他立即派人来到监狱，放出原职方司郎中的张若麒。来人将张若麒引到李自成跟前。大家应该还记得张若麒这个人，在明军与清军的松山大战中，张若麒负有战败的领导责任。

李自成已经打听清楚，吴三桂称张若麒为老师，两人之间关系密切。如何搞定吴三桂，李自成看准行情，决定从张若麒这里入手。

李自成亲自接见张若麒，亲手为张老师泡上上好的香茶，聊上一些家长里短的话题。两人聊了两天，李自成有一个感觉，双方的陌生感消除了，隔阂消除了。

第三天，李自成邀来丞相牛金星、军师宋献策，端出美酒佳肴，设宴款待张若麒。四人酒足饭饱，张若麒离去时，李自成亲手送上山海关关防，"请张老师移动贵脚，前去山海关劝降吴三桂。"

送走了张若麒，李自成有一个非常好的感觉。眼前，这只是开了一个好头，向吴三桂传递出一个重要信息。接下来，才是正戏，大戏。大顺军队已经从皇宫、大臣那里搜出了成堆的真金白银，那就从中拿出一些，派亲善大使送到吴三桂家的大门口。

第
四
章

吾辈当死战

"这位帮大顺政权送礼送钱的人该是谁？"

"陌生人上门送礼，对方肯定不敢接收。世界上，有多少人敢接陌生人送来的礼品？那就必须找个熟人去。送多少也必须掂量。多了，成本太高，少了，礼太轻，不但成不了事，反而还坏事。时间也是关键，送早了，对方还没有考虑好，对方内部的矛盾还没有消化掉，迟了，变数就多了"。

反复拿捏中，在第九天，李自成认定时间已到，果断决定出手。他委派唐通为送礼大使，送上白银四万两。

在正确的时间，用上正确的人，送出正确的礼物。这个感觉真是太好了。

"吴三桂没有拒收礼金，已经伸手接下礼物，吞下诱饵。接下来，我大顺政权该开出怎样的价码，才能刚好契合吴三桂的心理期望值，足以吸引吴三桂弃暗投明？"

慎重考虑后，李自成称出了吴三桂的分量，做出决定，"封吴三桂为侯"。公侯伯子男——爵位的排列顺序中，侯爵在伯爵之上。"明朝皇帝封他吴三桂不就是'平西伯'嘛，那我大顺封他为'侯'。给他吴三桂的面子，应该够大。他没有为我大顺立下尺寸之功。但是，只要他率领他的人马投降大顺，将山海关守紧守牢，这个侯爵是值得的。"

"如何体现大顺侯爵的无比荣耀、无上荣光？那就必须给侯爵包金镶银。"想到这一层，李自成立即做出决定：不但要送上侯爵敕书，与敕书一同出手的，还要送上白银万两、黄金千两、锦币千端，作为陪衬；同时，派吴三桂的老朋友明降官左懋泰为大使。

"招降吴三桂，真如板上钉钉。"李自成望着金光闪耀的大殿，轻轻弹弹身上的灰尘。

站在北京城楼上，望着左懋泰带着招降大队迤逦前行，李自成的心中突然有一种异样的感觉挥之不去，似乎还有一件事没有做。招降大队越走越远，李自成怪怪的感觉越来越强烈。

李自成突然想起来了，的确有一个重要人物，自己居然视而不见。李自成立即发下指令，命令吴三桂的老爸吴襄给儿子写信，劝他赶紧投降大顺政权。

接下来，吴襄引经据典，说尽千理万理，就是一个理——赶紧率军投降大顺吧！

"如何送出这封重要的信？"

还在吴襄动笔的时候，李自成就在同时考虑另一个问题，有必要派出大顺政权的将领走进吴三桂的军营。只有这样，吴军投降大顺的大事，才能真正落地生根。吴三桂如果连大顺政权派出的领导都不接纳，送再多的礼，封再高的爵位，又有何用？

看着吴襄写好的信，李自成信心倍增，有了这封信，有前边的工作做铺垫，这个桥梁现在可以架起来。李自成决定派巡抚李甲、兵备道陈乙为送信特使，并且带去一句重要的话，"尔来不失封侯之位"。

卷甲入朝

镜头对准吴三桂。

面对接二连三从北京过来的说客、使者、特使，吴三桂走出第一步棋，不说降，也不说不降。专业术语，叫观望。

面对李自成的使者送来的成堆的金银财宝，吴三桂全部收下，将来客一一安顿，好吃好喝好招待，也不派人到北京说声谢谢。专业术语，叫等待，静观其变。

民间有句话，不吠的狗，才是最厉害的狗。这样的狗，不声不响中出击，最容易得手。在不声不响中，吴三桂缓缓走出第二步棋，召集将官开秘密会议。

浓浓的夜色里，聚集到军帐中的将领，有的喝茶有的闲谈，大家七嘴八舌地议论着一个话题——明朝没了，我们该往何处去？

表面上看，请大家来商议大家的未来，其实，吴三桂内心早已有决定。

之所以有这个结论，下面的材料可以证明。

首先，过去的大顺军是明军的死敌。眼前，明朝已亡，死敌这个概念就没有存在的必要了。

其次，大顺朝已取代朱家，吴三桂只有依附这个新政权才能生存。除此之外，眼前没有比这更好的出路。

再次，李自成开出的条件非常优厚。封侯的政治待遇、送上门的真金白银，这都是吴三桂迫切需要的。部队已经有十四个月没有发饷，再这样下去，将士有可能动摇，甚至瓦解。这些真金白银真是雪中送炭，想不取都难。

最后，吴三桂一家老小全在北京，都捏在李自成的手上。投降的话，一辈子的荣华富贵有了，一家人的生命财产也得以保全了。

无论从政治上还是经济上、军事上、外交上，甚至家庭上，吴三桂都没有不投降的理由。

有人会问，既然吴三桂是经过深思熟虑的，那为什么还要开会讨论呢？

时下，政局处在激烈动荡之中，不同的人有不同的想法，特别是手中有兵的将领。谁也不知道这些人内心真实的想法。讨论会实际上是试探会，吴三桂要用讨论的形式，摸清下属的想法。

会上，吴三桂说道："先帝归天，都城失守，今将若之何？"这是一句试探性的话。

诸位将官你看看我，我看看你，没有人答话，全都陷入沉默思考之中。

吴三桂用沉重的语调缓缓说出第二句话，"今闯王使至，斩之乎？迎之乎？"

两句话，问得将官们犹如从酒醉的状态中突然惊醒过来。随即，同样的一句话，从不同人的嘴里说了出来，"今日生死唯将军之命是从！"

吴三桂要的就是这句话。既然大家表了这个态，那我就代表大家做出决定，"归降大顺"。

将官们个个在做向北京出发的准备工作。看着大家忙碌的身影，吴三桂心里反复思考一个问题，"旧主对我有恩，新主对我有意。如果我现在就这样跑几百里去投降新主，虽然在新主面前能真真切切表达我的诚意，然而，世人岂不骂我忘恩负义，岂不要葬送我吴家一世英名。我吴家忠于明朝，岂能背负世代的骂名？"

三月二十八日，吴三桂找到了这个两难命题的答案，"新主不能不拜，旧主不能不敬"。他当即发下命令："全军缟素，今明两天为旧主崇祯皇帝举衰治丧，以示对恩主的崇高敬意。"

第三天，吴三桂将山海关的大权交到唐通手上，这才率领大队人马向北京进发。大军到了永平县城（河北卢龙），吴三桂派出人手，四处张贴安民告示，大张旗鼓地宣告，"我这一次是去北京朝见新主"。

四月初四日，大军到达西沙河驿。四月的天气，越往南边走，春天的脚步越近，每个人的心头开始荡漾着一股暖意，压抑的心开始随着春日的阳光一起放晴。

突然，一伙人疯一般跑进了吴三桂的军营。

这伙人从北京城里偷偷逃出来，带头的几个人，正是吴三桂在北京的家人。

吴三桂赶紧询问情况，这才知道自己的父亲已经被李自成逮捕，失去了人身自由。

"怎么会这样？"吴三桂心中七上八下。

"现在我第一要做的事，必须稳定军心"，吴三桂暗暗告诫自己。对着身边的将官，吴三桂解释道："此胁我降耳，何患？"

随后，吴三桂问到爱妾陈圆圆的下落时，得到的消息居然是被李自成的大将刘宗敏掠走。

"霸我爱妾？"吴三桂一脸茫然。

"逮捕我父亲，我可以理解，是因为大顺政治上的需要，而朝廷高级官员大摇大摆抢占别人的妻妾，这就想理解也没办法理解了。大白天居然抢占别人的老婆，难道大顺政权从上到下没有王法？莫非大顺就是一群没有教养的土匪？"

整整一个晚上，吴三桂无法入睡。反复解读，可是无论如何也读不懂大顺到底是一个什么样的政权。一个没有法律、礼仪约束的政权，是没有前途的。官员随意抢占别人妻妾这样的政权，还能投靠吗？还能做大吗？

天刚刚亮，另一批从北京城里逃出来的人来到吴三桂的军营。

"赶紧去救命！"这批人中，也有几位是吴三桂的家人，大家带来了十分确切的消息，刘宗敏以追赃为名，向吴襄索饷二十万，眼下只交上白银五千两。老人家已经被刘宗敏手下的人打得死去活来，再不想办法去营救，可能命就扛不住了。

"追赃？哪来的赃？是贪污了明政府的钱，还是贪污了大顺朝的钱？"吴三桂拍案而起，再也坐不住了。

有人从人群中缓缓站出来，一字一句解释道："只要曾经是明政府的官员，

第四章 吾辈当死战

无论官职大小，不论贪与不贪，大顺军官都要用严刑拷打的方式追赃索饷。名为追赃，实为索饷。"

大顺政权到底在做什么大文章、怪文章？为什么连吴三桂的父亲都不放过？

原来，在占领北京城后，李自成立即启动大顺政权习惯性的政治大项目——索饷追赃。

为什么索饷？大顺政权难道没有钱做日常开销？

长期以来，李自成没有建设政权，一直都是流动式作战。没有政权，当然就没有收税制度。饷源无着，谈不上稳定的经济来源，只能走到哪里吃住到哪里，就地筹款。

被吃的人是谁？只能是当地当官的、有钱的人。

三月二十日到二十六日，七天的时间，北京城里，大顺军"遍街提士大夫"。昔日当官的，那可是耀武扬威，今日个就倒过来了，每一百人为一组，被毫不留情地逮捕，接着被关押到大顺军的各个营地。

军营，从军官到士兵，全都是野战军。野战军的做法，与政府官员文明法纪的做法大不相同。要钱要钱，棍棒说话。资料记载，从早到晚，整个北京城里，"冤号之声不绝于耳"。

昔日美丽繁华、法纪严明的北京城，在大顺军的治下，变成了明朝旧官员的人间地狱。

二十七日，大顺政权的措施全面升级。各营军官，急忙忙做同一件事，向京中各官全面派饷。具体规定每位明朝旧官员交纳钱财的数额，从一万两到二十万两不等。

从这一天开始，各处兵营的街边路旁，"人人皆得用刑，处处皆可用刑"，景象壮观。全城旧官员，个个心惊胆寒。

四月一日开始，追赃索饷的措施进一步升级，只要是当过官的，做过生意的，家里有钱的，读过书的，脑子里有文化知识的，都在大顺政权的追赃索饷之列。

据记载，从这一天开始，刘宗敏住的大院里，每天有三百人到这里来排队受夹刑。原因很简单，这些人没有交够规定数额的钱，一时间"老稚冤号，彻于衢路"。

一些人受不住刑拷，哭天喊地。有的人在刑拷中当场晕死过去，其中不少人是被夹棍夹死的。行刑的人用绳子拖着那些死者的尸体，在大院子地面上磕磕绊绊地拖着，有的人实在拖不动，就一个接一个死拉硬拽，弄到院子外面去。

大顺军发挥了创造力，发明了一种非常特别的刑具"夹棍"。与官衙里的老式夹棍大不相同，新发明的夹棍有棱，而且用铁钉相连。被这样的夹棍夹过的人，"无不骨碎立死"。受过这种刑罚的，极少有人能够活下命来。

吴襄原为明朝御营提督，因此也没有逃脱大顺军的夹棍大劫难。

有人问，李自成盯住了山海关，又是派有头有脸的人物出面劝吴三桂投降，又是派使者给吴三桂送黄金白银，又是赐封号，怎么就忘记了关照吴三桂的父亲吴襄呢？

这个问题应该问问政策的具体执行人刘宗敏。其实问了他，他也不会回答。而答案是显而易见的，刘宗敏为了他个人的那点小利益，不惜牺牲大顺政权的大利益，将个人的私利放在国家前途和命运之上。

与老爸吴襄遭受的苦难相比，刺痛吴三桂神经的另一根刺则更疼更深，也更加难受。这与大顺军的另一项重大政策有关。

如果把大顺政权比作一栋大楼的话，李自成努力地建，那刘宗敏就是在疯狂地拆。面对突然而来的海量的美女和金钱，在一己私利面前，刘宗敏迷失了自己。

北京城里，大顺军将领个个都非常忙，一方面忙着抢钱，另一方面忙着抢劫美妇艳女。

即使索饷追赃做法有理，但抢劫美妇艳女，绝对是一项彻头彻尾的错误政策。

作为这项政策的制定者、执行者，身为大顺军领袖，李自成带头抢美女，起到了坏榜样的作用。别忘记了那句话，榜样的力量是无穷的。

刚刚拿下北京城，李自成便当即住进皇宫，迅速做出第一件事，"即唤娼妇小唱梨园数十人入内"。

接着他做出第二件事，将宫中掌书宫女杜氏、陈氏、窦氏、张氏据为己有。

跟着是做第三件事，把其他宫女集中起来，像对待战利品一样进行平均分配，每一位高级将领得到三十个女人。这在《小腆纪年附考》《明季北略》《国榷》中都有相关记载。

《甲申纪事》便详细记述了李自成分配戚畹家妇女时的情景。李自成把这些女人分配给各队营官，有得到年少而貌美的，立即兴高采烈抱到马背上带走；有得到老年妇女或是长得丑的，则一脸的无可奈何。

李自成接着动手做第四件事，给将领们分配住房。李自成自住皇宫，将帅们"分居百官第"。其中，刘宗敏占了都督田弘遇府第，田见秀占了曹驸马府，李岩占嘉定伯府，等等。

高层领导不只是狂抢豪宅，还"占其妻妾""子女玉帛尽供其用"。

同样是出身底层的农民领袖，李自成与明朝开国皇帝朱元璋比起来，在政治上、思想上，都低了很多，不在一个级别上。同样是穷人出身，政治力、思想力相差怎么就那么大？缺乏长远的政治眼光，践踏人类社会的道德底线、人伦底线，这样的领导人、这样的领导团队，如何能成事？

狂抢美女比赛中，刘宗敏最为积极。大顺军进京的第二天，刘宗敏便率先抢夺田弘遇家的媳妇，得到数十名漂亮无比、美丽至极的女人。

大顺军将领接着自发地开展另一项比赛活动——明目张胆地索贿受贿。

以明礼部侍郎杨汝成为例，在遭受夹棍刑的第一天，便迅速送出美婢、玉杯、金壶，贿赂各级大顺军将官。

追赃者个个受赃，层层纳贿，大顺军高层已败坏不堪。

进入京城的头几天，大顺军纪律严明。时间不长，大顺军迅速发生变化。每到夜晚，"兵丁斩门而入，掠金银奴女，民始苦之"。

整个军队为什么会有如此巨大的变化？

将官们大手大脚抢钱抢美女，腰包塞满了金银财宝，房间里美女如云，平日一起在战场上出生入死的兵丁能不眼红？正所谓上梁不正下梁歪。

在所有人眼中，京城变成了一座存放金银财宝和美女的仓库。兵丁能放过身在仓库的大好机会？这些人没有想出什么好办法，就利用黑夜作掩护，晚上直接破门而入，看到什么抢什么。

昔日天子脚下的京城，秩序井然，今日却成了没有王法的世界，天地倒转。

陈圆圆早就是京城里的大美女、明星人物。刘宗敏抢先一步，抢占了田弘遇的私宅，那他岂能放过宅子里的大美女陈圆圆？

"有没有办法能躲过这场劫难？"陈圆圆开动脑筋拼命地想，终于想出一个办法。与七位男优反复计划之后，八人"私约潜逃"。逃跑方案经过大家反复磋商，可谓思虑周密、滴水不漏。选择的逃跑路线，大家也都熟悉。

在一个漆黑的深夜，趁着京城混乱，七男一女偷偷地逃出田弘遇的家，逃到一个人不知鬼不觉的地方躲藏起来。

天亮时分，大家住进了一所废弃多年、长满杂草的破烂房子里面。一切都在计划之中，白天在这所房子里藏好，吃好喝好睡好，等待第二个黑夜的来临，继续下一步的行动。

天已大亮，刘宗敏的守卫人员巡查时，突然发现陈圆圆的房间里没有人，刘宗敏立即派出马队全城搜寻。全城大街小巷搜了个底朝天，也没有发现陈圆圆这批人的任何踪迹。

这八个人绝不会人间蒸发。凭着战场打滚的经验，从搜寻马队反馈的信息中，刘宗敏看出来这批人的行踪来了。他们白天不会跑路，那就只说明一个问题，他们必定是在晚上行动。沿着这个思路，追踪方案迅速被策划完成。

夜幕降临，刘宗敏使出三大招。一是宵禁，减少街头夜晚的行人。二是盘查，派出大量夜间巡查人员，守住各个十字路口，加强夜晚巡逻。三是暗哨。四处布下暗哨，稍有风吹草动，稍有人影晃动，立即暗中跟踪。

三招之下，八位夜行人行踪暴露，凌晨时分，七名男优被抓回，被全部处死，无一幸免，而陈圆圆则再次落入刘宗敏手中。

国破家亡

皇帝上吊自杀、父亲遭受酷刑、爱妾遭人凌辱，这些消息像巨大的冰雹一般，一齐砸向吴三桂。

坏消息一批接着一批传来，"京城里，大顺军在大规模追赃派饷。旧日明朝政府的高级官员、往日亲近的同事、往日敬重的领导，无论是谁，都逃脱不出大顺政权严刑拷打的厄运"。

"如果我到了京城，我的下属到了京城，不也要遭受严刑拷打的酷刑吗？

李自成迅速动作，授明朝降臣张若麒为"兵政府尚书"。

李自成正暗自高兴，这就等于分化瓦解了一部分明政府的旧官员。他正打算将这个动作进一步放大，让更多的明政府官员来大顺任职，却突然听到有不同的官员从不同的地方传出一句同样的话来，"张若麒没有尺寸之功，却位居我们官员之上？"

"新旧官员，不都是我大顺政府的官员？他们之间，怎么会有这么大的矛盾？"李自成立即停止了新的授职动作。

"必须杀一批明政府旧官，以绝内患。"李自成发出命令，在西华门外设刑场，将大学士陈演、定国公徐允贞、博平侯郭明振等多位明朝大员，送到刑场，当场处决。接着发出第二道命令，命令李过将中吉营正在接受拷讯的明官员彭琯、申济芳等五十三人，全部绞死。再接着，发出第三道命令，还没有来得及杀掉的其余官员，全部集中起来，移到刘宗敏的营帐，等候处决。这些人"累累坐路侧，按籍次第杀之"。

北京城里，血流成河。大顺军杀气腾腾，人世间阴气太重。住在京城的旧朝高官，一遍哀鸣之声。"今夜春风习习，不知道还能不能看到明天的太阳缓缓地升起。"

活着的旧官员，全都把目光投向吴三桂，认为那里是他们生存的唯一希望。所有的旧官员，全都眼巴巴望着东北方的天空，希望吴三桂的大军从天而降，将手握屠刀的大顺军驱出北京城。

哪怕只有一个晚上，大家都等不及。因为天亮时分，往往就是旧官员人头落地的恐怖时刻。

此时此刻，北京城外不远的地方，有一批人，近似疯狂一般，到处张贴吴三桂讨伐大顺军的檄文。另有一批人，从京城逃到郊外的官员、官员家属，秘密制作素衣，约"士民缟素复仇"。

京城里大顺政权疯一般屠杀旧官员，成批处决旧官吏；京城外，无数人在组织复仇，对大顺政权的仇恨像地底下炽热的岩浆一般，强大的求生压力下，拼命寻找突破口。

京城里看得见的血淋淋的斗争与京城外看不见的地下斗争就这样高烈度交织，疯狂地上演。身家性命旦夕不保的明朝政府旧官员，个个走到了人生所有人的妻妾不也要被他们掠夺吗？我们个个不都要被索饷追赃吗？”

残酷的现实摆在眼前。

前方那座辉煌灿烂的北京城，吴三桂想不望而却步都难。"我这样前去，岂不是自投罗网、束手就擒？"

吴三桂头脑里曾经坚定的归降大顺的信念，被越来越多、越来越可怕的消息一点一点撕得粉碎。

国破家亡、国仇家恨一齐涌上心头。李自成用黄金白银侯爵堆成的美好形象，像一只漏水的破船，在吴三桂心中渐渐沉没。

对李自成如此这般自己给自己打脸的做法，吴三桂开始恨，恨得咬牙切齿，怒火中烧。"我不忠不孝，尚何颜面立于天地间！"对着身边部将，吴三桂大声说出这句话来，一边拔出佩刀，就要自刎。部将们连忙冲上去，夺下他手中的刀。

这时，有部将在旁边高声喊道："吾辈当死战！"

吴三桂要的就是这句话。他当即决定，全军讨贼，与大顺军势不两立。

形势倒转，天地翻覆。

现在是轮到李自成、刘宗敏为自己的错误政策买单的时间了。

怀着满腔的悲愤、满心的屈辱，吴三桂率部秘密回转山海关，并向据守山海关的唐通部发动突然袭击。

唐通以为吴三桂这个时候正在北京接受李自成的封赏，绝没有想到吴三桂在去北京的路上居然遭遇如此巨大的家庭变故、人生变故，更没有想到会从天上掉下来一场战斗。唐通部守军毫无防备，仓促迎战。

只一战，吴三桂便全歼唐通守军。

看见形势不对劲，在第一时间，唐通赶紧逃命。他仅带着八骑，逃向北京。于是，山海关稳稳落入吴三桂手中。

站在山海关城楼，望着北京城方向的天空，吴三桂的头脑慢慢冷静下来。"李自成必定要来夺取山海关，与李自成的大战，甚至决战，很快就会到来。"

"现在就得立即动手，为迎接即将到来的大战，做足准备。"

"必须拿出手段，激励我将士与大顺军战斗的坚强意志。别的事可以不做，这件事不做都不行。几天前还开大会做出重大决定去投降大顺，这会儿又要跟大顺彻底决裂，这个一百八十度的思想大转弯，从士兵到将官，很多人的脑子肯定转不过来。"

"面对李自成号称百万的大军，将士们的心中肯定压力山大，如果个个精神上偃旗息鼓，后面的仗还如何打？"

这时，吴三桂突然想到了两个人，一道方案迅速在脑中形成。

第二天，演武场上，将士们早早排列整齐，旌旗招展，一场隆重的阅兵仪式、一场重大的誓师活动在这里举行。吴三桂特别邀请当地的绅士们前来参观。

站在高台上，当着绅士们的面，吴三桂大声地问道："我兵如何？"

"真天兵也！"乡绅们个个赞叹。

"可杀李贼否？"

吴三桂将威严的目光扫向李自成派来的两名使臣李甲、陈乙。

看到有李自成的使者在场，乡绅们鸦雀无声，没有人敢回答这个突然而来的怪问题。

吴三桂高声下令，"斩首李甲，用李甲首级祭旗。割下陈乙两只耳朵，放回京城传话。"

向着割掉耳朵、满脸流血的李乙，吴三桂高声喊道："叫李贼自送头来！"

吴三桂用血淋淋的事实证明了一个颠扑不破的真理：一颗鲜血淋淋的敌人的头颅，能激发起将士冲天的战斗激情，其力量抵过一万句豪言壮语。

"危急时分，我率领二十名家丁闯进两万名后金军的重围，救出父亲。现在，父亲又落入敌手，我还有办法救出来吗？现在，我的手上，已经不再只有二十名家丁，而是有实打实五万人的精兵强将。"

一个残酷的现实摆在面前，想不睁眼看都不行。"我杀了他派来的巡抚李甲，他极有可能杀我父亲报仇泄恨。"然而，一线希望也是悬在那里，"他在我这里砸下这么多的黄金白银，必定期望厚利。对山海关，必定志在必得；对我投降大顺，必定心志坚定。"

沿着"李自成内心必将矛盾强烈"的思路，吴三桂想出了一道救父方案。

全部的方案，暗含在吴三桂向吴襄发出的一封亲笔信里。在外人看来，这完全是一封绝情信，信中，吴三桂大骂特骂父亲忠于大顺政权，而大顺政权却从来没有顾及他老人家的死活，以至断然决定断绝父子关系。

四月初六，李自成得到使臣李甲被吴三桂削头的消息，大为震惊。"吴三桂这人为什么出尔反尔，一手接下封赏，一手杀我使臣，为什么这么不讲信用？"正在努力寻找这其中原因时，初九这一天，李自成截获了吴三桂派人送给父亲吴襄的信。

李自成反复翻看这封信，从这封信中，终于搞清了吴三桂左手收下黄金右手杀死使者的原因。

信中，吴三桂大骂父亲效忠的大顺政权不讲信用，骂大顺政权耍两面派手法。"一边送我黄金白银，封我爵位，一边拷掠我老父亲，刑逼索饷。大顺的官员不就是为几个钱吗？至于要这样嘛，把我老父亲往死路上逼，这样的政权如何让我信得过？"

李自成心中吃惊，当即责备刘宗敏做事怎能这样没有头脑，岂可拷掠吴襄？

于是，刘宗敏赶紧派人把吴襄从狱中放出来，好吃好喝好招待。

可同时，吴三桂募兵、备战的消息则一波接一波地传到李自成的案头。

李自成反复考虑一个问题，"控制山海关的吴三桂，除了用战争来解决，还有没有其他路径？毕竟你吴三桂才几万人马，明王朝都被我百万大军灭掉了，你还有什么别的指望不成？"

十字路口

得到父亲安全的消息，吴三桂一颗悬着的心，终于落了下来。他现在能静下心来，坐在山坡前一块大黑石头上，静静地欣赏山海关美丽的风景，听听山风在林海里忽起忽落的声音。

"已经做出决定，派出使者，带上信件，向清朝借兵。我的这个做法，对吗？"吴三桂静静地思考这个问题。

有人会问，吴三桂的内心深处，到底是想借兵，还是投降清军？

吴三桂的脑子，我们不可能扒开来看。然而，四件事摆在那里。

第一件事：明朝灭亡时，吴三桂心中有一个梦想，找一个靠谱的政权全身心投靠上去。当他决定投靠大顺时，才有"卷甲入朝"的大手笔、大行动。

当初投靠大顺绝不是一时的冲动，绝不是做投机的买卖，实在是从内心里渴望找到可以依靠的真命天子。只是大顺政权的错误政策重重地把吴三桂的美梦击碎。

我们可以得出结论：不是真命天子的人，吴三桂从内心里是绝不会投靠的。

那么，问题来了：清政府在吴三桂的心中，是真命天子吗？

这个问题的答案，在于一个反推中：如果在吴三桂心中，清政府是真命天子的话，在明朝刚灭亡之时，他绝不会去投奔李自成的大顺政权。

第二件事：向清朝借兵方案的策划过程。

部将胡守亮和策划高手方光琛（前文提到过，原明辽东巡抚方一藻的儿子）两人反复磋商，最后共同向吴三桂提出方案——向清军借兵。在征询高层意见过程中，文官童达行等人强烈支持这个方案。

第三件事：恶浊的、残酷的、恐怖的现实。

别人家的兵，是想借就能借得到的吗？借兵可不同于借其他的东西，清军借来了，可能就不走了，那时，大明的江山不就是他们的了吗？

事情不是这样简单的。

在吴三桂的想法中，清军、大顺军必定会打得两败俱伤，吴三桂手下的这支军队才是最后的赢家。这一点，手握五万精兵的吴三桂心中有绝对必胜的信心，也就是说局势可控。

第四件事：一个现实的问题摆在桌子面上，清军不是一般的军队。几十年以来，自打清军组建以来，世世代代就是明军的死敌。化敌为友，化世世代代的敌军为突然的友军，绝不是一般的难。

吴三桂早已发现，这个问题的另一个重要的方面——清军方面，埋藏着一个重要的秘密。"清军的最高层，一直以来，想尽一切办法吃定关外的明军，他们的意图必定是要推翻明王朝，他们的目标一定是谋夺明朝的江山。那么，他们一定不愿意看到一个新生的、生机勃勃的中原新政权——大顺政权，成为他们未来世世代代的新对手。"

而李自成方面，绝不会让关外的清军觊觎大顺政权的利益。"这两家一定是生死对头。只要碰面，就一定会争个你死我活。"

"这就够了。让这两个天生的对手，来个生死决赛，在他们俩打得全都支持不住时，全都精疲力竭时，我军出手，那时，天下到底是谁的，就真的没有一个定数了。"

"利用清军打大顺军，促使他们两家对打，让这两个恶魔在决战中同归于尽，真是上天赐予我的一线机会。只要他们打起来，鹬蚌相争，渔翁得利，我们就必定是那位传说中的渔翁，想不得利都不行"。

吴三桂的心中，升起了一个太阳，在乌云与狂风强烈交会之后，在远方的天际，一个光芒四射的太阳正在冲破乌云。一个既毁灭清王朝又灭亡大顺政权的大方案在吴三桂心中已经生成。

另外一些历史学者却持这样的观点，吴三桂所为是：冲冠一怒为红颜。

吴三桂正处在十字路口。人的一生处在十字路口的机会并不多，诸如高考填报志愿时、与对象结婚的前夜甚至手握百万、千万资金，准备投资某个项目时，眼前的吴三桂就处在这样的路口，心情复杂，内心动荡，郁闷纠结，情绪极不稳定。一句话，此时的吴三桂极易冲动。

任何一个人，夺爱之恨谁也受不了，何况此时的吴三桂处在十字路口。强烈的感情刺激、内心的仇恨，极容易引发冲动，激成暴怒。

吴三桂对李自成政权的仇恨心理，在强大的情感压力下累积，终于形成。他的一句话，"大丈夫在世不能保一女子，有何面目立于世上"就是复仇心理成形的证明。就如核弹一样，触发器起动时，能量巨大的核变反应就会瞬间发生。

从迎李到反李，从抗击清军到借用清兵，吴三桂政治态度的陡然变化，的确是深深受到"陈圆圆被掠"感情的刺痛。这种作用力，借用一个化学名词，叫催化剂。

我们不得不看到一个人——那个拿刺针的人，刘宗敏。正是他，为了占有一个女人，为了一己私欲，置大顺政权的安危于不顾。

对于新生的、稚嫩的大顺政权来说，这已经不是一个单纯的女人问题，而是一个重大的策略问题。

李自成、刘宗敏没有重视这点小事，没有在细节上下功夫，因小失大。正是刘宗敏这个人，把陈圆圆抢了，把吴三桂的父亲吴襄绑了；正是李自成这个人，坐在上面把劝降吴三桂的重大政策制定了，却把他的下属控制下的吴家亲属无视了；正是这两个人，终于把吴三桂惹毛了、逼急了，最终把吴三桂推向了清军那边。自己搬起石头砸自己的脚，李自成、刘宗敏这两人，难道不是很可悲吗？

吴三桂派副将杨珅、游击郭云龙为特使，随身带着一封重要的书信，急匆匆送给多尔衮。

多尔衮细看这封信，想从其中找出吴三桂降清的蛛丝马迹。然而，他并没有找到这是一封请降信的证据，这是一封彻头彻尾的借兵信。

这有以下四点证据。

证据一：吴三桂恳请清朝出兵的名义。用的名义是"亡国孤臣"。这位亡国孤臣请清朝出兵的目的是什么呢？信中写得非常清楚，请清朝出兵帮助他报君父之仇，图中兴明朝。没有为清军干活的半点意思。

证据二：对清朝的称呼。这里涉及一个问题，称呼能不能表明某人对某事的立场？答案是肯定的。比如女人对自己的丈夫称"老公"，而对其他任何别的男人，不能喊"老公"。否则，就犯了天大的错误。吴三桂称呼清为"北朝"，而与"我国"——明朝——明显相对。这就明确地表明了他的立场。

证据三：进兵路线的规定。吴三桂规定清兵的进兵路线，有两条，一是"中协"路线，即喜峰口、龙井口等处。二是"西协"路线，即从墙子岭、密云等处入口。而吴三桂自己牢牢地控制着"东协"路线，即山海关与界岭口等重要关隘。从东协路线进军北京，最为便捷，是正面进军。而从西协、中协路线进军北京，是侧翼，要绕路，需时较长。西协、中协也是清兵以往入口征明的旧路线。从路线的排列布置中可以看出，吴三桂将自己放在了"主人"的位置上，将清兵放置在"客兵"的位置。这个位置排布能表明立场吗？答案是肯定的。中国人在酒席宴会、大型会议上，对于座位次序的排定非常讲究。首席、主席，由谁来坐，都有严格的限定，不是什么人都可以坐的。从吴三桂进军"座序"的排定中，可以看出，他与清不是一家人，他完全把自己定位在主人的位置上，而把清兵定位在客座的位置上。

证据四：事后的报答。吴三桂做出郑重声明，这个报答除了给相应的财物，还包括割让土地，而不是纳贡称臣。

吴三桂用这样的方式，巧妙地从危险的境地脱身，由参战的一方变成大清、大顺战争的"策划人"，由电影主角变成这场巨型电影的导演。

从得到吴三桂降而复叛消息的那天起，一种非常不安的感觉就缠住了李自成。这种奇怪的感觉，李自成以前还从来没有过。这是一种只有长年在战场打滚的人，才有可能产生的军事直觉。这种怪怪的直觉，连军事学家也难以从理论上做出解释。

李自成的案头，每天都有四道快马飞报吴三桂在做"规复京师"准备动作的相关消息和最新动态。眼下，百官们正在"劝进"，请李自成登皇帝大位。这些重大的军事消息，搞得李自成一点登基的心情都没有。

吴三桂那点力量不足以让李自成担心，清军在关外也不足以让他担心。李自成担心的就是一件事，吴三桂与清军合势。那样的话，清军就可以直入北京，后果不堪设想。战场上最怕遇到两类人，一类叫狠人，清军就是这一类；另一类叫仇人，也叫不要命的，如今的吴三桂就是这类。如果这两类人凑在一起，那就是大顺政权真正的麻烦了！

事情弄到这步田地，李自成真的很想骂刘宗敏，然而现在说什么都晚了。对吴三桂招降的路已经被自己的这位部下彻底堵死，除了用军事手段解决吴三桂，似乎已经没有了别的选择。

有个人说，他有一套办法。这位闪亮登台的人叫李岩。

得到李自成正在做出师山海关军事准备的消息，李岩赶紧跑来劝李自成。当着最高领导的面，这位最强脑力的策划大师，提出一套怪异的方案。用孙子的话讲，此方案，不战而屈人之兵，善之善者也。

李岩方案如下：

一方面，李自成登基，登皇帝大位，把大顺政权轰轰烈烈地建起来，把大顺的大旗高高地飘扬起来；另一方面，"封明太子，奉明祭祀，世世朝贡"，用这样的办法来缓解大顺政权与明朝旧官吏阶层之间的矛盾。这个矛盾一缓解，吴三桂那边就可以再次招抚。到那时，许以吴家父子封侯，就可以轻松搞定山海关，也就筑成了挡住关外清军的防洪大堤。

李岩认定，这样能达到"一统之基可成，干戈之乱可息"的魔力。

李岩的慧眼清清楚楚看准了大顺政权的政策与吴三桂之间矛盾的焦点。

李自成进京后，大顺军如果不将明朝的旧官员往死里整，如果依法依规办事，吴三桂在北京的爱妾就不会被霸占，老父也不会遭受拷打，吴三桂以前的同僚、领导就不会被随意投入大牢遭受酷刑，吴三桂也就不会先降后叛。

接下来，关键的关键，李岩设计出来的这套超级方案能不能被李自成看好呢？

仔细听了李岩的意见，李自成没有陷入沉思之中，而是很生气。气愤之中，他一口回绝了李岩的劝告。"打击明政府的旧官吏，是我大顺政权的既定方针，在这个时候，不可能保存已经灭亡的明政府的旧皇室、旧官员的地位和身份。与旧政权的斗争，只能是你死我活的争，只能是势不两立，不可能存在交集。"

思维决定命运。李自成最终将栽在这个过不了的坎上。

从接下来李自成疯一般处死大批明朝旧官吏的历史事件中，可以更加清楚地看出，李自成坚定了政策的连贯性。

如果李自成采纳了李岩的建议，接下来大顺政权悲剧收场的历史，有可能反转，可惜历史不能假设。

从这一点上可以看出，李自成也是一个做事做绝的人，这点与朱元璋真的很相似。不同的是，李自成最终把自己送上了绝路。

镜头继续对准李自成，他正在集中精力做征服吴三桂的战前准备工作。

自从吴三桂友好地接待第一批使者，李自成就认定吴三桂投降大顺是早晚的事，就如小区拆迁，吴家钉子户不会呆长久，因为已经给他开出了很高的价码，而且一次一次地加码，码出了成堆的黄金白银，码到了侯爵的高度。

突然发现吴三桂反转，到了必须出师山海关的时候，李自成这才猛然发现，从思想宣传到军事动员，大仗前的准备工作全都是零。

"大军开向战场，铁槌砸鸡蛋一般直接拿下山海关？还是认真细致地做好大战之前的政治、军事准备工作？"

山海关上驻扎的，不是一般的军队，而是明朝军队中遗留下来的战场上的精锐。

这是我们一般人的看法，李自成不是常人，看法与我们自然不同。

"北京已被大顺军拿下，天命已有归属；全国大局已定，对付缩在山海关的几万人马，那也只需派上一支十万人的部队，便会把对手包了饺子。全国大局摆在那里，就如一盘围棋，到了收官阶段，吴三桂除了束手就擒，没有第二个出路。拿下山海关，一定会马到成功。"对于关外的清军，李自成还没有任何的考虑。"所有的信息都指向一个结论，关外的清军还遥远着，眼下还用不着考虑。"

军事对策讨论会上，李自成放出风去，拿下山海关，只需派刘宗敏、李过率军攻伐即可，定会马到功成。

信息很快就反馈到李自成的案头，"诸将耽乐，殊无斗志"。大将们都不想带兵打仗，都在忙着在酒桌上吃喝玩乐，忙着找寻美女作乐。京城里有的是金银财宝，有的是美女，将领们实在不愿意离开这块享乐的天堂，不想去几百里外山风呼啸、刀枪林立的战场拼命。

四月十二日，李自成召集将领作东征吴三桂的军事动员、整体部署、人事安排。会上，刘宗敏等人没有到。

虽然早先得到"诸将耽乐"的消息，然而，将领们如此大尺度的作为，还是大大出乎李自成的意料。

"将领们全然不像往日那样积极主动请缨，希望留在京城里享乐，没有人愿意领兵打仗？连挂帅的人都找不到？"

自从起兵以来，还从来没有遇到过如此怪异的难题。"以前在战场上，将领们总是争先恐后，今日为何如此大变？"

李自成认为没有时间、没有必要细想这个小小的变化，总不能硬逼着将领带兵打仗，那我亲自带队，剿灭龟缩山海关的吴三桂。

李自成也是战场上混大的，看着小小的敌军在那里不停地招兵买马扩大实力，岂能不血脉偾张？看到清兵就在关外某个地方虎视眈眈，岂能不心急如焚？

出征的时间被迅速确定了下来。

大部队出发在即，李自成却有一个挥之不去的感觉——凭我手中带去的大部队，拿下山海关没有丁点儿的问题，而北京方面却让我心挂两头。

"北京城如果出麻烦，必定是明政府旧官员趁势作乱。这伙人趁北京空虚，发动叛乱，也有可能。"沿着这个思路，李自成想出一套办法来，"不让后院起火，须作两手动作。对明政府旧官员，拉一批人，杀一批人。"

最黑暗的时刻，多么企盼、多么渴望吴三桂救星快快到来。吴三桂进攻大顺政权的檄文，就如黑夜里的一盏明灯，"近京一路尽传"。

大战前夜，李自成将政治斗争搞得如此激烈，除了将明朝旧官员阶层整体硬性地推向敌对的吴三桂阵营，亲手壮大敌方阵营，还能有什么作用？李自成，尽失人心；李自成，反而帮着吴三桂尽收人心。李自成如此不策略的做法，让人匪夷所思。

一边是李自成大批处决明政府官员的消息，一边是吴三桂讨伐李自成的檄文，两种消息交递传播，整个京城人心惶惶，社会政治局势严重动荡，各种风险随时可能发生。开战在即，政局弄得如此混乱，只能说，在玩政治上，李自成还真是嫩了点。

不单单外部局势乱成一锅粥，在李自成集团内部，在高层中，对于批量、快速处决明政府旧官员，不是所有人都持支持态度。李自成的谋士宋献策私下对身边的人说，"我主马上天子，惜其杀戮太过，益造祸耳"。宋献策的这句话，被人为地放出去，结果"贼心益摇"。李自成领导集团内部分裂变化，矛盾骤起。

完全无视集团内外矛盾的激变，一味地走自己的路，让别人去说，这样走下去，结果岂不是自己无路可走？

没有时间分析了，赶紧来看看李自成亲自领导的大战，山海关之战。

经过十二日一整夜的处决（有的记载狂杀在深夜两点结束），十三日天刚亮，在鲜血淋淋的道路上，李自成率领大部队正式出发了。

这是一支六万人的部队，如果加上先前派往山海关的唐通、白广恩部两万余人，在数量上，大顺军接近吴三桂军队的两倍。

在这支队伍前行的阵列中，可以看到刘宗敏、李过等一批将领高大的身影。行进的队伍里，还有四位特殊人物，虽然样子并不显眼。他们分别是崇祯的三个儿子：太子朱慈烺、永王、定王以及吴三桂的父亲吴襄。

"带上这四个人是干什么呢？这支队伍到底是去打仗还是去搞政治谈判？"

这四个人显然是李自成政治谈判桌上的筹码。看来，李自成这一次出征的目的有两个，亦打仗，亦谈判。

李自成反复研究从各地收集来的信息，认为吴三桂的心中埋藏着一个秘密，即中兴明朝。吴三桂企图将太子控制在他的手中，利用太子的号召力，召集明朝旧势力。

　　发现了吴三桂的这道秘密，李自成想出了那道难题的轻松版解决方案，"在吴三桂面前，摆上十万大军的大棒，同时摆上三位皇子加他老爸这四个胡萝卜，我亲自出现在吴三桂的大营。那时，吴三桂真是想不归降大顺都不行。"

　　一场关系多方命运的政治大战、军事大战随着李自成军队向山海关逼近而迅速进入临界状态。

第四章　吾辈当死战

第五章
山海关血战

计定借兵

镜头移向即将爆发的战场，移到战场上最为重要的一支力量——清军。时间段上往前挪，挪到吴三桂遣使郭云龙、杨珅驰离山海关前往沈阳请兵的时刻。

此时，清朝皇帝对北京这边发生的翻天巨变完全不知情。他们眼下正在做一件重大的工作，将清主力大军调离沈阳，开向山海关，目标是夺取山海关。大家注意，这里不是抢占整个明朝。此时，推翻明朝、拿下北京，还没有进入清政府高层的思考范围。

清政府做出夺取山海关的重大决定，时间早在三月中旬。正是从明朝突然放弃宁远的事变中，解读出一个重大信息，明朝政府可能面临重大危机。那么，夺取梦想中的山海关，时机就极有可能出现。

这段时间以来，一直在做夺取山海关的军事准备工作。估计清朝的皇帝还不知道，这一次真是要捡漏儿了。

这个时间段之前，在正月，主持朝政的摄政王多尔衮，突然想到了一个征服明朝的好主意。"与明朝内地的起义军联手，形成合力，共同向明朝进攻。清军从明朝的东北，起义军从明朝的西边，约定时间，一齐向明朝发力。就如两个青壮年，一起挥拳打向一个老年人，真是想不胜利都难。"

由此推测，单单凭清军的力量，仍然难以拿下明朝的江山。

沿着这个设计思路，多尔衮立即动手，亲手策划联合进攻明军的整体方案。方案很快形成，然而却发现一个大大的难题，"通向起义军首领李自成的那条路，从东北到西安，不是一般的遥远，中间还隔着明军防守的辽阔地面。"

活人总不能被尿憋死。

脑细胞强烈运动之后，多尔衮终于想出联络到李自成的安全路线图，"派出小型使者团队，取道内蒙古。虽然要绕道，要多花些时间，然而前景美妙，必须立即动身。"

李自成看着多尔衮"联手毁灭明朝的方案"，给出了一个明确的答复，"完全不予考虑"。

多尔衮的计谋落空。

李自成正月初八出兵，三月十九日（1644年4月25日）攻占北京。这个消息传到沈阳时，已经是三月末、四月初。

多尔衮立即召开军事会议，商讨对策。

清军作战的对象，瞬间发生一百八十度大转变。"一直以来我们的对手是明军，现在，我军的征战对象，变成了大顺军。那是一支什么样的军队？对付这个陌生的对手，我军该有什么样的策略？"多尔衮反复考虑着。

众人没有想出答案，因为对对手一无所知。从来就没有交过手，甚至不知道对手作战主力是骑兵还是步兵。

这道难题的答案埋藏在哪里？

"汉人的故事，一定在汉人的脑子里"，沿着这条思路，多尔衮想到了一个人，一直以来深度研究起义军的一位汉官——范文程。

会上，范文程提出一个让清军高层所有人耳目一新的观点：闯寇目前虽然非常猖狂，虽然攻占了北京城，然而却正在败道上一路狂奔。

范文程为什么会有如此独到的见解？他的确有一套最新研究成果，那就是闯王速败之三大理由。

"逼殒其主，天怒矣；刑辱缙绅、拷掠财货，士忿矣；掠民资、淫人妇、火人庐舍，民恨矣"。天怒人怨，这样的政府、这样的军队，岂不是打造了自毁机制？

由此出发，范文程向清政府最高层卖出一套搞定天下之范氏方案。一句话概括，"非安百姓不可"。

会议长达三天，会议结束后的第二天，范文程专门上了一篇奏疏。一篇对于清军来说，对于清政府前途、命运来说，极为重要的奏疏。

观点一："改变清军以往作战方法"。

以往清军与明军作战，目的是抢劫财物、掳掠人口，不占土地。范文程提出，从现在开始，清军的作战方法要反向而行，不得抢夺金帛子女，而是要取得河北数省土地，占领地盘。

观点二：清军先占中原，拿下明朝的半壁江山，进而占有全国。第一步，清军直趋北京，驻兵固守，以此作为关内、关外联络沟通的平台，从而保持前方与后方之间无阻碍地畅通联络。其他步聚，此处省略。此后清军占领明朝的路数，基本上执行范氏路线图，细看后文便知。

从接下来发生的一系列事实来看，多尔衮采纳了范文程的合理化建议，重大军事动作、政治动作也差不多按范氏路线图行动。

四月初九，清政府做出决定，向山海关进发，攻占山海关。清军人数总计十二万，数量上超过李自成开往山海关的部队。

清军离开沈阳时，还完全不知道山海关那边发生的新情况，而吴三桂派出的借兵使者还在路上。

清军每天以六十里的速度缓慢前进。

为什么清军如此慢吞吞地前行呢？这是因为天气原因。

此时，东北正值春天的风沙季。正如生活在北京城的人一样，每年春天一到，就一定会遇到一个"风沙季"，那时的东北正是如此。春天一到，广阔的辽河平原无遮无拦，从更遥远的北边吹过来的大风，在这里肆虐，尘土随风飞扬。大风扬沙加上军兵车马对地面的践踏，搅得昏天黑地，空气弥漫灰尘，如同雾天，人马的眼睛都无法睁开。

如此恶劣的天气，多尔衮也不敢放开军队贸然疾进。一边指挥大军前行，一边派出前哨小分队探听情况。有时天气实在太坏，主力大军干脆停下来打野兔，搞围猎活动。行军，变成了变相旅游。

军队越往西南走，多尔衮越是感到肩上担子重大。"以前我军一直跟明军作战，对于明军的作战套路，我们是清楚的、熟知的；而即将面对的，是大顺军，我军从未交过手的陌生部队，而那支部队居然如此快速地打败庞大的明军。这支军队，一定力量强大，作战勇猛，神出鬼没。手头上这点清军能是他们的对手嘛？"

越往这个方向上想，多尔衮的心中越是没谱，胡思乱想下，竟一晚无法入眠。孤灯独坐中，失眠痛苦中，多尔衮突然想到一个人，那位曾经的明朝蓟辽总督洪承畴，那位在松山大战中最后降清的明军最高统帅，曾经任陕甘三边总督，与大顺军不但交过手，而且打了十多年的交道，那他对大顺军一定知根知底，甚至了如指掌，一定有着丰富的对付大顺军的战场经验。

真正是想对了人。正是洪承畴，曾经把李自成打得溃不成军，不得不一而再再而三逃亡到大山之中躲藏起来。

找对人，才能办成事。如果多尔衮找手下大将商量，一定商量不出什么有效的对策来。

夜深深，洪承畴睡在行军床上，突然听到多尔衮传召自己，心中立刻明白，"属于我的一场好戏来了"。为了这场大戏，洪承畴已经准备了好长时间。自从落入清军手中，洪承畴就知道，一定会有那么一天，再次与李自成交手，再次与流民军正面相对。不过那将是用另一种方式，一种幕后操作的方式。为着这一天的到来，洪承畴一直在做着精心的准备。

面对多尔衮摆在桌子面上的难题，洪承畴拿出了第一件宝贝——大顺军作战特点深度分析，"遇弱则战，遇强则遁"。

"与明军打法相比，大顺军的打法完全不同。现在，大顺军得到了京城，必定财足志骄，而且必不会坚守；听到大清军队到来，必定会焚宫殿、抢府库，遁而西行。此即遇强则遁。大顺军的逃跑速度相当惊人，昼夜兼程，可三百里。也就是说，当我们清军以目前这样的速度到达北京时，只怕那时贼已远去，财物悉空，结果必定是逆恶不得除，士卒无所获。"

"那么，我军该怎么办？"

洪承畴提出来，"加速前行，用计道里、限时日的方式抢时间、争速度；精兵在前，辎重在后；出其不意，沿蓟州、密云近京路线，疾行而前。"用这三个办法，达到一个军事目标，"贼走则即行追剿，倘仍坐据京城以拒我，则伐之更易"。

看到多尔衮将信将疑，洪承畴缓缓地喝上几口香茶后，然后说出一段话来。谈话内容过长，分层次简要剖析如下。

第一层：这一次的战争跟以往不同，清军必须做到三不政策：不屠人民，不焚庐舍，不掠财物。与以往清军抢劫财物掠夺人口牲畜的战术战法完全不同。这一次，清军必须要做到军民之间秋毫无犯。

第二层：开门归降者官职加升，抗拒不服者诛官吏、保百姓。与以往清军对抗拒者一律实行屠城的恐怖政策不同，这一次一定要做到"和百姓、安天下"。

第三层：内应立大功者，要破格封赏。

第四层：必须先遣官员宣布王令，做到王令在前；必须做到依法行事，法在必行，不能再是刀枪说话。

此时的清军，从上到下，必会认定洪氏方案极不正常、极其错误，原因简单，清军早已习惯打砸抢的战场模式，关外中后所三城先破后弃就是明证。

如果清军继续沿用先破后弃的打法，清军再强盛，也不可能拿下整个大明江山，只能成为中原大地上一股巨大的祸水，也必然遭到中原人民强烈的反抗。

洪承畴及时提出全新的思想、全新的理念、全新的做法，极其重要。"不能改变世界，就要改变自己"，洪承畴为清军的自身改变，策划了一条升级的路线图。

注意"及时"两个字，有一个因素不能不算计，清军到达山海关的时间。

从上到下改造整个清军的时间，已经不多了；而军纪整肃必须在有限的时间内完工；必须在眼前的行军途中，在到达山海关之前，保质保量全面完工。这本身就是天大的困难、强劲的挑战。

注意另一个时间，洪承畴的谈话与范文程上奏疏相隔的时间，前后相隔仅九天。其实，两人的观点差不多。在如此短促的时间内，两位汉人用同样的声音向多尔衮的大脑进攻，多尔衮真是想不正视都难。

当会谋划的下属与会判断的上司结合在一起时，奇迹往往就会出现。利用极为有限的时间，一边行军，多尔衮一边对整个清军从上到下进行思想改造，用洪氏方案对清军进行强力洗脑。

十五日凌晨五点，天还没有亮，吴三桂的信使郭云龙、杨珅与往西南赶路的清军相遇。大清早看了吴三桂的信，多尔衮大感意外，誓不降清的吴三桂在这样的特殊时期找上门来，必是设下了一个天大的骗局。

细看信件，多尔衮发现，吴三桂并没有投降的意思。从这一点出发，多尔衮这个感觉越来越强烈，这封千恳求、万请求的信中肯定有诈。

也不能怪多尔衮，毕竟清军与吴三桂的明军一直处于战争状态，几乎不可能建立信任感。

多尔衮没有凭感觉当场把来使杀了。他一边友好地安顿使者，一边找阿济格、多铎商量。

三人很快商议出一个结果，这盘棋分四步走。

一、把杨珅留作人质；二、派其妻弟拜然与郭云龙一起回山海关，探视真实的情况；三、不按吴三桂约定的中协、西协路线行军，冒险走东协线，直接进山海关；四、派学士詹霸、来衮到锦州调红衣大炮，紧急运往山海关。

吴三桂的信，多尔衮虽然疑惑不定，却从中看出了大希望，发现了大机遇。

清军在到达位于宁远城以北的达连山驿城（辽宁锦西）时，原使者郭云龙与新来的使者孙文焕给多尔衮送来了吴三桂的第二封信。信中表明，大顺军正在逼近山海关，吴三桂的处境非常危险。吴三桂要求清军即刻进兵山海关。

多尔衮读出一个重要信息，吴三桂正处于救兵如救火的焦急状态。拿下山海关，是清军的夙愿，吴三桂的这句话让多尔衮大受鼓舞。

再往下看，多尔衮发现，在信中吴三桂把他的军事部署也通知给了清军，邀约两军对大顺军首尾夹攻。再往下看，对于归顺大清的事，多尔衮发现，吴三桂只字未提。但是有一句话，真是意味深长。落在信的最后那句神奇的话是"何事不成"！

呵呵！真是一切尽在不言中，只可意会，不便信传。

四个字，多尔衮已经感受到了吴三桂传达过来的那番妙意。"那好吧！降清的事没有必要现在来苛求他。眼下，打败大顺军才是真正的当务之急。"

多尔衮当即发出命令："全军急行，前锋轻骑疾驰！"

天气比先前更加恶劣，大风刮得人睁不开眼；到了晚上，夜色如漆，咫尺不辨。清军一日一夜仍然奔跑两百里，二十一日早上，前锋部队飞驰到了山海关前。

山海关上的隆隆炮声不断传入清军的耳鼓。多尔衮判定，吴三桂正在与李自成接战。

第五章　山海关血战

真是来得早不如来得巧。

一场由农民起义军、吴军（明政府已不存在，为着方便，简称吴军）、清军三方参加的大血战，就要在这座雄关前拉开。

山海关下

镜头移到山海关，这里号称"天下第一关"。之所以有这样骇人的称呼，与它的坚固，与它不可逾越的凶险，与它跟长城连接、浑然一体的特性紧密相连，绝不是浪得虚名。

现在，有必要给它一个大特写。山海关主体建筑是关城，四方形，周长八里——够长的吧，外面有护城河，东西南北各设关门。在东门、西门的外面，各设两座小城，以强化它的防御能力。在两城相交的地方，建有两座楼，用来屯兵设防。

在南侧、北侧两里的地方，建有翼城。这些城都有两丈高的城墙。主要是屯兵驻防，它们从南北两面拱卫关城。

看出来了吧，依山临海，又与长城连体，城外有城，门外有门，堪称古代的"航空母舰"，纯军事性设施；体系完备、防御严密，是人类军事智慧、建筑艺术的结晶杰作，任何军事家都不可小瞧它。只要防守军队足够，任何强兵悍将，想要攻破它，都不是一般的难。

从努尔哈赤起，清军就不停地窥视山海关。无数次研究，无数次策划后，还从来没有冒险攻打过它。清军每次过长城，最终都是选择绕道内蒙古，从龙井关那些明军驻守薄弱的地方突入。

连强大的清军都望关兴叹二十年，而李自成却居然不把天下第一关放在眼里，冒险攻关。这样看来，李自成还真是没有碰到过真正的对手。

李自成看来，近十万大军攻打驻守山海关的五万明军余孽，也不过是杀鸡用牛刀而已。

吴三桂这边，借兵的使者郭云龙、杨珅出发了，可吴三桂的心中却无论如何也平静不下来。吴三桂内心反复计算清军到达山海关的时间，"如果这个时间拖长，赶不上李自成大军到达的时间，那么就不说促动两军捉对厮杀，怕是我军早已被大顺军捏成了粉饼。"

"难道就没有这道难题的解决方案？"

看着窗外操练得热火朝天的将官士兵，感受着春日阳光的温暖，一个大胆的主意在吴三桂的眼前渐渐成形。

吴三桂立即派出高选、李友松等六人组成"归降谈判团"，打出旗号，跟李自成谈关于投降的具体条件，要想尽一切办法，利用一切可能的手段，拖住大顺军行进的速度。

面对突然出现的吴三桂派来的六人"归降谈判团"，面对口口声声"坚决要投降"的吴三桂的代表，李自成不能不信，又不敢全信。看着吴襄和崇祯的三个儿子，李自成看到了一丝希望的光。"手中有如此重要的筹码，必须跟吴三桂的归降代表团认真地谈谈。保持大军行进的速度，给吴三桂，给吴三桂的代表团以狠狠的压力。"

"我们抛出了这么多的条件，大顺军前进的速度却慢不下来，怎么办？"高选、李友松想出了一个办法，向李自成提出一个最低要求，我们双方都要坐下来，必须坐下来谈，这样才能具体细致地谈投降的条件。像现在这样不停地前行，如何谈条件？如果这样一边行军，一边谈判，一点点诚意都没有，干脆就不用谈了。

李自成绝没有想到这"坐着谈"的背后居然还埋藏着一个天大的阴谋。

李自成的屁股一落座，宝贵的时间就过去了。这样一来，大顺军就没有像先前那样全速前行，变成了走走停停。

六位"骗子"果然给力，为吴三桂赢得了最为宝贵的战场要素，等待清军到来的时间。

大顺军于四月二十一日早上才缓缓到达山海关前，路上整整花去了九天时间（正常情况下，六到七天即可）。这个时间，刚好是前文提到的清军到达山海关前的那个时间点——二十一日黄昏，清军到达山海关外十五里的地方。

大顺军如果提前一天甚至两天到达山海关，历史就有可能改写。原因简单，那时没有清军，吴三桂那点军队不可能是李自成的对手。可惜历史不能假设。现在，只能希望李自成好自为之。

大部队开到山海关前，李自成发现迎接他的不是吴三桂本人，也不是什么吴三桂的特派代表，而是摆开阵势的大军。

李自成大怒，当场下令斩杀那六个骗子。高选、李友松等六人早就知道骗局在山海关前一定会被揭破，早已做好逃命的准备。六人还没有望到山海关，就暗中选好了逃跑路线。当李自成传下命令时，这六个人早已跑得不见了踪影。

不过，骗子们还是跑不过李自成追兵的利斧，只有一个人动作快了点，身中三箭后逃脱，最终保住了一条命。

如果谨慎的话，李自成应该审讯那五个骗子，弄清事情的真相，或许能从中发现"吴三桂正在等待清军到来"这个重要情报，从而重新部署力量，调整方案，审慎交战。盲目自信中，李自成下令把吴三桂无意中送过来的"五个舌头"一挥刀轻易杀掉了。细节上的这个小错误给李自成的这支大军埋下了大祸根。

"两人团队请来清军，六人团队拖住大顺军，接下来的山海关战场，该如何布局？"

吴三桂找出了这个问题的答案，还是要布下一个拖字局，拖住大顺军。不求胜，只求拖，拖出半天的时间来，就有机会使得清军与大顺军作战。

沿着"拖半天"思路，吴三桂布下"三角形"棋局，以山海关关城为中心，在山海关外西边的一个叫石河西岸的地方，布下两大阵营，形成左右两个基本点。两点之间，互为掎角。"大顺军若在这两点之间跑的话，我这里就会赢得半天的宝贵时间。从下午拖到到日落时分，我这里就赢定了。"

看清楚了，吴三桂这里精准考虑的"半天"，实际上是下午的时间。因为大顺军人数多达十万，仅仅是排兵布阵，往往就得花去整整一上午。

"石河西岸，左边阵地，我们摆下一支精锐部队，目的要消除大顺军的锐气，让大顺军不至于太猖獗；右边阵地，已调集本地三万乡勇。他们都是新兵。但是，绝不要小看他们，因为他们一些人的心中，藏着一股仇杀之气。"

这支乡勇部队，是当地士绅出面、出钱财召集的人手，相当于地主武装。此外，其中还有一批人身份特殊，即生员（知识分子），是反李自成最为积极的力量。这批人极度仇恨大顺军。这些从一个侧面反映出李自成处死大批明朝官员的错误政策、过激手段所引发的巨大负面效应，李自成亲手将明朝的地主阶层、知识分子阶层、富人阶层、官员阶层，整体推向大顺军的对立面。

山海关就在眼前。虽然杀了五个骗子，但李自成还是有一丝不爽。极度的自信迅速将这点不爽，消弭得无影无踪。李自成派出使者，通令吴三桂，立即前来受降。这是最后一次机会。

吴三桂严词拒绝。

李自成于是将大部队一分为二。在石河西，摆上主力大部队。同时，由唐通带队，带上少量骑兵，开往一片石，在那里截断吴三桂东逃的去路。这支人马从九门口出关，绕道关外扎营。

李自成的整个部署里，没有看到有任何阻击清军的动作，由此得出结论，对于吴三桂援引清军的重大军事行动，李自成毫不知晓。

之后，李自成立即指挥军队向着吴三桂摆放在石河西（山海关燕塞湖一带）的军阵展开进攻。

李自成派出一部分军队冲击吴军的阵地，另一部分呐喊助威。吴军抵挡一阵后，闪开一个缺口，将大顺军的冲击部队卷入己方阵营。

眼看冲击部队支持不住，大顺军另一部分军队闯入吴军阵营，进行营救。

大顺军发起一次接一次的冲锋战、解救战。两方难分高下，各有死伤。

吴军的乡勇部队，缺乏实战经验，不是战场混大的大顺军的对手，死伤严重。中午过后，乡勇渐渐支持不住。

李自成一直在等着这一时刻的到来。

向着乡勇防线，大顺军派出精锐部队，发起一次猛烈的冲击，终于从乡勇防线中撕开一个缺口，数千大顺军从缺口部涌入，冲到山海关城中的西城一侧。

大顺军一鼓作气，立即展开登城战。

吴军守卫西城的将领，早就想好了拖延大顺军登城时间的办法。吴军派出几个人，同大顺军谈投降的条件，用诈降的办法欺骗攻城的大顺军将领。

吴军将领一边派代表大张旗鼓同大顺军谈投降的条件，讨价还价，一边秘密派出偏将，率领一支军队在北边的山坡偷偷地集结。

突然之间，北坡的吴军向关城下方的大顺军发动猛烈的袭击。

发现后路遭袭，大顺军将领立即组织人手还击。突然，城上的守军猛烈发炮，正面轰击正在作攻城准备的大顺军。

谁也受不住这种前后夹击的打法，攻到城下的大顺军不得不向后撤退。

太阳已经偏西，双方处于胶着状态，都在坚持，吴军没有败下去，大顺军除了冲到山海关城下，也没有什么实质性的进展。

李自成反复察看双方的阵式：吴三桂摆在石河西的左右两大阵营，互相援应，一时难以击垮。那我选择山海关的关城，集中优势兵力，冲破山海关关城。打掉吴三桂依靠的关城优势，打破对手的军胆，必定打掉对手的信心。一旦拿下山海关，后面将势如破竹。

李自成立即集中大顺军部分军队，在北翼城城墙下集结，作攻城战的准备动作。

吴军这边，由山海关副总兵冷允登负责北翼城防守。

大顺军一次接一次发起强攻。冷允登有着长年战场打滚的丰富经验，指挥军队打退一次接一次的进攻，顽强地坚守。

这么较量下去，到天黑也打不出什么结果来。李自成很快想出办法，命大军连营疾进，前后相继。

担负攻城任务的大顺军发挥人多优势，强攻到了城下，一小部分人已经登上城墙。

情况十分危急！

发现大顺军将攻城的部队全部压了上来，这简直就是孤注一掷啊，必定阵后空虚。冷允登当即派人向吴三桂发出信号："大顺军攻城部队后方空虚。请求突袭其后部，减轻守城压力。"同时，他还亲自冲上阵前，率领亲兵拼力堵击。

正在生死存亡之际，吴三桂派出援兵赶到，从攻城部队的后路狂攻大顺军。冷允登率领的守军斗志变得更加昂扬，把那些已经爬上城墙的大顺军全都击落城下。

李自成产生了一个强烈的感觉，眼下遇到的这支明军，与以前遇到的其他明军相比，战斗力大不相同，甚至不在一个级别上。这支军队，不是那种一触即溃的明朝地方守军。他们不但英勇，而且有计谋；他们有强烈的团队精神，互相支援；而且极其顽强，非常耐打，特别经打。

西边的太阳落下山去，黑暗的夜色笼罩大地。步兵、骑兵都不善于夜战，双方停了下来，各自撤阵回营。吴三桂把军队撤回山海关城中。

双方开始夜晚炮战，炮弹的爆炸声不停地在夜空中炸响。赶至关前的清军，听到如此密集、猛烈的爆炸声，都不由得一阵阵心悸。

站在墙头，望着月明星稀的夜空，对着身边聚集的将官，吴三桂说道："今天大顺军还只是初试牛刀，我方就打得如此凶险。李自成略为得势，必定得势不饶人，明天的进攻将必定更凶更猛。然而那些赶到关门口的清军，为何却迟迟不进关呢？难道他们是来坐山观虎斗？"

"事不迟疑，多派人手去请"，旁边有将官说道。

"打消掉他们心中的顾虑，他们才肯入关作战。"

"他们已到关前，却迟迟不肯入关作战，必定是期望厚利，必定是要个厚重的承诺。我们要准备好承诺方案，力争在天亮之前达成协议。"

听了将官们的议论，吴三桂严肃的面容变得轻松起来。"我们先念动请字诀。"

据记载，吴三桂曾八次派遣使者请清军来援。

就如住在乡间的人生病了，一个晚上派家属往返八次去请镇上的大夫来救命。这个频率是很高的，差不多一个小时派出一批人。

这种办法看起来毫无章法，就如一个落水的人在水中拼命乱抓。到了下半夜，清军那边终于有了反应。

听着轰轰的炮声，接待了一批又一批身份各异、形形色色的说客，多尔衮反复掂量使者们那些话的分量，最终做出决定——军队向山海关更近的地方移动。黎明时分，清军移到了欢喜岭。

这里离山海关只有五里的路程。这个岭有两个名字，另一个名字叫凄惶岭。以往出征辽国、朝鲜、蒙古的人或者到东北戍边的人，来到这里时，因为即将离开家乡，去到长城外边，心情会变得特别的凄凉，因而喊这座山岭叫凄惶岭。当戍边的人返回故乡时，望到山海关，想到不久就要到家，立即变得欢喜起来，那座山岭又叫欢喜岭。

多尔衮、阿济格、多铎站在山岭上，望到月光下的山海关烟尘弥漫，听着那边炮声大发，不绝于耳，三人反复盘算。

"吴三桂得知我南来，莫非故意设此圈套来引诱我？"多尔衮带兵南下，

第五章　山海关血战

半路上突然遇到吴三桂的请兵使者，"世间会有如此奇遇巧合？"无论如何，多尔衮难以摆脱"此乃吴三桂之计谋"这个巨大的阴影。

阿济格顾虑重重："我军曾经三次围攻过北京，每次的结果都一样，不能攻克，而李自成的军队却一举破之。由此看来，李自成这人绝不是一般的人，必定是一个智勇过人的神人。现在李自成统率大军往东边打，直指我朝的方向，那人一定是心比天大。"

"李自成的意图，会不会是率精锐之师，乘着胜利的东风，打我辽东的主意？"多铎也是一脸的疑问。

三人做出决定，部队驻扎欢喜岭，屯兵不进，高张旗帜，休息士卒，以观动静。

石河大战

得到清军已到欢喜岭的消息，吴三桂十分高兴。听到清军走到那里又不动了，吴三桂感到一头雾水。

"清军前而不进？"

"为什么念动请字诀，清军不是直接进入山海关？多尔衮、阿济格到底作何打算？耍什么花招？"

"山海关当地的士绅，请他们出面做中间人，岂不是会更加深一层诚意？"

带着吴三桂重重的委托，冯祥聘等五位山海关本地的士绅深夜时分来到欢喜岭，面谒多尔衮。

夜幕笼罩的山岭上，一座城堡耸立着，叫威远台，以前曾是山海关的前站瞭望所。多尔衮决定在这里接待山海关地方上的头面人物。

冯祥聘等人果然给力，多尔衮感受到了吴三桂深一层的诚意，于是做出决定，派一个有相当身价的人，当面向吴三桂商定大清出军山海关的价码。

作为多尔衮的特使，范文程带着一队人马来到山海关。

"清军已到关前，现在只剩下一个问题，筹码。如果不亮出相应的筹码，清军坐山观虎斗；如果摆出那个筹码，双方必定是双赢的结局，一定杀得李自成大败而逃，片甲不留。"在吴三桂面前，范文程的话，直捣要害。

漆黑的夜空开始一点一点泛出青色，渐渐地变亮，吴三桂反复掂量手中的筹码，这实在是人生中最最难下的一个决定啊！"我忠心的明朝，被李自成打没了。那么，首先必须把清军拖进来，促使清军与大顺军打起来，这才是硬道理。"

天色越来越亮，哨探牵连不断地送来报告：大顺军正在烧火做饭，看情形，正在做集结前的准备工作。

"一旦等到李自成发动进攻，而清军还在坐山观虎斗，后果将不堪设想。"

"是时候了，把筹码摆出来，把清军引进来。只要我借兵成功，可恶的李自成一定会被彻底消灭。"

带了十位将官，带着两百名骑兵，吴三桂一口气跑到了欢喜岭。

"吴三桂前来求见！"听到这声报告，对着周边的人，多尔衮说出一句话来，"天下在掌中矣！"多尔衮整夜接待吴三桂派来的使者，一夜未眠，一夜苦等，等的就是这一刻。

多尔衮已经打定主意，只要带上身边的一个人一起接见吴三桂，吴三桂想不降清都不行。

"是时候了，让吴三桂的老上级洪承畴出场。通过洪承畴的嘴，而不是我多尔衮的嘴，来解说大清新的军事政策、新的立国政策，一准能击碎吴三桂对我大清旧有的观念，一准能打中吴三桂对大顺军的切肤之痛。"多尔衮精心为吴三桂准备的洪承畴，就是传说中压死骆驼的最后一根稻草。

双方礼节过后，吴三桂直面摆出酬谢清朝入关出兵参战的三个筹码：一是要在南京重建大明政权；二是清朝、明朝以黄河为界；三是清兵入北京，不得侵犯明帝陵，不得伤害百姓。

请大家注意第二条。清军从沈阳出兵时，定下战略目标，夺取河北数省。当时认定，凭清军这点力量，达到目标有相当大的困难，而现在，等于借着吴三桂的力量，轻易就能达到既定目标。

从范文程那里，吴三桂已经摸清清朝的需求，放出的码价恰好打到清朝皇帝脑门上。双方各取所需，一拍即合，当即达成协议，结成对付大顺政权的军事、政治联盟。

满族人的习俗，像政治、军事结盟这样的大事，一定要举行盟誓拜天的仪式，各出誓言，以昭信守。多尔衮提出，大顺军与吴军都是汉人，穿着都

第五章 山海关血战

差不多，清军无法辨认清楚，在战场上容易造成误伤，遂要求吴军将士剃发，以便于清军辨识。

形势紧迫，已经容不得任何的犹豫，吴三桂当即答应了多尔衮的要求。

双方立即举行盟誓拜天的仪式，吴三桂现场剃发。

从"在南京重建大明政权"这一条协议来看，吴三桂心中，不像洪承畴那样已彻底归顺清朝。在他的骨子里，还流淌着反清的血液。

看到吴三桂头发落地，多尔衮大喜，当即在威远台设下仪仗，一边命人吹螺，一面杀白马祭天，同时宰乌牛祭地。双方向天行礼，歃血订盟，斩衣折箭为誓，向上天表示一定一定恪守诺言，绝不反悔。

出于担心吴军不能一下子接受剃发而可能引发军队内部变乱，多尔衮给了吴三桂一个变通的做法，让他命令将士用白布系在肩上，作为分辨敌友的标记。

之后，吴三桂返回关城，随即下令打开城门，迎接清军入关。

山海关东大门打开，浩浩荡荡的清军像洪流一样分做三路飞奔进关。一路由英王阿济格率领，从北水门入；一路由豫王多铎统率，从南水门入；清军主力由多尔衮率领，从中门入。左右两路都是一万骑兵，中门三万骑兵，共五万骑兵入关，其他兵力仍然驻扎欢喜岭等待下一步的命令。

根据约定，吴三桂率五万兵马进发石河西，在那里摆下战场。

多尔衮赢了一局，吴三桂赢了一局，李自成却被完全蒙在鼓里。

这个时间段上，李自成整整忙活了一个早上，忙着将精锐部队、主力大军全部摆上战场。在石河西岸的红瓦店一带，北从高山南到大海海滨，绵亘三十程，李自成用一字长蛇阵把军队铺开，形成靠山面海、一举夺关的宏大气势。

"我军如此宏大，山海关上小小的明军残部，吓也要吓死你。"

李自成应该是一直忙于打仗，没有时间看历史书。在历史上，有人做过跟他一样的事。唐朝的窦建德把二十万大军用一字长蛇阵的阵式，铺展在三十里的地面上，结果在一天之内，被仅有数万人马的李世民打得大败，窦建德被李世民部下生擒。

而李世民与吴三桂之间，战场上有一样东西几乎是一模一样的。李世民有一千精兵组成的皂衣玄甲骑兵队，而吴三桂则有由一千名操着吴氏阵法的精锐。两人战法几乎相同。

对眼前的这个阵式，李自成很是得意。望着绵绵三十里的军队，对于接下来发生的一切，李自成心中信心满满。

能不充满信心吗？多年来，从西北高原起家，到中原大地纵横跃马，恶战、经历太多太多血战，还从来没有像今天这样痛快过。用李自成自己的话讲，"吴三桂兵仅三千，我军三十万，以一百人捉一人，可用靴尖踢倒！"至于清军方面，李自成想都没有想。之所以放在考虑之外，李自成有着充足的理由，"三桂与北兵（指清军）久相仇杀，必不相救。即使来救，北兵住满洲，衣粮马匹器械，尚须整顿而来，也得旷日累月。"清兵不会来，要来的话，也不可能今天来。什么时候会来？那还早着呢。从思想到行动，对于清军，李自成完全不作任何的考虑，更谈不上军事准备、心理准备。对于即将猛然出现的清军，大顺军完全是零准备、零考虑、零行动。

过度的自信，蒙蔽了李自成那双本来应该能发现问题的老练的眼睛。

一个简单的道理摆在那里，吴三桂敢于跟你李自成较量，凭山海关，凭他吴三桂手里那点人马，根本就不是兵锋正盛的大顺军的对手；而他现在居然敢于跟你李自成硬拼，一定是他的手中有秘密武器。

李自成连这一点都看不到，只看到自己无比强大，只想着一定能灭了吴三桂。作为战场上长年打滚的人，岂不是自己蒙住了自己的眼睛？

从另一个方面，足以说明吴三桂太有战场经验。借来数量如此庞大的清军，整个保密工作做到了滴水不漏，着实让人惊叹。

清军呼啦啦来了十万人马，而且行程数百里，亲眼看到清军行进的人，岂止成千上万？而这些人中，居然没有一个人给李自成通风报信。李自成接下来的失败，就不只是军事上的失败。大顺政权的灭亡，岂不是天意（也叫人心）？政治上，对明朝旧官员大加杀伐，占人妻子，抢人女儿，夺人家室，失去的正是人心。山海关外，那里有无数双看着清军入关的眼睛，而给李自成通风报信的人一个都没有。只能说，李自成做人，太失败了；李自成的那一套政策，尽失人心。

可以看出，正是李自成的错误政策把他推到了失败的境地。上升到哲理上看，打败他的，不是清军，也不是吴三桂，正是他自己。得人心者得天下，失人心者失江山。

任何一个人，如果将清军入关的消息，报告给李自成，一定得到一笔巨大的赏金，在李自成那里一定能卖个高价。然而，历史就这么残酷，哪怕一个猎户、一个山民、一个商人、一个知识分子、一个农民……都没有一个人来送消息给他。李自成的失败，是上天注定的。上天，即民心。

在几个随从陪同下，在西北角一座高岗上，李自成立马远眺。望着眼前士气高昂的军阵，信心在一分分地加强。大军背靠燕山山脉，那里峰峦耸峙；顺着山脉向着南边的大海，平川宽阔。时间已是四月下旬（公历已是五月），正是温暖的天气，也是北方河流的枯水季节。从燕山谷底蜿蜒而出的石河，水势浅缓，清澈见底，人马可涉水而过。

李自成感受着这千军万马铺展开来的宏伟气势，感受着这块大地特殊的战争壮美，心中有一个信念：这一仗之后，即登宝殿，这美好的江山，那时就全是我大顺的天下。

与吴军昨天一天的战斗，让李自成觉得眼前的这支军队是一个强劲的对手。不过，那也只不过是被马蜂蜇了一下的感觉。现在，今天，他就要将这群马蜂往里死拍，然后烧掉这个马蜂窝。

河对岸，吴军已经集结完毕。突然，在高分贝的呐喊声中，吴军精锐骑兵飞奔着越过河床而来。

忽然间，一种怪异现象发生。刚才还平静的天空突然刮起了大风，飞沙走石，尘土蔽空，那风朝着大顺军的方向刮来，刮得人马都睁不开眼，对面不见人。

对于这一段记载，的确让人非常奇怪。就算正遇上北方春季大风扬沙的天气，为何一定是朝准大顺军的方向吹？莫非吴三桂有神力相助？

吴军骑兵呐喊着，伴着怒号的狂风沙尘，直向大顺军的阵首冲了过去。

虽然突然间飞沙走石，大顺军却没有畏惧，没有惊慌，而是勇敢地迎了上来。双方都有必胜的信心，没有任何人退缩或逃跑，一场空前的血战就在双方的死磕中展开。

身后有强大的清军做靠山，吴三桂复仇心理强烈激发出来，直接抢了先锋官的位子，冲锋在前。大将吴国贵被吴三桂身先士卒的精神鼓动起来，提刀跃马，带着队伍一头扎进大顺军阵营里去。

吴三桂、吴国贵两个将领在前边死冲，士卒们看到此情此景，哪有不发死力的？个个奋勇，无不以一当百。

战场上最怕遇到的就是这种不要命的。

大顺军也是久经战场，像吴军这样的军队，也见得多了。大顺军毫不示弱，前者死，后者继。凭着兵力的绝对优势，对冲入军阵的吴军实行三面包围。"你吴三桂就这点人马，即使再勇敢，又算得了什么呢，我们这就要把你们包了饺子。"

人多欺负人少，打仗的原理并不复杂。吴军虽然奋勇，一经陷入大顺军的人海阵，就只有拼力反击的份。吴军东驰西突，就是摆脱不了大顺军的包围。吴军向左冲，大顺军的号旗左指，于是便呼啦啦地一齐向那个方向奔涌而去。吴军向右突，大顺军的号旗向右指，情况就又像先前一样地反复。"阵数十交，围开复合，不知凡几"。

望着眼皮子底下的战场，李自成心情十分兴奋，头脑却十分冷静。一切都在掌握之中，每到一个关键点上，就下达一个同样的指令"连营并进"。这样的战斗场面，已经太熟悉了，指挥这样的以多打少的战斗，太熟练了。在大顺军"连营并进"的连连打击下，吴军一步接一步，慢慢失去进攻的势头。

有人会问，这个时候，多尔衮哪里去了？他不会是带着清军在关城里睡觉呢吧？

此时的多尔衮正在做战斗前的准备。清军从面向大海的方向开始，悄悄地分段部署兵力，从海上切断大顺军的退路。接下来，再集中力量，冲击大顺军阵尾部分。

眼下，多尔衮并不想马上参战。他正在做三件自认为重要的事，一是观察大顺军的虚实，寻找大顺军的软肋；二是等待吴军与大顺军在消耗战中双方拼掉实力；三是让清军吃饱喝足，以逸待劳，投入下一波战斗时精神倍增。多尔衮向诸王贝勒、贝子、出征的诸大臣发布最为严格的命令："你们切不可越伍躁进，此兵（指大顺军）不可轻击！听我号令，则大业可成。"

第五章　山海关血战

吴三桂心中清楚，大顺军占有人数多的优势，自己的这点军队，绝不可让大顺军一口吃掉，保存实力才是关键；同时一定要拖住大顺军，在双方的拉锯战中，顽强地挺住。只要保住自己实力，消耗大顺军的精力，接下来，一定是清军突然杀出，给大顺军最为致命的一击。

完成了兵力部署，在大顺军退路上悄悄埋伏了大量的兵马，多尔衮继续观看双方阵形变化，寻找最佳出击时机。

多尔衮望着血肉横飞、箭炮翻飞的战场，耐住性子，等到中午时分，发现大顺军人马跑累了，肚子也饿了，认定战机出现，果断下令向大顺军发起突然袭击。

在三次吹角、三声呐喊之后，蓄锐待战的清军就像离弦的箭一样向大顺军的军阵扑了上去。

清军的前锋是正白旗的骑兵。数万骑兵一齐冲出关城，形成"万马奔腾不可止"的气势。骑射是清兵的拿手好戏，骑在飞驰的马背上，把箭矢一批接一批地发射出去。这些箭矢就像马蜂一样，极为密集地射向对方。

本来已经疲惫的大顺军，经受对方"密集的箭射"之后，发现眼前冲过来的骑兵个个刀枪并举，整个敌军骑兵，在那正午白亮亮的阳光下，一片子"剑光闪烁"。

李自成站在高岗上，第一时间发现了这支突然出现的举着白色旗帜的军队，正觉得奇怪，哪有部队举白旗的呢？接着他又发现，这支部队十分厉害，一上来就冲破了大顺军的阵势。李自成立即下令后军迎击。

前边的军队已经鏖战半天，疲惫、饥饿、损伤，战斗力急剧下降。

李自成看到，这股像潮水一样涌来的军队锐气旺盛、冲锋勇猛，这支军队就像风卷残云，铁骑所向，大顺军无不当即披靡。李自成正郁闷吴三桂居然留了第二手，而且第二手比第一手更强劲，更厉害。这时，李自成又发现，这些本来处于劣势的吴军，猛然间精神振作。战场形势正在迅速地发生着不利于大顺军的可怕变化。

无比惊异中，李自成正在用脑子急急地寻找对策，突然一个僧人急急忙忙跑了过来，跪在马前，大声说道："执白旗的骑兵，不是关宁兵（指吴军），他们定是满洲兵，大王赶快回避。"

听了这个惊人的消息，李自成没有立即发出撤退的命令，二是当即跳上马背，策马下岗，在第一时间，向着西边的方向，赶紧逃命。

"让大部队跟敌人纠缠，我这里抢先一步逃跑，才能逃出一条性命。清军出现，这场战斗大顺军必败无疑。大败局面前，只有让部队拖住敌军，才能为我留足逃命的时间。"

李自成治军十分严格，没有他的命令，谁也不敢擅自后退，更不敢战场逃跑。现在，这些失去最高指挥官的大顺军仍然在战场拼命厮杀。

在战场，大将刘宗敏一直在一线指挥战斗，现在他也中箭负伤。

正午时分，漫天的沙尘散去，大顺军将士惊奇地发现，眼前这些厉害无比的骑兵居然个个都长着长长的发辫。大家这才惊醒过来，有人大声惊呼"满兵来了！"可怕的惊呼声中，大顺军阵势当即整体崩溃，所有人都差不多在做同一个动作，丢戈弃甲，全身轻装，以最快的速度往回跑。

在遭遇强敌时，在己方处于明显的弱势时，在拉锯战中对手有新的力量突然加入时，战场最高指挥官往往会迅速组织撤退，以保存实力。

有序的撤退中，指挥者往往将部队迅速一分为二，一部分殿后，阻击敌人，另一部分撤退。先行撤退的部分，往往在撤到地形有利的地方后，再组织抵抗，掩护另一部分人退出战场。

有序的撤退，战前有预案，撤退时，部队有分工、有安排。否则，就容易进入无序撤退的状态。

李自成有着丰富的战场经验，尤其是撤退的经验。然而，战争发起前，他大意了，没有把清军的出现纳入战前预测里，因而没有制定任何的撤退预案。这样一来，十万大军要想安全撤出战场就成了大问题。

对于任何一支军队来说，成败乃常事。任何军队指挥者都不可能是常胜将军。提前做好失败预案，提前进行失败后的演练，就能把失败造成的损失降至最少，就能"留得青山在，不怕没柴烧"。最怕的是一败涂地后，是树倒猢狲散、枪响鸟乱飞，输得一个子儿不剩。

现在，战场上的大顺军真正进入到兵败如山倒的可怕境地。没有将领去组织人殿后，所有人都争相跑出战场。结果，整个大顺军战场内部，自相践踏，一片混乱。

第五章　山海关血战

清军岂能放过这样的大好时机？这正是清军发挥马上功夫的绝佳时机，从逃跑者的后背追上去，在对方还来不及转过身来回击时，抢刀就劈。吴、清联军穷追猛打，大顺军死伤累累。跑得快的，有幸活了下来。

大约一顿饭的工夫后，整个战场上是尸横遍野，十万大顺军损失殆尽。石河战场除了满目死尸、无数丢弃的军械，已经变得空旷寥廓。

清军、吴军没有因为大顺军逃跑就收手。相反，一路追杀，一直追杀四十里直到天完全黑下来，才收住兵马。

最倒霉的是往东边跑的那部分大顺军。东边是大海，这部分大顺军跑到海滨无路可逃，结果有的被追上来的清军骑兵杀死，更多的人则直接投向大海，想从海水中寻找逃路。结果，大量的大顺军兵士被海水淹死。

这场战斗，大顺军数万人战死，其中将军级的死了十五个。在战场留下的尸体"弭满大野"，沟水尽赤。"凡杀数万人，暴骨盈野，三年收之未尽也。"

这场战斗改换了一个朝代，也彻底改变了两个人的命运。这个朝代是未来的清朝。清朝真正是撞大运了，种种的偶然齐集到这个战场。结果，历史最终把一个特大的红包就这样赠送给了它。往高处说，历史用山海关血战这样残酷的方式，用数万人的生命为它一统天下举行了一场壮烈的奠基礼。

另外一个最显眼的人物正是吴三桂。从此，吴三桂的命运系在了清朝这个胜利的战车上。吴三桂的前程似乎比过去将更加锦绣，更加辉煌。

而最倒霉的人则是李自成。石河战场是他个人命运悲剧的起点，也是大顺军大悲剧的起点。明亡后，江南地区曾流行一段民谣，说的是："朱（指朱明王朝）家面，李（指李自成）家磨，做好了馍馍，送给对巷的赵大哥（指爱新觉罗氏）。"可见，历史就是这样的不公平。

献关降清

李自成一口气跑到了永平（河北卢龙）。接着，众人利用夜晚黑暗提供的掩护，收揽溃散的士卒，重新集结军队。

"如何赢得逃命的时间？如果清军再一次追上来厮杀，该怎么办？自己手头这点可怜的人马如何才能不被身后追上来的吴军、清军一口吃掉？"

急切中，李自成突然想出一个办法来，你吴三桂不是用了诈降的手法拖延时间吗？那我也来拖你一把，正是以其人之道还治其人之身。于是，李自成派出明降官张若麒，命令他赶紧跑到吴三桂那里求和。

双方紧张谈判后，达成了共识。李自成方面，同意将崇祯的太子送到吴三桂军中，吴三桂答应让李自成不受阻碍地回到北京。

吴三桂中招。当晚就停止了对李自成的追击，率领得胜之军，返回山海关休息。

后人从这里，看出了吴三桂内心处的秘密：他内心里梦想恢复明朝。换句话说，在吴三桂的内心深处，他坚定地反对清朝在中原大地上建立国家。

考虑到八旗将士连日来长途跋涉，白天大半天苦战，多尔衮决定让部队晚上回军休息。这天晚上，在天黑以后，清军也没有把李自成往死里追。当晚，清军并没有住进山海关城中，而是驻扎在离山海关五里的地方。

可以看出，清军与吴军之间，保持了一定的距离，此时仍然互相警戒，互相提防。

清军帐中，看着眼前堆得像山一样高的战利品，多尔衮决定做四件大事。

第一件事，大赏诸位将士，激励将士明天奋力追杀大顺军。"这些奖品只是大顺军手里的一小部分财物，还有更多的奖品在大顺军的手里。今晚好好睡觉，明天天一亮就要狠狠地追歼那些正在逃亡的大顺军。"

第二件事，从战利品中选出大量精美的物品，送给吴三桂及吴三桂手下的将官，目的是做第四件事。

第三件事，封吴三桂为平西王，赏赐玉带、蟒袍、貂裘、鞍马、弓矢……目的是为了顺利做第四件事。

第四件事，下令吴军各将领、所有士卒，全部剃发。

吴三桂接受了海量的礼品，收下了"平西王"这项桂冠，这项用大顺军的鲜血换来的王冠。

第三、第四两件事，事实上标志着吴三桂归服清军，标志着吴三桂手中控制的原明朝的关宁铁骑投降清朝。吴三桂心中清楚，那份杀白马祭天、杀乌牛祭地、歃血订盟、斩衣折箭的盟约，正在被多尔衮用强力的军事实力、巧妙的封王、送礼的手腕，一点点地撕碎。

"大顺军彻底失败了。然而，我关宁大军是真正的赢家吗？"看着摆在桌

第五章 山海关血战

面上那顶金光闪闪的平西王的王冠，看着多尔衮送来的成堆的礼品，望望深夜里户外漆黑的夜空，看着桌上的明亮的烛光，吴三桂无法入睡，陷入深深的沉思之中。

做完这四件大事，坐在床沿，看着烧得正旺的火红的蜡烛，多尔衮太兴奋了，高兴得笑出声来。"太宗晚年孜孜招降吴三桂，全部以失败告终。而我居然把这样的难事两天之内做成，真是时势造英雄啊。这一次，岂不是撞上大运，岂不是鸿运当头，吉星高照！"

现在有点时间，赶紧来看看"平西王"这个封号，看看这顶王冠的含金量到底多重。

整个清朝，汉人被封为王的，只有四人，分别是：恭顺王孔有德（后改封定南王）、怀顺王耿仲明（后改封靖南王）、智顺王尚可喜（后改封平南王）以及平西王吴三桂。

孔、耿、尚三人能被封为王，都是一个原因，对清朝有着特别重大的贡献。天聪七年（崇祯六年，1633年），他们三人先后叛明归降后金（清的前身）。三人从登州海上而来，不但带来了万名精兵、几百艘战船，还带来了新式大炮。马背上的清军，立即增添了两个新的兵种——水师和炮兵，从政治上、军事上、作战技术上，极大地促进了后金军的壮大和发展。

正是如此巨大的贡献，皇太极才授予他们三人以至高无上的奖赏——封王。

明朝立国二百七十六年，从不封异姓为王，最高的爵位也就是公、侯、伯。多尔衮正是看中了这点，封吴三桂为王，以刺激其他明朝文武将吏降清。

大批明朝文武将吏果然中招，纷纷降清。清朝进取中原的阻力大大减轻。清朝能够得天下，也与它巧妙地赢得人心有重大关系。

与李自成大批处决明朝官员的愚笨做法相比，多尔衮的这一套做法，显然聪明一万倍。谁得人心，谁得天下，这才是历史真正的规律。

第二天（四月二十三日）天刚亮，多尔衮立即起床，洗漱完毕，决定再做四件大事。

第一件事，杀死李自成派来和平谈判的人，包括李自成的兵部尚书王则尧等人。"这就等于告诉吴三桂，告诉所有将士，清军绝不会与李自成搞什么和平谈判，一定要战斗到底，直到彻底消灭大顺军。"

第二件事，大军出发前，发布军令，"除暴安民，灭流寇以安天下。勿杀无辜，勿掠财物，勿焚庐舍。不如约者罪之"。

第三件事，沿途发布文告，高调声明清军"取残不杀，共享太平"。

逃到深山老林躲避战乱的百姓，看到清军文告，开始放下心来，纷纷返回家中，剃发迎降。

第四件事，将一万马、步兵交到吴三桂的手上，并命令吴三桂为先锋官，清军随后，全速前进，追杀大顺军。

此时的李自成以为吴三桂会遵守约定，自己能从容地回到北京，所以在不急不慌地做着回北京的准备工作。突然听到王则尧被杀的消息，听到清军、吴军全速南下，得到吴军、清军眼下正在进逼他所在的永平城，李自成非常震惊。

"该如何才能全身而退？"

"将夜间集结的军队全部派上战场，以阻挡吴三桂的铁蹄，延缓清军追击的速度，为自己赢得逃命的时间。"李自成心里非常清楚，这点儿大顺军不可能挡住强大的清军和吴军，但是，只要能赢得逃命的时间就够了。

跑到永平城西二十里的范家庄后，看着一直带在身边作为押宝用的吴三桂的父亲吴襄，李自成不由得怒火中烧。他命人立即将吴襄斩首，并用竹竿挑着吴襄的头颅，沿街示众。

马不停蹄，星夜兼程，李自成最终逃回北京城。

四月二十六日，慌乱不堪的刚刚回到北京城，便赶紧找牛金星商量对策。心情忧郁中，李自成说道："十个北京，不敌一秦中险固。为今之策，不若退处关西，以图坚守。"

牛金星点头同意，并补充了一条自己的想法，"皇居壮丽，焉肯弃掷他人！不如付之一炬，亦不失为楚霸王之英豪！"这说的是让李自成效仿项羽焚烧秦都咸阳宫殿群那样烧毁皇宫。李自成点头认同。

一套搜尽皇宫宝物、焚宫西逃的方案被定了下来。

接下来是搜宝物抢财物、烧宫殿的时间。

郁闷、愤怒中，李自成决定做下两件事，以解自己的心头之恨。

第五章 山海关血战

第一件事，杀人；第二件事，登基。

"天下差不多是我李自成的，然而，仅仅一个月的时间，又不得不放弃这个到手的江山。是谁害我丢了这到手的江山？一切的一切，岂不就是因那吴三桂。如果不是吴三桂勾引清军，我军会败得那么惨吗？十万人去，现在不到一万人回，身后还跟着无法抵挡的清军。"一切的原因，李自成认定，这都是吴三桂惹的祸。

"那就要吴家买单，要吴家付出代价！"

第二天，李自成下令：将吴三桂的继母祖氏、弟弟、妹妹，包括他的族人，总共三十四口全部杀死；这些人的尸体就丢在二条胡同那里，不得收尸。

昔日的吴氏大家族，这一次遭到灭顶之灾，幸免的只有吴三桂的哥哥吴三凤和吴三桂自己。

看到李自成又在杀人，而且这一次杀人模式比上一次更加可怕，是按家族杀，京城人立即陷入一片恐慌之中。

清、吴联军快速向北京挺进，一路势如破竹。一边向京城推进，吴三桂一边狂发通告。二十八日，清、吴大军进抵北京郊区。

北京城里的士绅们急切盼望吴三桂入城。"吴救星啊，赶紧来解救我们。每天醒来第一件事，就是面对李自成的屠刀，这种提心吊胆的日子，是人都受不了了。""赶紧来啊，越快越好，李自成撤军时，大顺军必定抢掠财宝、女人。"京城士绅手握吴三桂的檄文，夜夜盼着吴三桂的军队早早到来。

望着如此宏大、壮丽和奢华的皇宫、金殿，真是想不过一把皇帝瘾都难。李自成发出命令，利用已有的军事设施，尽力挡住吴、清大军的进攻。接着，他发出第二道命令，筹办登基大典。

接到命令，刘宗敏、李过、李岩等将领领守城军队，出城迎敌。

清军、吴军兵锋太锐，大顺军全力抵抗，仍然不是对手，原来设立的八座营寨，连连丢失，伤亡人数达到两万多。唐通被刺伤，刘宗敏只好收兵，退入城中，利用高大厚实的北京城城墙抵挡追兵。

二十九日，大顺军入城的第四十天，也是大顺军在京城待的最后一天。这一天，李自成在武英殿举行即位典礼。时间紧迫，仪式只能草草举行，草草结束。

接下来是将抢来的财物打包，焚烧皇宫。李自成连发三道命令：一是全军收拾宫中宝物，打包带走；二是派出人手，用马骡装载薪木、硝磺、桐油，运至殿内，放火焚烧；三是命令百姓出城，用百姓做人肉盾牌，大军趁机逃出北京城。

整个京城立即陷入一片混乱中。宫殿烈焰腾腾，房屋倒塌声震天动地，宫城九门雄楼、大部分宫殿陷入火海之中。李自成还命人点燃城外的草料场，将这些驮不走、运不动的物资烧毁，以免留下来资敌。

大顺军对统治阶级到底有多么强烈的愤怒？这些烈焰就是他们的说明书。将这些用民脂民膏筑成的巍巍宫殿化为灰烬，就是他们对统治阶级强烈的抗议！

现在轮到吴三桂了，他正准备拥兵进城时，突然接到多尔衮的指令，命他率部绕城（北京）向西进军，随同阿济格、多铎追击正在逃亡的大顺军"。

"北京城就在眼前，为什么不是首先进入北京城？"

吴三桂没有硬着头皮向多尔衮发问，当即接受并执行多尔衮的命令。

清朝日日夜夜做梦都想夺取北京城，岂可让身为汉人的吴三桂抢先占领？当然是虚城以待，等着清朝皇帝的到来。

这里，我们不能不佩服多尔衮的手段。他没有高声叫着喊着"你吴三桂的部队不得进入北京"，而是利用这种巧妙的手法，从容地把吴三桂打发走了。之后，清军得以轻易进城，把北京城掌控在自己手中。

五月初二，多尔衮进北京。

八月二十日，顺治自沈阳出发，宣布正式迁都北京。

九月十九日（长久的谐音），顺治登金銮殿，中国历史由此进入清朝时代。

第五章 山海关血战

第六章

复君父之仇

追击千里

眼巴巴看着北京城高大厚实的城墙，却不能进入城中。"那里有我的全家老小，生死不明；有我心爱的陈圆圆，有我梦中的家。"吴三桂比谁都清楚，现在是一个凭实力说话的时代。清军的实力，仅开进关内的清军，在人数上就是关宁军的两倍。

命令不可违，吴三桂只得收起无数的怨，化作对大顺军的恨。

顺治元年（1644 年）五月初一，吴三桂指挥军队迅速跨过卢沟河（永定河），向着前方的大顺军追去。一边往前追，他一边派亲信回转京师，细细寻找父亲以及陈圆圆等家人的下落。

大顺军已经逃出京城，然而逃跑的速度却非常缓慢。这不是他们不想快点儿跑，实在是抢到手的金银财宝太多，抢到手的美女太多，全都靠骡驮马载。

走出京城三十里的地面，李自成殿后的部队就被吴三桂的前锋紧紧追上了。

该如何摆脱追兵呢？在奔驰的马背上，李自成迅速想出了一个办法。他命令大军沿路丢弃部分金银财物，丢弃部分美女，以吸引吴军、清军的骑兵，吸引他们跳下马背来抢，这样就能延缓追军的速度，为己方赢取宝贵的时间。

李自成的想法是好的，命令也是必须要执行的，然而落实到具体丢弃的某个财物、某位美女身上，属下又都舍不得出手，结果丢掉的只是极少的一部分。过多的财宝和女人仍然成为大顺军的负担，每天行军还是只有几十里。

吴三桂指挥大军就像一群饿狼，在大顺军后面紧追不舍。

大顺军又开始新一轮丢弃财物和美女的工作。

吴军与大顺军就这样反复折腾。从卢沟河到固安，大约一百里的地面上，到处是丢弃的金银财物、辎重物资。传说中的"衣甲盈路"出现了。吴三桂也不客气，一边派人死追，一边派人捡拾沿途的金银财宝。

这样看来，大顺军只是给吴三桂当了一回财宝搬运工。吴三桂虽然没有进京城，没有入皇宫，但沿途却捡到不少的财宝。

五月初一上午，大顺军终于到达涿州。

涿州距离北京一百二十里。当地的地主、豪绅与明朝旧官员暗中出钱财，偷偷招募人手，购置武器，集结武装力量，一举占领涿州城。当大顺军到达涿州时，看到城门紧闭，城墙上挂着一幅长长的标语，意思是：为防止大顺军蝗虫式洗劫财物，抢劫美女，杀死官员，涿州城全城人等，坚决拒绝大顺军进城。

李自成那个气啊！"这里原本是我军打下来的地盘，现在自家人不认得自家人了？"愤怒中，李自成立即组织军队，向城池发起进攻。"我庞大的大顺军，攻打这么一座小小的县城，岂不是小菜一碟？"

宝贵的半天时间在攻城战中耗去了，可小小的涿州城还依然屹立在那里，城门依然紧闭。李自成纳闷，居然不是三下五除二就能攻下来？

大顺军无法进城躲避，没法弄吃的喝的，而后面又有吴军死追。眼睁睁望着那堵高大厚实灰黑的涿州城城墙，却无法进城，李自成只得指挥军队继续向西逃跑。

清军、吴军则在大顺军身后紧追不舍。

赶紧跑啊，这样的关节，怎还能恋战？绝不能躲进某一座城中，否则后果将不堪设想。

五月初二，李自成的队伍开进保定。这里没有地方武装阻拦。然而，奇怪的是，居然没有一个人出城来搞点欢迎仪式。进城时，大顺军自己却搞得很热闹，锣鼓喧天，真是自己给自己捧场。

几天没有吃过一顿饱饭，走进城里，这支饥饿疲惫的队伍做的第一件事就是搞饭吃。可粮食全都藏在百姓家里，似乎没有人愿意拿出来犒劳这支饥肠辘辘的队伍。怎么办？兵士们立即想出一个办法，用抢来的宝物向当地百姓换些食物充饥。大顺军成了传说中的"手持金条的叫花子"。

就在大家歇下来准备好好地吃顿饱饭、好好地睡个囫囵觉的时候，吴军追了上来。

李自成立即组织军队迎战。

高喊着"为我老父亲，为我吴氏家族死亡的所有亲人，报仇雪恨"，吴三桂指挥军队冲了上来。

为了吃顿饱饭、睡个好觉，大顺军也是拼了，拼得非常顽强，非常英勇。

一路得胜的吴军、清军，锋芒正盛，气焰嚣张，进入了赢家通吃的最佳状态。战斗时间拖长，清军后续兵将越来越多，力量越打越强。最终，这支疲惫过度、惊吓过度的军队，经受不住清、吴联军凶猛的攻击。大顺军阻击战失败，除了继续逃命，没有别的办法。

"如何摆脱追兵的纠缠？"这个问题如影随形一般又跑到了李自成的眼前，想不正视都不行。

这其实是鱼与熊掌能否兼得的问题。就像一个人，渡河之中掉进河水里快要淹死，是保住缠在身上的那些财物重要，还是丢了口袋里的金砖银锭从而保住性命更重要？

生死存亡的危急关头，李自成终于做出决定：用财物买性命。他再一次下令，把从皇宫里带来的锦、绮缠挂在树上，把那些抢来的金块、银块放在大路中间最显眼的地方，好吸引追军来抢。"地上有黄灿灿的金砣砣，树上有你们一辈子不曾穿过的锦绮绸缎，我就不信，你们不立即跳下马背，你们必定争相抢夺。"

事实证明，人还是喜欢眼前的黄金白银。看到路上这里那里随时可能发现的金砖银锭，追兵立即放慢脚步，低头寻找，不再一个劲地死追。

丢掉了辎重、美女，大顺军轻装飞驰，日夜兼行三百里，把追兵远远地抛在了后面。

"到手的野鸡想脱身毛就飞掉？"吴三桂立即制定快速追歼方案：部队一分为二，一小部分人马专程负责在沿途捡拾大顺军丢下的宝贝，主力大军则全力追杀。

经调整部署，吴军耽搁的时间又被抢了回来。五月初三，在河北定州（河北定县）北边约十里的清水铺，清、吴联军再一次追上了大顺军。

大顺军中的大将谷大成负责断后。望到后方尘土飞扬，追兵越来越近，谷大成立即命令殿后部队排成阵势，就地休息，等着与追兵交战。

两军刚一接触，大顺军队伍立刻出现问题，军阵的后面首先乱了起来，一些人接二连三地从军阵中偷偷地溜走。发现情况，谷大成一面高声呵斥，一面派出几十位监军，对临阵逃脱的人挥刀就砍。

强手面前，大顺军已成惊弓之鸟，监军的刀斧起不到任何作用。大顺军的兵士完全失去了斗志，没有一丁点的信心对抗眼前的追兵。"逃得了追兵的刀棍就有可能生，留在军阵中就极可能是个死。"这些人拼命地寻找机会，只要摆脱了监军的眼线，便飞驰着向四野逃散而去。

对于大顺军后阵出现乱象这样的机会，吴三桂岂能放过？他当即指挥骑兵向对方的军阵疯狂冲了过去。

经不住吴军死命冲击，大顺军军阵顿时崩溃。混战中，谷大成被乱军杀死，所有的大顺军士卒失去抵抗能力，拼着性命向西北方向逃去。

这一仗，农民军丢掉了几千人的性命，丢下了一直带在身边舍不得放手的两千位美女，丢掉了金砖、银砖二百二十块，丢掉了无数器械、骡马、绵绸丝缎。

这一仗，吴三桂还得到了一样东西——谷大成的首级。

吴三桂割下谷大成的首级后，将其放在父亲吴襄的灵前，举行祭祀仪式。祭祀完毕，他把缴获的、捡拾的辎重财物，全部赏赐给手下的将士，这大大激发了将士们追杀大顺军的强烈斗志。

大约也就在这个时候，经历了生死磨难的陈圆圆终于回到了吴三桂的身边。

当初刘宗敏占据田弘遇府第，撤离北京时，将田家搜掠一空。资料记载，大顺军撤走后，街民们涌入田府，发现偌大的府第，除了油盐酱醋，里面竟然空无一物，空无一人。包括陈圆圆在内，田家人已被刘宗敏悉数卷走。

李自成杀吴襄全家时，其中没有陈圆圆。这说明当时陈圆圆不在吴家，而是在田家，因而躲过了一劫。陈圆圆美艳无比的姿色，使得刘宗敏撤走时，想不将她带走都难。

在被大军追杀的路上，大顺军沿途丢弃数千美女，陈圆圆就在这些被丢弃的人群当中。

第六章　复君父之仇

陈圆圆早就打听到，这次追杀大顺军的追兵正是吴三桂的人马。因此，陈圆圆没有到处乱跑，而是直接找上追军将领，说明来意。就这样，历经重重磨难，陈圆圆终于又与吴三桂重逢。

"现在的确是久别重逢、相亲相爱的时候，然而，追杀大顺军，为亲人报仇，为爱妾泄恨，才是我现在的第一要务。"吴三桂心道。

五月初四，大顺军退到了真定（河北正定）。

小城里迅速塞满了部队，街头巷尾四处可以看到成群的士兵。

看着低矮、密集的房屋，看着杂乱的街道，看着街头上乱逛的兵士，李自成突然想起了北京城金碧辉煌的皇宫，想起了山海关前那十几万人马威武雄壮的军阵，越想心里越不是滋味，越想心中越抑郁。

"山海关战败以来，一场接一场的战斗，每一场都是失败，是一连串的失败，没有一场胜利过。这到底是什么原因？难道就像打麻将，这半个月全部是背时背运？就没有一场能赢它一局？"

李自成想到了更远，"五个月前，那时，指挥数十万兵马，从西往东打，数千里的路程，一路所向披靡，所有的明军无不被大顺军摧枯拉朽一般打败。真是奇怪啊，那时连一场败仗都没有。这难道还真的像打麻将，走运时想不发财都不行，想不赢钱都不行？这其中到底是什么奇怪的原因，莫非真的是'人掷骰子鬼翻盘'，是哪路天神在暗中发力，是什么力量在支配着这场命运的大改变？"

破败的小城里，看着脸上毫无生气、充满失望表情的将官、士兵，李自成左思右想，就是找不到答案。

从将领和士兵的脸上，李自成突然发现一种可怕的迹象，这些人对我正在产生某种不信任的情绪。凭着经验，李自成突然生出一种可怕的预感来，在一连串失败的背后，在这些将领心中，一定埋藏着某种可怕的、不轨的想法。

想来想去，李自成想到了那个人——吴三桂。"正是他，正是他无耻地叛变、无耻地勾结清军，用这种下三烂的方式，使得今天的我变得人不像人鬼不像鬼，谈何昔日的闯王形象？难道吴三桂是我的克星？"

沿着这个思路，李自成突然发现了一个解决问题的方案，"认认真真地跟吴三桂干上一仗。小胜即可。哪怕是小小的胜利，也能打破关宁铁骑不可战胜的神话，也能表明我能够击败任何强敌，在军中重塑威望，重树将士的信心。"

李自成立即挑选精锐骑兵，并亲自领兵北上定州。

吴三桂正在定州扎营，突然有哨兵报告，一支大顺军队伍正飞驰而来。吴三桂发出命令：正面迎敌，采用张开两翼的方式。

张开两翼，就是把自己的最最关键的部位——心脏，完全裸露在对手的面前。

两支大军直接死磕，不讲求任何的战术战法。

吴三桂心中比谁都清楚，"我军是得胜之军，锐气正盛；而大顺军是一支败军，而且一败再败，早已被打破了胆，躲远点才是正确的选择，现在李自成反而不要命一般找上门来，岂不是找死？"

吴军一分为三，一支军队正面阻击，另外两支军队，从东西两翼向对手展开进攻，让对手在三个方向同时接战。

看来李自成的运气还真是背时。这一次死磕式的战斗，不但又败了，而且还付出了极为惨重的代价，损失了上万的精锐骑兵。

望着眼前摆下的万余具尸体，李自成除了满心的愤懑就是赶紧逃走的想法。他就像一个彻底输光了的赌徒，极其沮丧地跑回了真定城。

回到真定，李自成一夜未睡。"难道这上万人就这样丢了吗？"想来想去，他又想出一个办法来。

"明天吴三桂一定会追上来打，那么，我也用不着北上，我就在这里摆下军阵，与吴三桂决一死战！"

李自成连夜调集大队人马，接着召集诸将开会，在会上不停地给将领们打气鼓劲，同时还精心准备了一句重要的话。

第二天，站在大军阵前，李自成高声大喊："今日亲决死斗，不求人助，乃为豪杰耳！"翻译成今天的话，就是"我与你吴三桂之间，一对一地单挑，这才是真本领"。

哪知吴三桂根本就不理睬李自成的这句话，根本就没有把李自成的军队放在眼中，指挥大军朝着大顺军军阵，直接掩杀过来。这一次，吴三桂变换了一招，让清军冲在阵前，由清军将领固山额真（八旗统领）谭泰、准塔、

护军统领德尔德赫、哈宁噶统领率领清军，朝着大顺军猛冲。

这一招着实厉害，充分地发挥了清军骑兵善于阵前冲锋的优势。

清军马上功夫极其优秀，十分了不得，边冲锋边射箭。大顺军也不示弱，无论将领还是士兵，全都打起精神，举起盾牌，一定要跟吴清联军拼个你死我活。

战斗从上午一直持续到傍晚，双方都放开队伍厮杀，纵兵大战，几乎不讲求什么战略战术。战场一直处在胶着状态，两方都在坚持，都在等待对方的阵营出现疲软的机会。就在这时，就在血色的黄昏中，一种诡异的现象发生了。

忽然，东风大作，黄沙蔽天。这股强大的风沙直冲大顺军的阵地而来，大顺军旗帜当即被刮倒。有几位旗手力气大，使劲撑住旗，然而那风势突然增强，一下子就将旗杆折成两段。

看到此情此景，李自成心中产生了一个极不爽的感觉。"就不说将来，至少今天，上天都来发话了，看样子血拼死拼也未必能取胜。"于是，李自成下令收兵，趁着天黑，赶紧撤出战场。

命令发下去，李自成打马回走，突然一支流矢飞来，恰好射中肋下。李自成中箭落马。护卫赶紧冲上前来，把他扶起，抬回军营。

已是日落时分，双方都打得精疲力竭。吴三桂也不敢死战，收兵返回营地休息。

受伤中，李自成担心吴三桂派兵追击，连夜发下命令：将不方便携带的辎重全部烧毁，全军轻装疾驰。五月初六，大顺军越过固关（山西平定境内），退入山西境内。

五月初七，清、吴联军一路跟随，追到了固关。

固关地处山西、河北交界，崇山峻岭，易守难攻。过固关时，李自成留了一个心，"这里地势险要，在这里埋伏人马，可狠狠阻击追兵。"李自成特地挑出一批人马，在固关关隘埋伏下来。

从山海关一路追着打，追到固关，吴、清联军已经跑了两千里的地面。追击战非常折磨人，不知道对手在逃跑的路上是否设下埋伏，有时等待前边侦探的消息，有时又是星夜兼程。追到固关时，吴、清联军已经疲惫到了极点，已成传说中的强弩之末。

望着险峻的高山，看着眼前林木郁郁葱葱的山间小道，吴三桂想起了自己据守的山海关。"这里最好不要进去"，对着身边的将官，吴三桂说道。再三观察地势地貌后，吴三桂下令，追击到此为止。再往前一步都危险万分，现在是班师回京复命的时间了。

吴三桂班师回京的路上，从远方的天空中，我们似乎听到李自成正在说那一句经典的台词——"我一定还会回来的"。

党同伐异

三月十九日，李自成打下北京，可明朝的陪都南京那边居然一无所知。只能说那个时代，信息传递实在是太不给力。直到四月十四日，京师陷落、崇祯殉国的确切消息才传到南京。百官震惊，所有官员立刻产生一个相同的认知，"必须迅速拥立新君，才能稳定当前的局势"。

问题跟着就摆在了所有人的面前，"该立谁？"

崇祯的儿子全都捏在了大顺军的手里，没办法立，那就只有在朱家宗室中寻找。

随之，有两个人物浮出水面——福王朱由崧、潞王朱常淓。两人一路逃难，已经逃到了淮安（江苏淮安），正在淮扬巡抚路振飞的保护之下。

潞王朱常淓是万历神宗的侄儿，福王朱由崧是万历神宗的孙子。看出来了吧，潞王是福王的叔叔，但是福王跟崇祯是近支。

这两个人，到底该选择谁做皇帝？

兵部侍郎吕大器、詹事姜曰广、都御史张慎言联名写了一封奏折，送到了南京兵部尚书史可法的案头。

奏折中，认定福王朱由崧那人有"七不可立"：不孝、虐待下属、擅权干预政务、贪鄙、淫乱、不读书、酗酒。粗粗看下，一个结论就出来了，这是位五毒俱全的家伙，能立他当皇帝吗？可史可法却签署了自己的意见，"非英主不足以定乱"！他同意了这三个人的看法。

有一个手握重兵的人，从中看出了属于自己的机会。这个机会有点儿复杂，得用一小段话才能说清。"立大家都认为应该立的人，立了他，自己没有任何的功劳；反向思维，立一个大家都不同意立的人当皇帝，那么将来在新皇帝那里，自己一定有'拥戴之功'。"

沿着这个思路，兵部侍郎兼右佥都御史、凤阳总兵马士英想出了一套办法。

第一步，秘密派人去淮安，抢在别人的前面，向福王朱由崧表达强烈的拥戴之意。

第二步，授意路振飞为福王准备舟船车马，要他做好急速送福王到南京的各项准备工作。

第三步，向史可法、吕大器写信，主张立福王反对立潞王，理由很强大，帽子很宏大，"论亲疏，论贤能，没有一个人能与福王相比"。

这个主张立即遭到史可法、吕大器的反对。不过，这一步棋，已经在马士英的算计里，为此，马士英准备了接下来的第四、五、六步棋。

第四步，联络手握重兵的将领黄得功、刘良佐、刘泽清、高杰，授意他们派出部队，工作内容是大张旗鼓地护送福王到仪征（江苏仪征）。

这步棋，非常重要，马士英是要借用这些重要将领的脸面，造成两个既成事实：一是军队系统的领导，个个都拥立福王；二是福王这就来就位来了。用两个大臣们不得不面对的事实，给大臣们不停地施加压力。

第五步，召集大臣们来开会。

马士英事先联络一批大臣。会上，这些大臣一个接一个站出来，极力支持"立福王"。

本来反对立福王的大臣，看看情形不对劲，谁也不开口。

这真是个狡猾的官场手法。

尤其是吕大器，手中握有礼部、兵部两部的大印，干脆连会都不来参加。

吕大器不来参加会议，即使形成决议案，没有用印，如何能行？这些人立即联名通知吕大器，要他速速前来开会。

吕大器人虽然来了，然而，就是不肯附和立福王的意见。

这样，会议从清晨一直开到中午，也没有能够议出一个具体的结果。

时间已到中午，大家的肚子开始咕咕叫了。会议如果这样一直拖下去，总不是办法。这时，给事中李沾急了，他抬高声调说道："今日有异议者，以死处之！"

这个闸门一开，后面的人就像洪水一样涌过来。刘孔昭怒气冲冲，当面大骂吕大器妖言惑众。韩赞周则跟在后面大叫着快取笔来。

在这群人的围攻加威胁下，吕大器不敢多说，其他大臣也感受到了某种恐怖的政治气氛，再也没有人敢伸头说个不字。

史可法正在浦口督师勤王，得知生米给这些人硬是煮成了熟饭，只得同意立福王。

南京这边，礼部官员已经前往仪征迎接福王朱由崧就位。

崇祯十七年五月十五日，福王朱由崧在南京即位，改元弘光。

为着一己私利，手握国家重器的马士英，不顾正在坠落的大明江山，用自己的"雄心"、卑鄙的手段加速它的灭亡。奸臣当道，国何以国？

朱由崧这样的人，属于社会上很能混，而且混得开的那类人。

朱由崧即位，便着手做第一件事，封赏百官，升马士英为兵部尚书，黄得功为靖南侯，刘良佐为广昌伯。以下太多，略。这些官员，于保卫国家、建设国家无尺寸之功，却得以升官受赏。当然，真正受惠的人却是朱由崧自己。他的皇帝地位，就这样在对百官的升赏中，由松软变得硬实紧固起来。

如何挡住大顺军、清军这两股强大的洪流？这才是最现实的问题。

史可法提出第一个方案，"在长江以北设四镇，作为防御大顺军的第一道防线。各镇设额兵三万，总计十二万人马"。

枪炮一响，银钱万两。无论古代还是当代，军队问题，首先是军费问题。没有北京政府那边提供税收做军费来源，军队庞大的开支怎么办？史可法提出第二个方案，"军队所需粮钱由地方政府解决"。

军镇设置，是一个全新的军政举措，在紧急情况下，可聚集当地的一切资源抵御外敌。如何统一管理四镇是个必须要解决的难道。由此，史可法提出第三个方案——在扬州设督师，节制四镇。

朱由崧同意史可法的四镇系列方案。

四镇方案本身没有问题，可有些人却从中看出了属于自己的大机会。

马士英由于拥戴有功，受到皇帝格外重用，被封"着加太子太保，荫一子锦衣卫指挥金事世袭"。马士英把皇帝那头的工作做到位了，然而在众多大臣中，还是有很多人骨头非常硬，不买马士英的账。这些人看得清楚，如果马士英在朝中当政，自己后面的日子一定非常不好过。

这些大臣想来想去，终于想出了一个巧妙的办法。以"扬州督师是国家当前最重要、最紧急的工作"为由，纷纷上书，建议让马士英去扬州督师，希望史可法留在南京主持国家大事。

"兵荒马乱的年头，督师意味着什么？"这其中的道理，马士英比谁都清楚。"这些人为什么这个时候这么看重我？"马士英就是靠计谋起家的，这些人的这点小伎俩，岂能逃过马士英的法眼？

看着这群人向皇帝纷纷上奏章，马士英随即想出一道破解之策——我谁也不找，就单单去找史可法。在史可法面前，马士英说道："您威名卓著，军士们都听从您的指挥。您经营于外，我居中协调，那样就没有办不成的事了。"

马士英清楚，史可法绝不是他能忽悠的对象，而且他更清楚，史可法那人绝对有正义感，一定会在国家需要的时候挺身而出，这就够了。

果然，马士英这句虚情假意的话一出口，史可法便给出了一个明确的答复，"居者守，行者御，莫能偏废，敢辞难乎！"接下来，史可法亲自向朱由崧提出，我已下定决心，在国家需要时，到扬州担任督师重任。

听到这个消息，南京士民们不干了，市面上流传出一句话——"为何夺我史公？"太学士陈方策联络一批人立即向皇帝上疏，提出一大堆理由，"淮扬是门户，京师是堂屋，门户要大将，而堂屋里不能没有能臣"。

看了这份奏章，朱由崧很快做出选择。理由很简单，"在这个朝廷里，你们相互之间都是熟人，唯独我是一位新来的，是一位陌生人。要在你们这样陌生的地方、陌生的人群中扎下根来，我要做的事只有一件，就是找个能让我可以依靠的人。那么，我能倚重的人是谁呢——有且只有一位，马士英是也。所以我的选择是马士英守堂屋。"

理清这个道理之后，朱由崧写下批复，"一是史可法前去扬州督师；二是特加史可法太子太保衔；三是你们百官也不要在那里无事生非，如果你们要表示对史督师的特别敬重、特别爱戴的话，那你们到郊外去设宴，去给史督师钱行吧！"

此局，马士英胜出。

既然皇帝都来做大臣的思想工作，又是给史督师加官晋级，又是号召大臣到郊外大摆宴席给史督师饯行，那还有什么可说的呢？那就指望皇帝能好好工作，努力工作，把大明朝整治出点儿效果来吧！最低目标，是把现有的江山保住；长远目标，则是把失去的江山夺回来。

毕竟刚刚即位，朱由崧开始时对群臣是客气的，有礼貌的，宣布实行"国政二十五款"，看上去有新的气象，似乎是一个有所作为的皇帝，而大臣们也对新皇帝能够中兴大明抱有希望。

时间一长，随着皇帝跟群臣越来越熟悉，随着大臣们由先前的陌生人变成皇帝眼前的熟人，随着皇帝对南京这里的软环境、硬环境慢慢地适应起来，朱由崧的真面目就一天一天地暴露出来。

朱由崧开始了第一个动作，对马士英搞"党同伐异"的活儿由不闻不问发展到暗中支持。

看到皇帝如此默契、如此配合，马士英也甩开膀子干。大明朝野，随时上演着一出出结党营私、排斥异己的好戏。

利用自己得意下属的手，玩转自己的领导团队。皇帝与马士英达到了双赢的目标。这样一来，从思想上、工作上、组织上，朱由崧这棵树长得越来越稳当，根子扎得越来越深。

紧接着，朱由崧开始了第二个动作，起用一个人物，那就是"党同伐异"的真正玩家——阮大铖。这人是崇祯钦定"逆案"（魏忠贤案）中在册的人。新皇帝这个不起眼的小动作，让大臣们很快就明白了新皇帝的旧玩法。朝中"拥戴他的人"越来越多，反对他的人越来越少。

在这两个"牛人"的辛勤工作下，正直的大臣如大学士张慎言、高弘图、吕大器、姜曰广，全部被排挤出了弘光朝廷。

要有一个好的身体，就要有一个好的药物调理。好的药物能将毒素排出体外，让营养成分被身体更好地吸引。朱由崧手下这两个"牛人"做的工作恰好相反，他们干的是留下身体里的腐肉，排去了身体里的骨头。试问，这样的身体还能活得长久和健康吗？

有人会问，作为最高领导，皇帝明知纵容下属"党同伐异"是错误的，为什么还放手、还支持、还直接启用下面这类人？

原因在于朱由崧皇帝，真正看到的不是江山，而是他的那个座位，那把金光灿灿的椅子。在朱由崧的脑子里，把自己的位子坐稳了，才是首要的政治任务。如果位子都可能不是自己的，那还要江山做什么？这样的人都是"一切为了自己"，完全被"一己私利"蒙蔽了眼睛，无视国家大局和危局。

接下来，朱由崧的小日子越来越好过。

正直的史可法在外督师，朝臣中没有异己。皇帝想怎么来就怎么来，不会有"不同意""不应该"等异样的声音。于是，朱由崧决定抓住这大好时机，搞几个大的政绩。

就这样，朱由崧开始大兴土木，修兴宁宫，建慈禧殿，大量资金就这样被他在奢靡中挥霍掉了；随时开宴、赏赐无度，国库变得匮乏。一时间，朱由崧"深居禁中，唯渔幼女，饮火酒，杂伶官演戏为乐"，正直的人对他失望了。当然，从一开始，正直的人似乎就对他没有什么大的指望。"朝政浊乱"的景象出现了。

弘光朝廷面临的现实是残酷的，战争就在眼前。在这样一个关系国家命运存亡的重大问题上，马士英、阮大铖托举起来的这群大臣，每天上朝必讲四个字，"讨贼""中兴"。在朝堂上讨论问题时，必定围绕一个政治中心"报君父之仇"。这样的集体思考，结出了一个果实，把弘光最危险、最主要敌人，看成是李自成和张献忠等人领导的大顺军，并由此将全部的军事力量用来防御大顺军。

有人会问，为什么他们会犯这样低级的错误？

此时的大顺军已经被清、吴联军打败，退到陕西去了，一蹶不振。他们不了解。而威胁弘光存亡的力量是清军，他们还是不了解。连史可法在六月份的《款清灭寇疏》里，也提出"目前最急者，无逾于办寇矣"。

清军已经占据北京，清政府力量已进入北京及其畿辅地区，正在河北扩展。清军正在组织力量，做南下征战的准备工作。

有人说那赶紧针对清军即将可能的行动策划相应的方案吧！可现实的情况是，包括史可法在内，弘光的整个决策高层全都说不，"清杀贼，为我复仇。予以义名，因顺其势。借兵而歼丑类，今日之着也。"只能说，仇恨居然也能蒙蔽人们的眼睛，把人们正常的思维程序整个搞乱套了。与清议和，实行"联虏击寇"，已经成为弘光朝举朝一致的看法，成为重要国策。

对于吴三桂这个人，弘光统治集团对其抱有很大的幻想。

得到吴三桂连连战败大顺军的捷报，弘光朝官员无不"举手加庆"。在大臣的眼中，吴三桂就是弘光的大英雄、大救星。太仆少卿万元吉盛赞吴三桂"挡闯百万，屡挫贼锋，功成勒鼎"。

大臣们纷纷上奏章，奏请朝廷建立对付大顺军的铁三角。一是屡战屡胜的吴三桂；二是清兵的援助；三是左良玉的部队。

围绕铁三角幻想，大学士马士英首先行动起来，提出解决吴三桂效忠弘光的方案，"吴三桂宜速行鼓励，接济其用"。五月二十八，皇帝朱由崧批准马氏方案，赐封吴三桂为蓟国公；户部发银五万两、漕米十万石，等等。这些物资，由沈廷扬负责，从海上运至吴三桂部。

与素未谋面的清军之间，该是一套如何的政策、策略呢？经过一番讨论，弘光政权拿出一套方案：一是组成高规格的三人北上代表团，对清军出兵为明复仇表示感谢；二是同清军议和，与清政府平分江山；三是这个三人代表团还兼职做另一件事，将皇帝的敕书、封赏交到吴三桂手上，促使他效忠于弘光，为弘光朝出力。

三人代表团很快组成，一路同行的还有锦衣卫，负责保卫工作。

临行前，三人代表团反复磋商，反复拿捏清政府的胃口，最终敲定与清政府平分江山的具体数据：割山海关外土地，每年给钱十万，以下略。

七月十八日，左懋第、陈洪范、马绍愉三使臣与锦衣卫祖泽溥组成的团队出发，携带的礼品让人想不眼红都难——黄金一千两、白银十万两、蟒缎、里绢万匹……

九月下旬，使团到达沧州（河北沧州）地面，突然得到一个令人不安的消息，"吴三桂已经接受清朝赐封平西王"。

代表团讨论后，做出决定：先试探，派人携带册命诏书先期赶到北京交给吴三桂，看看他的反应。

对于弘光政权的册封，吴三桂的反应就是没有反应。接到册封书后，送信人一走，吴三桂立即将册封文件原封不动交到摄政王多尔衮的手上。吴三桂的意思非常明确——对清朝政权，我忠诚不贰。

在此之前，弘光派沈廷扬送吴三桂的十万石米、五万两犒师银已运到吴三桂的手上。吴三桂不敢接收，这些东西又只得从原路运回。只是一个走海路，一个走陆路，弘光的两班人马之间，没有今天这样方便的通信联系，信息无法沟通。

十月十二日，使团到达北京。三天后，清内秘书院和户部官员来使团驻地拿取礼物。清廷官员拿完一千两黄金、十万两银鞘等礼物后，发现还有一大堆礼物堆放在那儿。

"这么多的礼物，没有认领的主儿？"

官员们开始打听这些堆得像小山的礼物是送给谁的。白银一万两、缎两千匹……真是想不眼红都难啊！

弘光使团正在为吴三桂不收礼物而发愁，正在为如此多的礼物费人工费力气运回去而大伤脑筋。世道太乱，四处是起义军，加上强盗匪寇，带着如此多的金银财宝赶路，仅仅财物的安全保卫工作，就不是一般的难。

三人商量一番后，做出决定：既然你吴三桂不拜福王诏书，不肯出面接待我们一下；既然你礼物也不收，那我们就让这些礼品继续发挥一下礼品的作用吧！三人一致决定，将那些礼品送给这些前来收礼物的清朝满族官员，算是结个私交，给自己在京城办事铺条路子。

接收礼品的官员一听，高兴得合不拢嘴，争相上前抢夺，个个高兴得鼓掌欢呼，扛起礼物便立即跑回家庆祝去了，真的是天上掉馅饼。

代表团一行人在京城的这些日子里，每天都在做同一件事，派出人手去请吴三桂，希望面对面地沟通一下。第六天，大家得到一个消息，"吴三桂已经奉命同英亲王阿济格出征陕西"。所有人这才明白过来，吴三桂那边算是彻底没戏了。

笼络吴三桂的目标落空，铁三角只剩下两只角。大家的想法跟着变得简单，努力经营好清政府这只角。只要成功地联合到清军，用土地换和平，用黄金白银换笑脸，那么，搞定大顺军，理论上就应该不是什么难事。

这个美好的想法，在多尔衮拒不接见的事实中，随即落空。多尔衮将礼品全都收了，至于用土地换和平，至于致祭崇祯、重新埋葬的要求，至于……全都被一口回绝。

十月二十六日，一道逐客令从接见明朝使臣的清朝大臣刚林那里传过来。"你们明早即行！我们已调遣兵将，将你们押送至济宁！"在这句话的后面，还有一句关键的话，传进了使团成员的耳中——回去通告你们的皇帝，我们即将发兵南下！

听着刚林的这几句话，弘光使团成员在精神上彻底崩溃，个个神情沮丧。"不但没有完成皇帝希望的联合、招抚清军的目标，反而引来了清军这个可怕的狼群，如何是好？"

返回的路上，没有一个人说话，大家闷坐在马车中，急匆匆往回赶。

十一月初四，使团走到了沧州。

这时，突然身后跑出五十名清军骑兵。为首的一名将领，不由分说，将左懋第、马绍愉等人全部扣留，统统带回北京，只允许陈洪范一人返回江南。

有人会问，多尔衮为什么要这么做？这也太过分了吧。狠掌不打笑脸人，毕竟人家是来送黄金、送白银、送笑脸、送江山的。

某些让一般人难以理解的事件之所以发生，其实是有它特殊的理由的。简单的说法，存在即是合理的。只是不同人之间的信息量不对等，拥有的资源不一样，站立的角度不一样，因而看问题的结论往往不一样。

多尔衮之所以做出这个让常人难以理解的动作，是因为他收到了一封密信。发信人是明朝使臣陈洪范，发信时间是他刚刚离开北京之时。

如果单单从政治技术的角度来说，陈洪范是一个非常有眼力的人。他一路走来，一路观察，有了一个惊人的发现：对于清军的铁流，已经逝去的明朝无法阻挡，李自成无法阻挡，吴三桂无法阻挡，无论谁都无法阻挡，弱势的弘光政权岂能是他们的对手？在清军的铁流面前，弘光政权必定是螳臂当车。

看穿了这个变乱时代的大趋势，陈洪范每天睡在床上就在考虑同一个问题——我的未来在哪里？离开北京的那天晚上，他终于将方案考虑成熟。陈洪范当即偷偷给多尔衮写信。阐述如下，一是我愿意投降清政府；二是你们把左、马二人扣留，免得他们俩在我身边碍手碍脚；三是我一个人回南京，到了那边，所有的话就由我说了算。这样一来，我就有办法招来刘泽清等诸位将领，从而把江南献给大清。

看到这封秘信，多尔衮感觉这真是天上掉馅饼，不只是掉了，而且还掉在我的篮子里了！运气怎么就这么好呢？好运气看来有时真的是挡都挡不住啊！多尔衮当即安排人手，立即部署行动。

在五十人的骑兵队里，多尔衮特别安排了一个人——学士詹霸，让他向陈洪范密传多尔衮的一句话，"成功之日，以世爵酬之"。多尔衮相信，就这一句话，足以让陈洪范血脉偾张，毕竟你这一票，赚到手的是子孙万代吃喝不尽的富贵！

陈洪范身上接下来发生的事，可以说非常的诡异。陈洪范南返后，第二年六月，这个身体棒棒吃嘛嘛香的人，就不明不白地病死了。

被拘留在北京的两个人，命运则截然相反。对于清朝的威逼利诱，左懋第硬是不屈服，慷慨就义。但多尔衮多少也算有点收获，马绍愉剃发降清。

弘光政权铁三角幻想彻底破灭，多尔衮派遣南下大军的洪流跟着就下来了。弘光政权的豪杰们，你们能挡住这股强大的祸水吗？

从军西征

在京畿，清朝站稳了脚跟，然而却不能挟京城而令天下。李自成退入山西，仍然有着强大的军事实力，占有广阔的地盘；张献忠占领了四川；南方的弘光政权，由于清政府拒绝议和，也变成了必须靠自己武力征服的敌手。

对于清军来说，这三位对手都拥有相当厚实的军事实力，哪一家都不是省油的灯。

同样是占领北京，多尔衮没有像李自成那样迅速被胜利冲昏头脑。身边有范文程、洪承畴这样一群能臣，一起看住这个乱哄哄的世界。

首选战略目标该是谁，三人反复研讨这个课题。

清朝整体战略目标是明确的。之所以有这样精准的结论，在向朝鲜凤林大君传达的话里，多尔衮说道，"得中原，此事无疑"。多尔衮要得到的，是整个天下，绝不是眼下到手的那点土地。眼下的问题是，首先搞定谁？是弘光政权还是李自成？

世间有一些牛人，也就是战略军事家，这些人不一定是最高领导，却整天在考虑最高领导该考虑的问题。下面要说的这位，便是如此。

柳寅东身为顺天巡抚，每天以天下大势为己任，细细考量、缜密研究之后，策划出清军战略路线图。六月下旬，柳寅东向多尔衮进献大计："今日事势，莫急于西贼（指李自成），次第定东南之局。"

历史证明，柳寅东的方案完全正确。之所以有这样的点评，大家接着往下看。

领导的能力，不一定就要脑子灵，不一定能策划出什么超一流的方案，而是要有强劲的选择能力。

在柳寅东的方案面前，多尔衮重重地打了个对号。

下面，另一个问题立即摆上桌面：清军该如何行动，才一定能够消灭大顺军？十几年来，李自成打了无数的胜仗，大顺军队伍里，猛将如云，虽然在山海关吃了一个大大的败仗，可眼下，李自成拥有如此大的地盘，一定会在迅速之间，再度聚集起强大的军事、经济力量，疯狂抵抗清军。当初，大顺军能闯过一道道关山，攻下明朝的都城，绝不是浪得虚名。清军在山海关战场如果不是出其不意，估计也很难打败大顺军。

有能耐的下属，不只是能看准领导遭遇的难题，还能策划出给力的解决方案。恭顺侯吴惟华打听到多尔衮领导正在为毁灭李自成的大顺军难题大费脑筋，立即动手，日夜加班，打造出一套置大顺军于死地的方案。

"既然我能得到这个信息，别的人也一定知晓，想拿下这个功劳的人一定很多很多，人人都在想着如何抢得这份头功。如何在众多的策划者中挤掉对手，让多尔衮一眼相中自己的方案？"反复推敲后，吴惟华拿出一招，给方案取一个响亮的名字。这就是传说中的"标题党"。

八月初一，恭顺侯吴惟华向多尔衮进献"征西五策"。

在方案的题名上，运用数字五，使得方案变得简约、实用、可操作性强，一下子让多尔衮征服李自成的担子由重变轻。多尔衮真是想不眼前一亮都不行。

吴惟华的玩法，让人想起明朝大学士张居正"一条鞭法"的那个"一"字。在运作数字上，双方有异曲同工之妙。

在多尔衮还没有做出最后选择前，我们赶紧看一看吴惟华策划的征西方案。在将领选择上，吴惟华主张选派吴三桂、洪承畴担纲，"吴与贼有不共戴

第六章　复君父之仇

天之仇""洪素为三秦将吏所服"；战术选择上，吴惟华主张兵分两路，一路是正面攻打，一路背面出击。

看完吴氏方案，多尔衮击节赞叹，"可用、实用、有用"，最后决定全盘采纳。多尔衮随即下令：清军悉数从山东调出，全部赶到山西集结。

山西，向来被兵家称为华北锁钥，缘于山西山多，太行山、中条山、五台山等五大山系环绕，娘子关、平型关等关隘险要，易守难攻。更重要的是，占有山西，随时可以出击华北大平原，威胁北京。

正是看中山西重要的地势、险要的地形地貌，看出山西重要的军事战略意义，多尔衮、洪承畴做出同一个决定：第一步，先占领山西。

让人不可思议的是李自成。守着山西重要的关隘，看到清军部队一支接一支开到了关隘门前，大顺军居然没有组织任何的抵抗，就放倒旗子不声不响地撤走了。

李自成为什么会主动放弃山西？为什么不利用地形地势组织抵抗？是清军来得太突然、太猛烈、太强大，还是大顺军不擅长打阻击战，而要在运动战中歼灭敌人？还是大顺军在山海关大战中受伤太重，元气没有恢复过来，经不起大的战争？这没有标准答案，史学家们的讨论、争议也有不少。

不少史学家认为，以往成功的游击战经验害苦了李自成，拖累了大顺军，捆住了思想，让他们放不开。经验主义害死人。

清军入关，明朝灭亡，应该到了将游击战转化为防御战的时候，到了运动战该与阵地战相结合的时候。大顺军如果还不能从游击战的成功经验中走出来，如果不组织有效的抵抗，还是单纯地跑路，还不努力建设稳定后方的话，没有强大而广阔的根据地作保障，要抵抗清军，几乎是不可能的。原因简单，大顺军以前的对手——明朝的政府军，多是地方守军，以步军为主。现在，清军的主力是骑兵，大顺军的两条人腿岂能跑过清军的马腿？在行军速度上，清军占有明显的优势。

山海关之战大败，李自成已经认识到了，清军是大顺军的劲敌。对付这样强大的对手，一定是持久战，这一点恐怕李自成缺少认识。要最终打败强大的对手，要在持久战中保存自己，就必须要有足够大的生存空间。李自成在清军面前反而轻易放弃自己已经完全占领、全面控制的山西。大顺军进行如此大规模的战略收缩，让后人难以看懂。

哪怕节节败退，也要有节奏地退，绝不能未败而先退。只有在败退中发现对手的软肋，才能在之后的作战中反败为胜。

还未开打，李自成先输一局，真让人为他捏把汗。

李自成好自为之吧！希望在强大的清军面前，大顺军能有良好的表现。在清军的三大对手之中（李自成、张献忠、弘光政权），最有力量的，最能扛、最能打的，还就是大顺军。

看到清军刚一开拔到山西，大顺军便逃之夭夭；看到清朝已经稳稳占据河北、山东、山西这几个地方，多尔衮产生了一个新的认识：当下，不单单是出击李自成的条件成熟了，出击弘光政权的条件也已成熟。于是，多尔衮做出决定：不给李自成、弘光政权以片刻喘息的时间，在他们还在做准备动作的时候，就将他们彻底打翻在地。多尔衮迅速发出命令：兵分两路，西、南两个方向同时出击，对李自成的大顺军、对弘光政权同时发起战略总攻。

真是艺高人胆大，兵多人气壮。

西、南两头同时出击，能行吗？一个肩膀同时挑两大重担，可不是那么容易挑得动的，但多尔衮认为清军的肩膀挑得动。十月十九日，多尔衮下达第一道命令：任命和硕英亲王阿济格为靖远大将军，追剿大顺军，目标是攻占大顺军的都城西安。命令平西王吴三桂、智顺王尚可喜率所部从征。

十月二十五日，多尔衮发出第二道命令，命令清军出兵江南，任命和硕豫亲王多铎为定国大将军，恭顺王孔有德、怀顺王耿仲明率部随征。

随后，多铎在全力做部队出发前的准备工作时，突然接到一封军情告急信，西征的清军正在遭遇前所未有的难题。

面对一连串的失败，李自成进行了深刻的反思，最终得出一个结论，"大顺军的肉腿跑不过吴军、清军的马腿"。如何战胜对手的骑兵大部队呢？反复思考中，李自成想出了一个办法，那就是将原来单一兵种的步兵、骑兵，混合编队，组成联动部队。这有些类似我们当代的集团军作战战术，将陆海空联合，形成立体作战体系。

于是，大顺军新组建的联动部队，立即投入战斗，围攻怀庆（河南沁阳）、卫辉（河南卫辉）两座城池。

第六章 复君父之仇

通过实战检验，联动部队果然十分给力，一上战场，就打死清军守城将官二十多名，打死兵丁一千七百余名。两城四周的县城，如济源、孟县等地，已经被大顺军攻占。

怀庆、卫辉守城清军，面对危急的形势，不停地向最高将领求援，努力地向各支兄弟部队求援。多铎突然接到的那封军情告急信，就是其中的一封。

收到多铎的求援信，多尔衮突然有一个感觉，大顺军的力量还很强大，不能小看。于是，他立即改变进攻江南的计划，重新部署，调用已经出征的阿济格、吴三桂，先救怀庆，转攻陕西，再取潼关；命令多铎所部停止南下，采用两军突击的办法，与阿济格、吴三桂配合，两路会攻李自成；最终目标是会师西安，合力进剿李自成。

接到新的指示，多铎立即停止南下，率部以最快的速度向西进发。

绝不能因为一连串的失败就小看了大顺军，李自成的实力实在可以用"雄厚"两个给力的字来表达。李自成的手上重新集结了数十万大军。大顺政权占领的地域，也同样可以用"广阔"两个给力的字来形容。坐拥陕西、甘肃、宁夏、湖北、河南等地区，如果好好经营一下，大顺政权的实力绝对是不容小觑！凭着这些实力，再加上还有广阔地域做依托，理论上大顺军完全可以跟清军抗衡下去。

当然，战场不是理论上如何，结果就如何。谁胜谁负，实在难料。

回到西安，李自成一天都没有歇着，为反攻清军，他正在紧锣密鼓重新进行新一轮的军事部署。

攻打怀庆，是整体军事大部署前的一个小试验。怀庆试验让李自成找到了很好的感觉，也重新找回了自信。

人心变化之快，有时真的让人很难琢磨。得到多铎率领清军大部队抵达怀庆附近的消息，李自成的心理阴影突然发作。没有跟多铎的大军在怀庆好好地打上一仗，没有考虑围点打援的战术而设下埋伏从而消灭清军的有生力量，李自成便率领攻城军队直接撤退。一朝被蛇咬，十年怕井绳。李自成掉进了自己为自己设置的心理阴影中而不能自拔。

多铎率领的清军没有任何阻碍地前进，一直来到距潼关二十里的地方扎营。

李自成得到一个确切的消息，清军正分成南北两路，对大顺军进行夹击。这个消息让李自成顿时发觉大顺军可能会腹背受敌。

李自成原来的方案是明确的，"怀庆试验成功后，大顺军主动出击清军"。大顺军是主攻方，清军是防御方。大顺军整个反攻方案类似当年从西安出发打向明朝都城北京的路线图。

怀庆试验，居然引来了清军大军，而且清军这一次倾巢出动，追上门来打。这是李自成没有预料到。

面对清军迅猛无比的进攻，突然之间，李自成感到手足无措，原来制定的反攻方案里，完全没有设想到会出现如此可怕的局面。

面对突然而来的新情况，李自成赶紧丢掉原来的方案，重新考虑新的部署。清军攻势作战，打破了李自成原有的整体军事部署，也打乱了李自成原本的计划，李自成陷入了被动挨打的局势之中。

李自成、刘宗敏率领部队走出都城西安，直奔潼关。这里已经清军云集，形势十分危急。清军一旦攻破潼关，就可以无障碍地直取西安。

李自成决定，在这里狠狠地跟清军干上一仗。"吴三桂与阿济格的北路清军进展缓慢，短时间不可能跑到潼关这里来。这就是大顺军的大好机会。"李自成将这笔账算得十分清楚。

十二月二十九日，潼关战斗打响。刘宗敏向多铎的清军首先发起攻击战。

首战失利。

李自成没有气馁，指挥大军，连连向清军发起进攻。双方大大小小战斗不断，一直持续到次年（顺治二年，1645 年）正月。非常让人不解的是，大顺军所有的进攻，全部被多铎的清军一一击退。

谁也搞不定谁，双方僵持在潼关之前。

这时，一道接一道的消息传到李自成的耳边，北路清军正在向着西安的方向一步步推进。

李自成突然发现，多铎率领的清军，之所以一直不主动进攻，一直采取守势，原来是在故意拖延时间，是在等着北路清军的到来。

另一个想法又从李自成的心里冒了出来：吴三桂、阿济格既然率领清军绕道北行，那就一定不走潼关，而是直接攻打西安。想到这一层，他迅速做

第六章 复君父之仇

出决定：留出一小部分军队，依托潼关天险，守住潼关；主力大军撤出潼关，奔回西安，做好都城守卫战的准备工作。

多铎一直在等待这个机会。他断定必是北路大军胜利进军的消息传到了李自成的耳朵里。于是，多铎迅速下令，向潼关守军发起猛烈进攻。

与清军相比，潼关的这点儿守军，就差不多等同于鸡蛋与手榴弹的差别。虽然有潼关天险，守将马世耀仍然抵敌不住清军的进攻。在抵挡了一阵之后，大顺军只得投降。正月十三日，清军占领潼关。

西安失去屏障，大门敞开，一时间陷于危险境地。

对于大顺军来说，潼关大战是一场决定命运的战略性大决战。守住了潼关，就拥有了稳定的后方根据地；丢掉潼关，西安就必定保不住。根据地一旦没了，大顺军将会再度陷入流动作战的可怕境地。

占领潼关的第三天，即十六日，多铎率领清军向西安进发，两天后到达西安城郊。

回到西安，李自成没有看到北路清军的任何踪影。"这个消息绝不会是空穴来风"。李自成坐在皇宫里，算来算去，算出一个结论，西安即使想守，也一定守不住。十三日这天，得到潼关被攻破的消息，李自成当即决定，放上一把大火，焚毁宫室；各人带上妻儿老小，向商州方向转移。

十六日，多铎指挥清军轻轻松松占领了几乎是零布防的西安城。

站在西安城楼上，多铎百思不得其解，这里连北路军的影子都看不到，他们到底去了哪儿？总不会人间蒸发了吧？

答案是，北路军正在忙，他们正在北方蒙古大漠那里做生意，赚大钱。

阿济格、吴三桂、尚可喜定下的军事战略目标明确，"出山西大同，会同蒙古兵，进入陕西，从那里出击，向大顺军的背部发起猛烈的攻击"。

三位领导都喜欢做一件相同的工作，将沿途征服的城镇，如宣府、大同等，搜刮无遗。

明朝平稳地存续了两百多年，城市中的富贵人家世世代代积累了大量的财物，储藏了无数的珍宝。在阿济格、吴三桂、尚可喜的眼中，别人家的珍宝就是用芝麻开门的秘语打开的宝库。而手头的军队，就是打开宝库的那个开门秘语。

向北征讨，岂不是个发大财的好机会，岂不是个大大的生意？真是想不抢劫都不行。

抢财物就必定会耗费时间。

三个人感觉在边关、在内地这么弄还不怎么过瘾，便决定到蒙古那边再去发一笔大大的横财。于是，三人领兵到土默特、鄂尔多斯等地，抢掠驼马，逗留了一段时间。

这样一来，到了年底，这支军队才从蒙古那边忙完，回到山西保德州，从那里渡过黄河进入陕北。

发足了财的大军，再跑回来时，估计连阿济格、吴三桂、尚可喜都没有料想到，他们来得正是时候。在多铎部清军的猛烈打击下，大顺军正处在迅速瓦解之中。

这真是应了那句话，来得早不如来得巧。

阿济格、吴三桂、尚可喜几乎没有用什么力，也几乎没有打什么像样的仗，只是对着沿途败下阵来、流散各地的大顺军，不停地做同一件事——招抚。

就这样一路走来一路招抚，这支清军来到了榆林城下。

榆林城里住着一位能人——守将高一功。他是李自成的心腹大将，决定誓死抵抗清军。

阿济格、吴三桂、尚可喜掂量一番，商量之后得出结论：短时间内，榆林城拿不下来。如果在榆林恋战贪战，肯定会误了进攻西安的行期。于是，三人一致做出决定，派姜瓖为总督，率领降将唐通、王大业等围攻榆林。对榆林城围而不攻，将高一功困死在榆林城中，同时防止高一功率大顺军尾随清主力大军西行。清军主力则迅速向西安方向进发。

唐通指挥围城部队开到榆林城附近的双山堡，安营扎寨，这就是要做好长期困守榆林城的准备，绝不能让高一功跑出榆林城。

如何才能困住高一功呢？唐通想出了一个办法，他向高一功写信，约他出城交战，用战斗的办法留住他。

"哈哈，我把你拖到榆林城边，两军慢慢地打，念动拖字诀，让你腾不出身子，便大功告成。

顺治二年（1645）正月十二日，唐通将约战信送出。

接到唐通派人送来的约战信，看过来看过去，高一功很快就看穿唐通的那点小伎俩。"你们清军主力大军向西边开走，留下你这拨人马跟我纠缠，岂不是醉翁之意不在酒？"

"如何摆脱这股清军的纠缠，如何阻止清主力大军西进？"反复琢磨中，高一功想出解招。

第一步，对邀战信不置可否，让唐通处于等待中，让唐通在观望中心神不定，为自己的第二步打下伏笔。

第二步，命令部队迅速整顿，两天后全军悄悄撤走，撤向延安城。"在那里与李锦（李自成侄儿）的驻军合军一处，形成合力，阻击清军主力西进。"如果在延安城能挡住清军的铁蹄，如果能够利用延安城拖住清军的这支主力，就为李自成赢得了时间。

第二天，唐通坐在军帐里，一边喝茶，一边跟将官们聊天，一边等待高一功的回信。正在心里盘算着，如果高一功出城作战，如何不求速胜，只求慢拖。突然听到消息，高一功正率领军队，冲出城门。

唐通立即命令军队列队迎战。紧接着，传来消息，高一功率领大军向西逃走。

"大顺军的逃跑动作，实在是快，没有给我们留下一点反应的时间。"

"抢占这座城池，必定有钱可赚，而尾随追击，极有可能会小命不保。像高一功这样久经战阵的人，必定会在逃跑的路途设下埋伏。"

这天晚上，即正月十四日晚上十时，唐通率领部队直抵榆林城下。经过一整夜的攻城战，天亮时分，清军成功攻入仅有少量大顺军驻守的城池。

拿下榆林，除留下一小部清军守城外，其余清军随即向西安方向进发，追赶主力大部队。

如果大顺军驻守的城池全都像榆林城这样轻易丢失，后果将不堪设想。

阿济格、吴三桂率领的主力大军到达延安郊区时，发现这里有李自成侄儿李锦率领的守城部队，在依托城池抵御清军。

阿济格、吴三桂正忙着寻找有利的地点驻扎大军，突然，高一功率领的部队出现在延安城边。清军还来不及反应，高一功便率领大军迅捷跑进延安城中，与李锦兵和一处。

现在，延安城里，大顺军不只是有城池的保护，还有高一功的部队增强过来的防守力量。

"如何破解延安城池？"面对高墙重兵，阿济格、吴三桂反复研究，想出了一招。

先前攻打榆林城时，采用全面进攻的方式，结果高一功用了缩头功，缩在城中不出来，清军短时间内破不了城，还拖不起时间。这一次，清军接受教训，改变方式，采取分道进逼的办法。具体来说，就是找准城池的弱点、软肋，在城墙最为薄弱的地点，投下最强劲的力量，而在城墙又高又厚的方位，则投放小部分军队实施牵制。

这类似田忌赛马的套路，用自己的优等马对付对手的劣等马。

李锦、高一功念动守字诀，拼死守城。

让人想不通的是，只看到守城的与攻城的在城墙边上死磕，却没有看到任何一支大顺军前来解救。如此这般的被动防守如何能成事？面对数倍于己的军队，没有外援的战斗就是无力的坚守，守城士兵的信心随着时间的推移，只会一点点地丧失。

大顺军在延安城坚守了二十天。其间，李锦、高一功没有收到任何援军的消息。二人看不到能够守城成功的希望，只得最终做出决定，率兵突出城外重重包围，逃之夭夭。

于是，延安城被清军拿下。

正是由于延安城受阻，北路清军又一次延误了时间。因此，我们看到，当多铎率领的清军拿下西安时，连北路军的影子都还没有看到。

然而，正是北路军在榆林、延安一系列的胜利，给了李自成从未有过的压力。在两路清军的强大压力下，在腹背受敌的困境下，李自成才不得不做出撤出西安的决定。

得到拿下西安的消息，清朝统治集团没有停留在欢呼胜利的喜悦中，多尔衮立即命令多铎带队，按照先前制定的南征计划，向南明弘光政权发动总攻击；阿济格、吴三桂率领原部人马，完成征剿大顺军残部的任务。

第六章 复君父之仇

闯王覆灭

这几天，阿济格都在想一个问题，"我在蒙古发大财，朝中许多人必定眼红。误了进攻西安的行程，这个把柄已经落在了那些人的手中。多尔衮那是在明确无误地警示我。那么，这一次就是个机会，必须用好这个追剿大顺军残部的机会，取得成绩，才有可能堵住朝中某些蠢蠢欲动者的嘴巴。"

阿济格迅速会同吴三桂等将领，率领大军，立即动身，朝着李自成奔命的方向追过去，绝不可让李自成逃出自己的视线。

消息不停地传来，"大顺军跑得真是快，已经逃到了河南"。

阿济格指挥清军朝河南方向追击，三月，清军追到河南地面。

跑路早已是大顺军的看家本领。发现清军尾随而来，李自成立即指挥大顺军拔起营帐，向南跑进了湖北境内。

"哪里才是安全的地方呢？是深山老林，还是有着高城厚墙的大城市？"一旦选择错误，必定是毁灭性的灾难。大顺军大部队正在四处张望，徘徊不定，突然发现，一座空荡荡的城池——武昌城摆在了眼前。

于是，大顺军轻轻松松住进了武昌城。

这里就如一座空城，虽然没有人来迎接，也没有军队抵抗，似乎就是在等着大顺军的到来。

就像拾荒者走进了一座大楼，里面吃喝玩乐一应俱全。大楼里没有人守卫，大门轻易就能推开。李自成毫不迟疑，立即住了进去。

这栋大楼的主人去了哪里？莫非出国去了？

武昌城并非没有主人，守城将领是明将宁南侯左良玉。李自成来到这里时，左良玉恰好率领全班人马离开这座城池，跑到南京办大事去了。

在南京，左良玉正高举着"清君侧"的大旗，剪除福王身边的那位心腹大臣马士英。

什么事竟惹得左良玉如此震怒，非得除掉马士英这个皇帝身边的大红人不可？

答案是因为出现了一个神秘人物。

这个神秘人物是个"太子"，注意是个打了引号的太子。

当初李自成攻下北京时，俘获了大明皇朝的太子，后来还被带往山海关。再后来，李自成被吴、清联军打败，混战逃跑之中，明太子下落不明。

一年后，在浙江金华，突然出现一位自称是"太子"的人。不久，此人被弘光政府的官员发现，浙江府派出军队专程护送这位"太子"来到南京。

接下来就是辨识真假太子的工作。参与者有明朝的老臣，有宫里逃出来的太监。这些人做出的鉴定结论非常模糊：有说是真，也有说是假的。

朱由崧的指示简单明了——严刑拷问。他的目的虽然没有明说，但是后来人都看出来了，就是逼此人承认自己是假冒太子，以便斩草除根。原因大家都懂，如果是真的，岂不是来夺朱由崧的皇位的？

这些消息很快就传到了各地镇将们的耳朵里。

左良玉的手头，没有确凿的证据证实此人就一定是真太子。反复思考之后，左良玉有一个想法，一个可以堪称两全齐美的想法。沿着这个思路，左良玉迅速写成一篇奏章，上疏朱由崧，称要保全太子，以安臣民之心。

左氏方案能解决这道政治难题吗？答案是，这要看对谁而言。

坐在龙椅上的朱由崧，看到左良玉的奏折后，对着左良玉的奏疏，当即给予了最为严厉的斥责。

对于朱由崧的狂言驳斥，左良玉心中不服。然而他却毫无办法，只能放在心里。

接下来发生的事，让左良玉的心里，想放也放不下。

马士英反反复复上奏章，一定要裁左良玉的兵饷。这就是传说中的给不听话的下属小鞋穿。

得到这个消息，不只是左良玉，他身边的部属也特别的气愤。"我们拿脑袋为国家拼命，你们坐在朝堂里动动嘴的人，还要拿掉我们饭碗里那块肉？"这些将官每天不停地、努力地做一件事，鼓动左良玉向马士英兴师问罪。

部属们如此大力支持，左良玉最终做出决定，向马士英发难。

第一步，发布讨伐马士英的檄文；第二步，率领本部人马，赶赴南京"清君侧"，就是传说中的不反皇帝，只反皇帝身边的昏官。

正是左良玉的这番动作，给李自成碰了个正着。所谓来得早不如来得巧。整整一座几乎零设防的城市，真是想不抢占都不行。

第六章 复君父之仇

不费一兵一卒，李自成率领大顺军住进武昌城中。望着美丽无比的大街，李自成十分高兴，当即着手做第一件事，给它取了一个吉祥的名字——瑞符县。

李自成准备长住下去，他也确实在这里住了五十多天。

阿济格、吴三桂得到消息，以最快的速度从后面追了上来。一拨接一拨的清军涌到武昌城四周，将城池围得水泄不通、鸟飞不进。

面对越聚越多的清军，李自成召集将领连夜开会。大家反复讨论，最终决定以瑞符县为依托，跟追上来的清兵认认真真打上一仗。大家有一个共同的感觉，现在部队最需要的就是战胜清军的信心，一定要打一个胜仗，鼓鼓士气。

接下来，李自成派出大顺军中最为得力的大将刘宗敏、田见秀，率领步骑联军五千人出征。

从这一次李自成派出的军队数量上可以看出，虽然大顺军整体人员还不少，然而，真正能打仗的已经不多了。

相对人数以万为单位的清军来说，这五千人又算什么呢？清军从左中右放出三倍的骑兵猛烈冲阵，只用一次冲锋，就将这五千人打得大败而逃。

在李自成面前，清军已经厉害到这个程度——差不多每仗必胜，几乎没有败仗。

残酷的现实，让所有的大顺军将领非常的泄气。"力也出了，命也拼了，怎么就不能胜呢？看来，清军实在是太过厉害，大顺军实在不是清军的对手"。这样的思想一露头，大顺军立即产生了变化。军人也是现实的人，"谁更厉害，咱们就跟谁走。"这样一来，从下到上，军队都没了打仗的心思，大量的人员直接趁黑夜逃跑了。一部分人直接奔到敌军阵营，投降了清军。

还能有什么办法吗？李自成看出来了，这样下去，武昌城必定守不住。

"如何安全地逃出清军越聚越多、重兵围困的武昌城？"

想来想去，李自成想出了一个貌似能保住主力大军安全出逃的办法。

第一步，将军队分成两部分。一是精锐部分，为能跑擅奔的骑兵；二是主力部分，包括大顺军的老营。第二步，分步突围。

精锐部分，率先突围，向兴国州（湖北阳新）附近的富池口方向奔逃，过了富池口就是大山深林，便于隐藏。关键点，是要用这一部分人马吸引清军的注意力，引导清军的大部队从后面追击，从而减轻主力大部队突出重围的压力。同时，主力大军则向九江方向突围。

"如何用一部分精锐力量吸引住清军的主力大部队？这是突围的关键。"

李自成想出了这个关键性难题的解决方案。"我亲自带队，率领精锐骑军冲出城池，冲向富池口，引诱清军主力大部队来追杀。"

这招儿十分给力，也确实深深吸引了清军的注意力。清军大部队，跟在这部分大顺军的后面，紧追不舍。

"如何追击逃亡中的军队？"清军富有战场经验。当初在蒙古大草原，清军就已经练就了追击逃军的高超手法。这个手法，简单来说，就是在对方可能逃亡的路线上提前设下埋伏。这类似赌博，高手凭经验首先预测对方的牌路，然后再拿出自己的筹码。这一次，李自成定下的富池口，就在清军的预测之中。那里，已经埋下重兵，等着这支逃军钻进口袋。

四月初，朝着兴国州附近的富池口，李自成率领这支大顺军疯一般奔了过去。那里是跑进大山的一条主要通道，是深山区连接外面平原地带的关隘所在。这里人口密集，商贾云集。占有富池口，就可以及时补充给养，跑进山里躲藏一年半载，也能随时冲出山攻略四方。

李自成的选择非常有眼力。显然，这经过了精准的算计，既考虑到了自身眼前的安全性，又兼顾到了长远的发展目标。

在富池口，清军的伏兵以逸待劳；同时，吴三桂调集一批水军，从水上将李自成可能逃跑的水路全部堵死。

清军、吴军精心准备，而大顺军绝没有想到，这里居然会有大量的伏兵。大顺军一进富池口，就遭到大队清军的伏击，仓促应战。战斗中，大顺军遭受重创，溃不成军，四散奔逃。

李自成就在这支被清军打散的溃逃队伍中，正带着这支大约三万人马的队伍，奋力逃出清军的伏击圈。

镜头对准大顺军主力。主力大军从武昌城顺利逃出。四月下旬，按照预定的计划，逃到了离江西九江约四十里的地方。

就在大家安营扎寨，准备好好休息时，尾随后面的清军像一群饿红了眼的狼一般，悄悄地追了上来。

当大顺军发现情况不对时，庞大的队伍已经无路可逃。所有的逃路，全部被清军堵死。

双方随即展开大战。

如果在城墙里面，大顺军还有高墙作掩护，抵挡清军的攻击。而现在栖身野外，哪里是这些世世代代在野外作战、在马背上混大的清军的对手？

大战之中，大顺军主力大军遭受彻底毁灭。清军打破大顺军老营，大批将领被杀被俘，还有的投降。

关于李自成去哪儿了，史书上有各种不同的版本。

一是自缢说，见于阿济格、吴三桂的官方奏章。说是李自成战场逃跑，带有随身步卒二十人，逃到一村庄，为村民所困，不能逃脱，遂自缢死。

二是和尚说，这是民间传说版本。说是李自成兵败后，出家当了和尚。有说是去了五台山，也有说是去了武当山。

而相对确切的说法，则是李自成战死于湖北通山县九宫山下。

原来，大顺军于富池口溃败后，李自成带领三万人冲出包围圈。跑着跑着，感觉这支队伍多少有些安全了，李自成突然产生了一个想法。

"凭手上这点人马，在强大的清军面前，只能是泥牛入海。必须找到主力大部队，才有崛起的机会。"

"直插通山县，翻越九宫山，赶到江西九江，与那里的主力大部队会合，这才是最简捷的路径。"

此时，李自成还不知道九江那边发生的重大变故，不知道主力大军已经被清军彻底消灭。

为抢时间争速度，李自成决定只带二十八骑前行。带在身边的人马如果太多，就会目标过大，容易暴露，而且行动速度还慢。

李自成迅速做出决定，将手头这支三万人的部队交给手下人统领，自己带着身边的这二十八位骑手，寻找一条通向九江的便捷小路。

九宫山下，路过李家铺河滩时，风暴突然来临。

当大家歇息饮马时，一大队清军突然出现。所有的随从立即纵身上马，奋力抵抗。骑兵们拼死抵抗，为李自成逃命赢得了宝贵的时间。然而，当李自成逃出战斗圈，感到自身安全时，这才发现，只剩自己孤身一人。

经过小源口时，李自成错误地进入了葫芦造。

这里是一处约两里长的地面，两边是高山峭壁，只有中间的一线通道。走过这个人迹罕至的地方，下面就是牛迹岭。

正赶上长江四月份的春雨季节，李自成在翻过牛迹岭后，遇上了大雨。可不管如何，他还是顺利地翻越了这座山。前面就是小月山了，山下有个寨子叫朱寨，实际上这里是程姓族人的聚居地。

李自成这样一个操外地口音、骑着马又拿着刀的人，惊动了当地的程姓族人。从他的打扮上，程姓族人大概猜出他是谁了。

得到消息，源口寨乡勇头目程九百立即领着一群乡勇来追。就在李自成翻越小月山的路途上，这群人追了上来。此时，山路上到处是树木，无法骑马逃脱，李自成只得徒手与程九百搏斗。

搏斗中，李自成富有打斗经验，占了上风，压住了程九百的身子。当他伸手抽刀来杀程九百时，刀背上有血渍，刀鞘里有泥水，一时之间，竟无论如何也抽不出来。

被压住了身子的程九百拼命地呼救，跟着他一起追赶李自成的另一个人——程九百的一个金姓外甥，立即冲了过来，举起手上的一把铲子，朝着李自成的头部猛击。李自成当即殒命。

这个时间是顺治二年（1645年）五月初二，这在《荒书》《弋闯志》《通山县志》等书中均有相关的记载。相对其他说法，这些记载比较让人信服。

一代英雄人物，居然死于这么一个乡勇之手，真是打死人也不相信。然而，真实情况确实如此。历史就是这样，没法虚构他死于一位清军大将之手。

阿济格万里征战，战无不捷，主要还是有了吴三桂、尚可喜这两支汉军的力量。从这里也可以看出，吴三桂的部队实力相当雄厚，有着极强的战斗力。

彻底扫灭大顺军，是继山海关大战之后，吴三桂为清朝再次立下的一大功勋，他本人也再一次得到了清廷的重奖。

第六章 复君父之仇

第七章
做大的藩王

蜀地渐定

顺治八年（1651年）九月初八，秋高气爽，万里无云，吴三桂喝得小有醉意，正在香甜地睡着午觉。突然，几位朝廷官员来到吴三桂府上，送上了一个重要命令——带兵出征四川。

接到出征四川的命令，吴三桂的耳边又响起了金戈铁马的声音，战斗的热血被强烈地唤醒。

第二年春二月，吴三桂率领军队，带上家人，带上心爱的陈圆圆，走在了通向四川蜿蜒曲折的路上。现在我们还有点时间，正好来看一看此时四川的形势恶劣到怎样的程度，让大清朝廷为何非得动用吴三桂这支力量不可？

此时的四川，暗地里已经是南明永历政权的天下。

这是南明的又一个政权，是经历弘光、隆武等政权之后的一个。

永历帝，名朱由榔，是万历帝的孙子、桂王朱常瀛的第四子。他父亲的封地在衡州，崇祯十六年这里被张献忠攻破，他便逃难逃到了梧州。

南明第二个政权隆武灭亡时，瞿式耜、吕大器、丁魁楚、李永茂这些重要的大臣突然想起了这一家子。此时，朱由榔的父王、兄弟全部死光，只有他逃过一次又一次的劫难，作为这个家庭里唯一的子孙，还活在人世间。

顺治三年（1646年）十月，这些人远远地跑来迎接他即位。他的嫡母王太妃极力反对，强力劝阻。看来这个女人深知这个特殊时期当皇帝要遭遇的种种凶险和重重磨难。原话"此大事，恐不胜任，愿先生更择可者"。然而群臣坚请，用尽了软硬兼施的手法，终于把他弄到肇庆即帝位，是为永历皇帝。

这些人这么出力，是不是因为朱由榔是那个特殊时期特别能战斗的人物呢？

朱由榔还的确是有些能耐。此时，这位皇帝刚刚二十四岁。既然看清了眼前乱糟糟的形势，便立即选择一个很好的地方来发展自己的力量。朱由榔把目光投向了四川。

中国那么大，为什么他唯独看中了四川那块地盘？是不是有着诸葛亮一般的眼力？

明朝灭亡时，起义军领袖之一张献忠，正在努力规划自己的未来。反复研究后发现，四川是个好地方，便立即率领军队，奔向四川。

这是一个正确的选择，可成就一番事业。

事实证明，张献忠的眼光很独到。不久，四川被张献忠抢占到手。

正在高兴的劲头上，准备以四川为根据地向周边扩张势力，张献忠突然发现，远在东北的清军居然出现在了四川的地面上。

这只能怪李自成的军队太不给力。清军消灭了大顺军，紧接着便把大刀挥向了四川。

反复研判四川军情，多尔衮得出一个结论，对付张献忠这个人，不用别人，单用肃亲王豪格即可。

这果真是一个英明的判断。接下来，豪格率领清军来到四川，攻城掠寨，将盘踞在四川的军队打得找不着北，而且杀死了张献忠。四川落入清军手中后，豪格留下一部分军队驻守，便带着大军班师回朝了。

张献忠死了，其残余部队，如孙可望、李定国、刘文秀、艾能奇这些人，率领他们手头的部队逃向贵州、云南，各找深山老林躲了起来。

反复研究天下大势，朱由榔发现四川是一个军事、政治上的空当。明朝那些曾经的各级地方领导、知识分子，明朝那些曾经的将领，他们就一定甘心屈服于清朝的统治？那些已经被打倒的人肯定做梦都想官复原职，个个都在想着那些逝去的权力。那些遗老遗少的心中，肯定澎湃着旧日明朝的激情。这就够了。

朱由榔立即行动起来，他找来明朝的旧官员，真是一抓一大把啊。旧官员们响应积极，个个都恨不得一下子就穿越回到之前，早就梦想着那些失去的权势回到自己的手中来。

朱由榔摆出了第一步棋，大肆封赏，向旧官员们慷慨地赠送各种爵位名号。反正又不发工资，也就用不着正规的考察、晋级等复杂程序。这简直就是乱来。

第二步，分派地盘。朱由榔身边的团队极力促动官员们奔赴四川各地，"我为你们划定各自的地盘，你们在当地据守，赶紧暗中形成势力"。

以原明兵部右侍郎，总督川、陕军务的樊一蘅为例，一下子就捞到了户部、兵部两部尚书的大权，晋升为太子太傅。手握两部大印，入驻四川，主持"全蜀收复大计"。其他的人太多，此处省略，就不一一细说了。

大明的官场架子搭起来了，摊子也在四川铺开了。朱由榔这种零资本投入，以官职为期权的手法，收获如何？我们接着往下看。

现在的四川，明里是清朝的天下，军营里有清朝的驻军，官府里住着清朝的官员。而暗地里，已然是明朝旧势力盘根错节之地。

如果这些人心往一处想，劲往一处使，朱家的好戏就有得唱了。然而旧政权之所以没落、坠落，往往就是由于他的腐败——不只是当官的弄点钱那样的事才叫腐败。眼下，南明派在四川的这些人，没有发力为国家的风险担忧，却实实在在为自己拼地盘，抢生意。

无论是永历任命的将吏，还是那些没有被任命的川中明朝旧将、旧官，只要手中有兵的、有钱的，暗里明里有权的、有影响力的，都在做同一件事——各自拥兵、分地自守。四川境内，挤满了无数个缩微版本的军阀，人人尽可能地扩充各自的势力。相互之间，各敲各的锣，各唱各的歌。

如果只是一盘散沙，各自暗中发展，日后或许有某一支力量做大做强。随着时间的推移，各个军阀之间，由于生存空间狭小，相互之间开始抢占对方的生存空间，互相攻击，争城夺地，争夺地盘。

请大家看清楚，这些人不是对清朝地方政府、清朝驻军发起进攻，而是自家之间首先打起来了，兵连祸结之怪现象在四川出现。

由此，四川局面失控。

这些人之中，明宗室楚王后裔朱容藩最为无赖。

起先，朱容藩在明将左良玉军队中混饭吃。后来，他投奔李自成余部大顺军。混在两个敌对阵营里，说明他是一个不守原则的人。就这样，他两边都混得不咋样，也没有混出什么名堂。

这时，朱容藩混进了永历政权，终于弄到了一个官职，掌管宗人府事务。

看到大伙儿一个个都到四川发财去了，朱容藩也跟着产生了入川的想法。

"如何才能在人生地不熟的四川混大呢？"反复思考中，朱容藩想出了一套方案，这就要一试身手。

刚到四川，朱容藩立即打出旗号"楚王世子"。从明宗室楚王后裔跳到楚王世子的身份，这其中跳了多少个级别，大家心中明白。不久，他自封为天下兵马副元帅。再接着，他高高举起前边的两个大招牌到处游说，取得了很大的成绩，川中一部分将官将信任票投给了他。

有了这些基础，朱容藩向全川将官发号施令，将四川的资源、力量聚集在自己的手中。

朱容藩将自己的府第建设成最高国家机关，把居住的忠州（忠县）改名"大定府"，给住的地方取名"承运门"，称居住的房子为"行宫"。

接着，朱容藩又按朝廷规制，设立祭酒、科道、鸿胪寺等官；凡是依附于他的将领，全都封以侯、伯的爵位。

朱容藩搞乱了人们的视线，许多不明就里的人以为他就是明政府入驻四川的最高领导。

他的这套骗术确实给力，在四川俨然成了蜀中之王，大量的钱、财、物向他这张网中汇集。真可谓乱世发横财。

但后来有三个人的出现，打破了朱容藩精心构筑的捞钱、捞权大网。

四川巡抚钱邦芑，向永历帝上疏，说朱容藩设立种种名目，玩出种种花样，就是设局行骗；并提出主张，派兵讨伐。

永历派督师堵胤锡入川察看实际情况。堵胤锡细细察访一番后，在确认钱邦芑所反应的情况属实后，当面斥责朱容藩无耻乱搞，要求其立即撤去非法名号。

接下来，永历再派督师吕大器深入四川。来到涪州后，吕大器听取各方面的意见，同意李占春提出的建议，由其调集兵马，攻打朱容藩居住的"天字城"（夔州临长江附近）。

听闻兵将打过来了，惊慌之中，朱容藩迅速派出手中军队抵抗，以期给自己赢得逃命的时间，随即便偷偷地逃跑了。

可朱容藩的运气不好，虽然成功逃脱了军队的追击，却被几个当地人捉住。老百姓将他送交军队，被当场处死。

正是朱容藩这类人在四川恣意地抢地盘，抢资源，使得四川的南明政权内部自乱，诸将互相攻杀。

"四川接二连三发生混战，岂不是我们的大好机会？"溃退到云南、贵州的张献忠旧部，立即卷土重来。三股力量（南明、张献忠旧部、清朝）在这里聚集，四川陷入更为复杂、更为动荡的局面。

四川形势急速变化，清政府越来越看不下去，决定用汉人的军事力量对付汉人的反清武装。清政府最终想出办法，决定派吴三桂去收拾那里恶浊的局面。

于是，吴三桂、李国翰带着大部队，从汉中出发，分兵两路，正走在进入四川的路上。现在我们还有点儿时间，来看看四川的军事形势正在发生哪些变化。

这些变化的最终结果是，吴三桂又一次捡漏儿了。

定南王孔有德率领大军进兵广西，与那里的明朝旧势力打得天翻地覆；平南王尚可喜、靖南王耿仲明率领大军，正在强征广东，那里的明朝旧部也在作最后的死亡前的挣扎。这三个人发奋工作，努力打仗，把永历小朝廷的后院搞得鸡犬不宁、不得安生。永历整日处于惶恐不安之中，被撵得无处立足。

万不得已之中，永历想出一套办法：大行改革之道，大搞开放之举，放开陈见，接纳一批明朝的死对头。

孙可望，刘文秀，李定国……这些张献忠的旧部，当初拼命推翻明政权的起义军，在这样的"政治寒冬、军事寒冬"之季，同样做出决定，与永历政权抱团取暖。

面对清军的强势，这两批人马，丢掉旧观念，形成团结战斗的新气象。

孙可望军事实力较为强大。在孙可望的庇护下，永历在安隆安下了小家，立即大加赐封，封孙可望为秦王，封刘文秀为抚南王。

而此时的吴三桂正兴奋地坐在马背上，心道："孔有德、尚可喜、耿仲明指挥大军将南明的力量往死里打，打得南明政权毫无还手之力，这正是我们出击四川的绝佳机会。搞定四川，这个时候出击，必定不用花太大的力气，必定手到擒来、马到成功。"

　　部队也有一段时间没有动刀动枪了，从将领到士兵，所有人早就手痒痒了。趁着旺盛的锐气，吴三桂指挥军队一阵猛打猛攻，四月间就拿下了重庆，杀死南明总兵李廷明，缴获大量战利品。

　　接下来，吴三桂指挥军队包围成都。在吴军的强大攻势下，占领成都的南明军队献城投降。

　　两个大城市被顺利拿下，吴三桂在四川的威望值极速上升，四川各地的南明军，只要一听说吴三桂的大军来了，便立即失去斗志，望风披靡。

　　吴三桂抓住这个大好时机，派出大军，开到松潘、漳腊等地实施招抚。南明将吏个个都是聪明人，看着形势越来越不对头，纷纷见风使舵，明里暗里向吴三桂投诚。

　　仅仅花了四个多月的时间，吴三桂就达到了"蜀地渐次底定"的目标。

　　接到吴三桂的报告，顺治高调赞扬吴三桂的功绩。

　　吴三桂拍拍身上的灰尘，准备好好休息，准备接下来好好经营四川。可突然，也就是在六月二十八日这一天，他接到顺治皇帝一道命令，要他相机进取贵州。

　　"贵州那边有戏了，估计有出大戏了。"望着桌上的圣旨，看着手边剥开的油黄发亮的香蕉，对着身边的几位爱将，吴三桂轻轻地说道。

反败为胜

　　此时，广西正发生着重大的军事变化，孔有德被李定国的军队围困在桂林，随即桂林城被攻破。孔有德无处逃身，自缢身死。

　　这一次的胜利，使南明军威大振。

　　消息传到北京，顺治意识到广西清军正处于极其危险的境地之中。

　　"该怎么办？"

　　"调吴三桂与和硕敬谨亲王尼堪两路清军入贵州，会合之后夹击永历政权。"命令发出去了，顺治却突然发现了一个漏洞，得势的南明军一定不会在贵州那边当缩头乌龟，一准儿会向四川反扑。"现在立即调整部署，尼堪向广西方面增援，吴三桂继续留镇四川。"

这是一个相当准确的预测。吴三桂在接到顺治随后而来的第二个指令时，正感觉莫名其妙时，突然得到消息，南明刘文秀正率部向四川而来，准备大举进攻四川。

七月，有火炉之称的四川盆地，已经变得像火一样炽热。冒着酷暑，刘文秀、王复臣率领步骑六万多人，向四川发起猛烈进攻。在这支攻势凌厉的队伍中，云贵土司"猓猡"的部众穿着奇特，十分显眼。

永历派驻四川的将官，听到李定国围攻桂林的消息，似乎看到了复兴明朝的希望，个个欢欣鼓舞；接着又听到桂林被攻克、孔有德上吊的消息，大家就已经在猜测四川这边一定是要有大事发生。

刘文秀回攻四川的消息紧接着就在大家的耳朵边传开，差不多所有人都在做同一个工作——暗中准备人手，迎接刘文秀军队的到来。

南明军一边猛烈攻打，当地的原明朝官吏一边暗中接应，"诸郡邑为三桂所克者次第失陷"。不久，四川重要城市重庆被刘文秀拿下，吴三桂部将都统白含贞、总兵白广生被生擒。

接下来，刘文秀一刻不停，立即率领主力大军包围吴三桂驻守的叙州。

"刘文秀来势如此凶猛？对方兵锋正盛，我是直面迎战还是赶紧想办法逃脱？"吴三桂反复掂量，"躲在城中，对手人马必定越聚越多，危险只会一天天增加，那还不如打开城门，将大军开出城外，摆阵迎战。如果失败，就向川北方向有序撤退。到了野外，才是我关宁军的天下，才能发挥骑兵的长处。"

制定好迎战兼逃跑的方案后，吴三桂打开城门，将大军开出城池，摆开阵势，准备迎战。

仗着兵多而锐的优势，刘文秀指挥大军直接用包饺子的办法，将叙州城里摆出来的这点军队，完全包围了起来。

刘文秀这招儿果然厉害，一下子就把本来在阵后指挥的吴三桂围困在战阵之中。接着南明军里三层、外三层地围上来。意思很清楚，打不死你也要困死你。

看到南明军越围越多，困在军阵之中，吴三桂指挥军队左冲右突，企图冲出一个缺口。正在努力之中，吴三桂发现这种突围的做法，在经验老道的南明军面前，简直就是白费劲。"我军往左跑，南明军的号旗就往左指，南明军跟着就像蝗虫一样围拢过来。我再往右跑，情况还是一样。"

"照这样打下去，我们这点军队，只会被活活地累死。"突然，吴三桂发现心腹大将都统杨坤发力了。

南明军个个想杀吴三桂立下大功，但无论如何，想立功的人也害怕另一种人，不要命的人。

杨坤就是用这种不要命的架势护卫着吴三桂，吴三桂手中那把神奇的箭随时射向冲过来的南明军将士。两人配合之下，整个部队向川北方向败退，一路狂奔后，逃进了绵州城中，躲了起来。

吴三桂逃命很有经验，在逃命的地点选择上，中间故意绕过吴军控制下的几座城池，一直跑到后方，既安全，又能从容地布置阵势，对抗刘文秀的大军。

刘文秀若是指挥兵马乘胜追击，必定经过嘉定、成都这些吴军控制下的城市。而刘文秀没有被吴三桂的难题难倒，追击途中，南明军队很快就将这些城池一一拿下。

"形势不对劲啊，看样子连绵州也站不住脚，赶紧后撤，继续后退。"于是，吴三桂退到保宁城（四川阆中）中。

刘文秀击败南明军死敌、劲敌吴三桂的消息，迅速传遍永历朝廷，所有人为之欢欣鼓舞。大家能不高兴吗？永历立即动笔，封刘文秀为南康王。

接到封赏，刘文秀非常高兴。谁说吴三桂的关宁军不可战胜？这不一战就胜，再战又胜了吗？刘文秀决定继续追击，绝不给吴三桂以任何喘息的机会。

旁边有位高人看出了其中的风险。"讨虏将军"王复臣掂量形势之后，得出一个结论，不要追了。王复臣向刘文秀直接说道："吴三桂本身就是一劲敌，虽然失败了，可他的本钱还在。我军在连连胜利中已经大变了，变成了骄军。以骄军对劲敌，风险太大。"

人在成功的时候，差不多都有一个毛病，就是听不进与自己相反的意见。对于王复臣的这番分析，刘文秀直接就打了叉号。其实领导的英明就在于他的选择。当下属看出问题时，他能否认真地考虑并做出正确的选择，这才是

第七章　做大的藩王

领导者优秀与否的关键所在。

于是，不听劝的刘文秀继续挥师北上。十月份，大军直抵保宁城下。

吴三桂退到这里已无路可退，除非退出四川。

反复观察形势之后，王复臣有一个强烈的感觉，刘文秀已经走到了危险的边缘，这其中包藏着巨大的风险。他赶紧提醒刘文秀："狗急了要跳墙，兔子急了要咬人。我们现在死逼的对手是一只生气勃勃的大老虎。依我看，城不可围，久围必溃。"

看到刘文秀没有反应，王复臣继续说道："在撤退的过程中，吴三桂的兵力已经由先前在各大城分散布置的状态变成了集中收紧，关宁军全都集中到了保宁。现在，我军已经进入到了一个新的阶段——钓大鱼的阶段。"

"钓小鱼可以一竿子扯起来，钓大鱼却不能这样，必须用拉紧－放松－再拉紧－再放松，这样反复的动作，直到大鱼累得筋疲力尽，才可以缓缓收起。否则，过急使力，过快用劲，不但钓不到大鱼，反而容易拉断鱼丝，甚至折断鱼竿。"

听着王复臣的建议，刘文秀答道："吴三桂守的不就是一座孤城吗？计日可下，将军为何倒如此胆怯起来？"

随后，刘文秀把王复臣的建议像垃圾一样扔进了废纸篓，接着指挥大军对着保宁城发动围城大战。

"如何捉住吴三桂这只大老虎？"刘文秀设下两个大阵，一阵在保宁城西，由勇将张先璧率领；另一阵在城东，由刘文秀亲自带队。

这第二阵是重点，不仅布下重兵，而且还排列出四重功能不同、相互匹配的方阵。第一重是大象阵，前边十三头大象，后面跟进十三营兵力，类似当代战争中的坦克开路、步兵跟进的战法。

十三营兵力配置中，刘文秀做了精心的设计，第一重是使盾牌和长枪的兵，目的是抵住清兵的箭，以及用长枪刺伤接近的清军；接下来是一重持匾刀的兵，这一重兵是冲上去杀掉那些硬冲进阵来的敌军；再后面是抬鸟铳的兵，这一重士兵按指令发射枪弹。

这样的阵式排列，既能防守，又能进攻，对于清军的马队，是重大的威胁。吴三桂还真的没有见过这种阵法。

整个阵势，非常壮观，远远望去，恰似圆圆的月亮，让人产生坚不可摧的感觉，这就将城东死死围住。用吴三桂的话讲，"贼党（指刘文秀兵）薄城下，连营十五里"，的确让人胆寒。

看着如此严谨、奇特有序的军阵，吴三桂的搭档李国翰说道："对手一上来就摆出这样大的架势，凭我方骑兵，难破这样的怪阵。这仗眼下没法打，还是先撤退回陕西再作下一步的打算吧。"

反复看了刘文秀摆出的阵势，吴三桂也看不出对方的任何破绽，也想着往回撤吧，但是一想到另一个人，这个念头立即就打消了。

因为前几次失利，吴军丢掉几座大中城市，四川巡按御史郝浴多次上疏弹劾，指责吴三桂即不能取蜀，还有可能引敌兵入秦境。

一想到这个人，吴三桂心中烦躁无比，痛恨无比。"这就像有人拿着一把利剑，在我的脖子上比画，随时有可能将他那把冰冷的剑刺下来，刺向我热血喷涌的心膛。"

看到李国翰在那里絮絮叨叨，左分析右分析，都统杨珅站出来说话："平西王的威名已经名震天下。今日一退，王的威名即刻扫地以尽。不用太多的分析，今日只有一条路可走，有进无退。"

望着城外黑压压的南明军，听着杨珅的话，李国翰就像没有听到一样，说道："眼前敌众我寡，只有走退路，才能有生路。"

听到这番话，吴三桂望着天空，心里默默掂量着进退中的得与失。

这时，杨珅再一次站出来说道："你要退，你退，吾王独进，与敌誓不两立。"

听了这两个人的对话，吴三桂觉得李国翰分析得在理，但是自己的这群心腹将领一定会像他自己一样看重平西王这块金字招牌，一定会像维护自己的生命一样去保护关宁军的铁骑形象。大敌当前，大家一定不会有丝毫的退缩。那么，还需要什么呢？有了这一点就足够了。如果他今天退了，关宁铁骑就会失去往日的光彩，所有的将领将从此不再以死命为他吴三桂搏杀。相反，今天拼了，他们就一定会拼死力战。

想到这一层，吴三桂突然发觉自己想通了。他下定决心：与对手决一死战。

接下来，问题跟着就来了。强敌面前，该如何取胜？

站在城墙上，吴三桂盯着南明军队的阵势，细细地观察。城东的军阵，看不出任何的破绽。"走到城西，看着张先璧摆列军阵，吴三桂有了重大发现，这支军队表面上看过去军容耀日，而实际上却未经大敌。"这是一群没有上过战场，没有实战经验的新兵蛋子，最多只能摆在阵后站脚助威，而现在居然摆在主战场当主角。"再细看，吴三桂又有了进一步发现，"张先璧这个人，望过去十分骁勇，他也的确号称黑神，然而这人一定勇而轻敌。"

看穿了对手这两点，吴三桂心中有了破敌方案。

对着身边的将领，吴三桂说出一句话来，"此敌，可袭而破之。"

十月十一日，战斗打响。吴三桂连着发出三道命令，第一道命令是给四川本地的军队，"统兵的将领打开城东门，出东路观音寺，迎战敌军"；第二道命令给满汉兵，"大军出北门，北路土地关迎战"；第三道命令给关宁骑兵，"打开城西门，正面出击"。

吴三桂整套做法类似田忌赛马，用自己最好的马应对对手最差的马，一定稳操胜券。"用久经战场的关宁骑军攻打张先璧这支没有经过大战的军队，对方看到我们这群勇敢无比的骑兵，一定会先吓破了胆子。"

果然不出所料，没有经过战阵的军队，实在太不经事，在关宁铁骑气势如虹、飞箭如群蜂的进攻面前，张先璧那边军阵大乱，紧接着士兵们四处溃逃。骑兵追逃兵，正是吴军的拿手好戏。南明军乱象一现，吴三桂当即抓住这个时机，以迅雷不及掩耳的态势，指挥大军放马追杀。

"东门大胜，我们打乱了南明军的军心，增强了我军的斗志，现在是破解刘文秀西门军阵的时候了。"

带着身边大将，吴三桂察看双方战斗的情况。大将吴国贵正带领兵士血战当面。每当吴军前锋发起冲击时，两军的后方都以最高分贝的声音呐喊助威。双方都迫切地希望自己的队伍取胜，每一次进攻中，军队呐喊声皆震天动地，让人心惊。

吴三桂发现一个问题，"虽然我方队伍中有吴国贵这些大将身先士卒，带头冲锋，兵士们也勇往直前，然而，每次攻击的效果都不怎么理想，原因就在于对方的象阵。"大象个头高大，每只象身上驾乘几个绝好的射手，他们就像移动的堡垒。"那些大象背上的士兵，等于是站在高处向着我冲锋的部队发射利箭，使得我方马队无法靠近。即使靠近，那些盾牌队伍也会形成一堵无法穿越的墙体。个别突破了盾牌墙的士兵，由于失去了冲击的速度，在接下来的肉搏战中，也往往被对方的厖刀手杀掉。"

"如果我军不发起冲锋的话，对方就会一步步靠近过来，然后是鸟铳队闪现，向我军发射飞弹。"

"天啊！我吴军冲击不了你，你鸟铳军反而能伤害到我？刘文秀摆出来的四阵战法，实在是太厉害了。如何破掉这样的怪阵？"吴三桂在头脑里急急地搜寻对策。

突然，吴三桂发现对方的一个破绽，"是的，你的象阵我破不了，你的四合一的战法，我也破不了。那么，我不去破你的强项，我破你的程序项，行不？"

"对方的程序是象阵、盾牌阵、厖刀阵、鸟铳阵，如果能找到办法，打破对方的程序，让对方出现乱势，我方就有可能乱中取胜。一句话，让对方的阵容出现乱势，自己的机会就有了。"

由此可见，吴三桂真是太有经验了。

想到这里，吴三桂不仅有了搞乱对手的办法，还有了破掉对手阵营的终极方案。方案立足于对方阵势出现变化必经的一个环节——闭合。敌方阵营一旦乱了之后，为着稳定阵势，必定会出现再度合阵的环节。吴三桂的方案就是从这里下刀子。

吴三桂派了一支人马，向对方发起进攻，接着佯装败退，再接着在吴军的后阵故意派人乱跑，形成后阵阵势错乱的假象，目的——诱敌出阵。

果然，刘文秀中计。看到吴军败逃，又看到吴军后阵出现乱像，以为是机会来了，便立即派出骑兵进行追击。为着放出骑兵，封闭式的月圆阵当即开口丈余。

看到对手阵营开了口，吴军中那些经验丰富的数百骑兵立即返身，发起冲锋。就在刘文秀反应过来，准备指挥阵口闭合时，已经有数百名吴军骑兵卷入阵内。

这些骑兵个个都是马背上的优秀射手。阵内骑兵一齐发力，向南明的兵士疯狂地射箭。

此时执盾牌的兵士正面向阵前，没想到会从背后射来利箭；阵内厖刀兵与鸟铳兵都没有能挡住箭矢的盾牌，顿时大乱。吴军每射一轮箭，南明军便当即倒下一大片。

趁着南明军阵内的这股乱势，阵外的吴军发起猛烈的冲锋，一下子就冲进了南明军阵内。刘文秀设计的封闭式的圆阵最怕的就是乱。阵势一乱，四程序就被打破，整个阵势无法再坚持原来的闭合形式，迅即崩溃。

吴军发力的方式，其实就是三点：冲击对方的速度，善于抓住机会，从背后追杀。现在，这三点一下子全部出现，在这样的情势之下，刘文秀的兵士要想活命，就只有一条路可走——拼命奔逃。

吴三桂带着部分追兵向王复臣所在的南营冲去。

王复臣一直不主张围城，知道这一次一定没有好果子吃，他心道："我军东西两大阵营全部被吴兵冲垮，我这小小的南营岂能独存，现在我能做的，只有努力地坚持，不要让南营一下子全垮掉。"

在敌军阵营中，吴三桂最为关注的就只有一个人物——王复臣。"那是一个非常有脑子的人，如果刘文秀听从了他的建议，采纳了他的方案，现在说不定两军还在纠缠不休，最后拖死的也许就是我了。是的，一定不能让这样有脑子的人跑了，最好是促成他投降到我军这边来。"

乘着胜利的劲头，吴三桂指挥部队合击王复臣部，终于把他围了起来。

看着围住自己的吴兵越聚越多，王复臣挥刀连砍，相继杀掉几个人。"这些吴兵就像夜晚不要命的飞虫朝着灯火直扑？"王复臣终于是明白了，"我这是被吴三桂盯上了，一准逃不出去。有句话说得好，不怕贼偷，就怕贼惦记。被吴三桂那样的人惦记上了，还能跑得掉吗？"

看到围住自己的吴兵越来越多，王复臣对着上天仰头长叹："大丈夫岂可为敌所辱？"说完这句话，他挥刀自刎。

看着眼前这一壮烈无比的场面，吴三桂的将士无不惊叹。

听到王复臣自刎的消息，吴三桂叹息道："王复臣能如此看清形势，真是一神人啊！假如刘文秀按他所说，我军休矣。"

此时的刘文秀骑着一匹好马，跑得比谁都快。一些南明残兵跟在他的后面，向着云南的方向，迅捷退去。

"反败为胜，而且还是大获全胜"，吴三桂非常高兴，"我这也算是创下了一个奇迹，一下子将四川危险的战局完全反转了过来。"

站在这些可怜的失败者面前，吴三桂做出决定："现在，我要做两件事。第一件事是杀人，杀掉一大批人。第二件事还是杀人，借皇帝的手来杀掉一位该杀的人。"

"为什么四川形势这样反复？"对着身边的大将，吴三桂说道："就是这些南明的将领、士兵，他们今天投降，过一阵子就反。既然从思想上无法教育他们，那就从肉体上彻底消灭他们。"吴三桂发下命令："斩杀两百位南明军将领，杀死四万名南明军士兵。"

做完这件事，吴三桂决定做另两件大事，向那位弹劾他的郝浴痛下杀手。"必须永久封住那批想着法子在我脖子上动刀子的人的嘴巴，让某些想从我这里找升官发财之路的人，想踩着我的肩膀上位的人，永远断了想法。"

在捷报的文末，吴三桂特意附上一段说明文字。这段文字，把郝浴往刀口上送，"臣当初之所以退走，是以引敌出险以歼之。兵家之计，不可先传。按臣书生（指郝浴），不知兵事，妄言摇惑众人，几败大计。"

在把自己战场失败的事扶正之后，吴三桂立即对郝浴狠狠地咬上一口，说他是"饰词冒功"，一定要求皇帝对他重重处罚。

真个是打了胜仗，满嘴是理。这样做就能达到一个目的——陷郝浴于获罪之地。

作为最高领导，顺治的做法很简单，当然是谁胜谁有理。"我要的就是吴三桂这样的人才，丢个把郝浴这类的人算什么？"顺治立即传旨，在圣旨中谴责郝浴，要求严加审问。负责审讯的大臣，个个都是看皇帝脸色行事的高手。于是，大臣们秉承旨意，将郝浴定为死罪。

不过，后来皇帝却开恩，免去郝浴死刑，改为流徙盛京（沈阳）。

跟着郝浴一起倒霉的还有大学士冯铨，当初就是他一个劲地推荐郝浴。这一次，他也获得了一个"荐举不实"之罪，被顺治斥责，还连降三级官职。

一纸具文，就让朝中一批重臣失势，获死罪。可见，吴三桂已经牛气到了何种程度。

吴三桂要的正是这个效果——杀鸡给猴儿看。这就告诉那些想在他背后动刀子的大臣，"你们得慎重点，看清楚了你们面前站着的人是谁！"

按图索骥

到顺治十三年（1656年），清朝对中国大陆地区完成了基本的统一，只有位处边陲的云南、贵州存有永历政权，东南沿海存有郑成功的军队，这两股力量在继续抗清。对于清政府来说，他们已经不是什么大的威胁，但也不能不除去。

就在清政府高层努力寻找平定云贵的机会时，一个机会扑面而来。

顺治十四年（1657年）九月，南明永历政权秦王孙可望携带妻子奔赴长沙。出乎所有人意料，孙可望突然向五省经略总督洪承畴投降。

"这是什么？天上掉馅饼了！"得到确切的消息后，顺治皇帝反复琢磨，"永历政权这一次必定是内部出现了大矛盾、大分裂，这岂不是我方出击的天赐良机？"

顺治皇帝经进一步琢磨，又有了第二个发现："孙可望这人有利用价值。这个利用价值有多大？那就要看我怎么来唱这出戏。用他来分化一批人，拉拢一批人，向永历政权的领导阶层，昭示投诚大清的好处。"

正如顺治皇帝所猜想的，此时的永历政权内部正在经历一次大动荡。

当年，张献忠收了四个义子，孙可望、李定国、艾能奇、刘文秀，其中孙可望为兄长。张献忠战死后，四川陷入清军之手，四兄弟带着叛军全部逃到了云南，在那里招降世守云南三百年的原明黔国公沐天波，随即据有整个云南。

四个人相继自封为王，都想做老大。毕竟最大的王只能有一位，于是，四人开始各出奇招暗中陷害对方。

有一次，在演武场上，当着全军将领的面，孙可望找了个不是理由的理由，下令捆住李定国，责打一百军棍。

事后，他又亲自来到李定国家里，百般解释。

他这样玩的结果可想而知，两人之间的嫌隙越弄越大。

后来，大家都降了永历政权。

在永历面前，孙可望求封王爵，他心满意足地得到了"秦王"的爵位。永历心想也不能冷落了李定国，于是再做出决定，封李定国为公。

李定国坚决不接受，说出来的理由却冠冕堂皇，"我等无尺寸功，何敢受朝廷之封！"

孙可望听了，心里那个恨啊。"你这话，不就是冲我而来的吗？你这不是损我还是什么？你这就是侧面指责我无功受禄。"

孙可望嫉贤妒能之心极强，特别是在李定国取得桂林大捷后，他更是十分眼红。"如何除掉李定国，除掉这个竞争对手？"孙可望想出一计。他以庆贺桂林大捷为诱饵，设下酒宴，约李定国到沅州（湖南芷江）会面。孙可望暗中埋伏人手，并下令以摔杯为号，找李定国一个不是，扑而杀之。不过由于走漏风声，计划落空。

李定国气愤啊，对着身边的人，说道："本欲共图恢复，今忌刻如此，安能成功？"

"在义兄义弟中，你是兄长，我搞不过你。咱井水不犯河水，行不？你在云南发展，我去广西，行吧？"于是，李定国率部出走广西。

得到这一消息，孙可望极为恼怒，还想不服我管？得到李定国已兵出柳州的消息，他立即派出冯双礼率三万兵马从背后追袭。

"他们这是为我带的那些粮草而来的，估计是来抢夺粮草的。"心念及此，李定国想出一个计谋。

李定国先是放弃一部分粮草，让冯双礼迅速得手。就在冯双礼正高兴时，李定国派出一支军队偷偷去放火，烧了那些粮草。趁着冯双礼的军队混乱之机，李定国立即率兵杀了过去。

李定国的回马枪杀得冯双礼大败而逃，并由此赢得了生存空间。

投入永历政权，孙可望发现永历实际上没有什么军事实力，只是那个皇帝实在是一块金字招牌，能让明朝的旧官们俯首帖耳。孙可望很快有了想法："凭我手中的军事力量，完全可以操纵朝政，把永历弄成一个傀儡。之后，通过我的将官的手，逼永历禅让大位。"

由于遭遇明朝旧官员的强烈反对，孙可望的第二招没有成功。

不过，他很快又想出了新招，"我自己设内阁，自己铸大印，想怎么干就怎么干。"

正当他很舒服地享受这份美好的感觉时，却突然发现还是有不少人反对他。他想那就杀一批反对的人。正在寻找杀人的机会时，一个机会却送上门来。

顺治十一年（永历八年，1654年）三月，永历受不了孙可望的逼迫，秘密传旨李定国"带兵入卫"。不过，这个消息非常不幸地被孙可望探听到了。

"这是个千载难逢的机会"，孙可望立即与马吉翔、庞天寿密谋，"以永历的名义，下达圣旨，捉拿参与此事的十八个人。"马吉翔、庞天寿立即动手，将大学士吴贞毓为首的十八位大臣全部判为死刑。

十八颗人头齐刷刷地摆在地面上。孙可望道："你们这些人，还有谁敢跟我对着干吗？"

这么个可怜巴巴的小朝廷已经到了山穷水尽的地步，内部还这样争权夺利、结党营私，这样的政权还能复兴吗？如此腐败的政权，即使能生存下来，对于广大的人民来说，又有何益？

顺治十三年（1656年）三月，永历的密诏终于传到了李定国的手里。

堡垒最容易从内部攻破，是因为内部的人最了解内部人的招数。对于孙可望的那几招，李定国十分清楚。

于是，李定国率兵发动袭击战，轻轻松松打败了孙可望的守备部队，成功抢到了永历。接着，他把永历的一班人马连夜迁到昆明，号为"滇都"。当然了，因护驾有功，李定国得到封赏。

"被你这个小弟弟打败，从我手上抢走了我最心爱的玩物，我不甘心啊！"经过一番准备后，顺治十四年（永历十一年，1657年）八月，孙可望率领大队人马，号称十五万，浩浩荡荡开赴云南。孙可望心道这次一定要把我失去的再抢回来。

在兄弟之间玩权术，孙可望是一把好手，可现在要在战场上见真功夫，他岂是李定国的对手？只一战，李定国就把孙可望的十数万人马杀得大败而逃。逃到三水时，孙可望发现身边只剩两百余来骑；逃到贵州时，只有骑兵十人。而身后步步紧追的，是刘文秀、白文选两路剽悍的骑兵。

望着身后尾随而来的大队追兵，狂奔中，孙可望越来越绝望，"哪里才是出路，哪里才能躲过这两人的追兵？"最终，孙可望发现，"上天居然为我留下最后一条可能的出路——降清。只有靠上清朝这个大靠山，才有可能最终摆脱身后的追兵。"

因为战斗失败而被南明追杀的那批人中，除了孙可望降清外，陆续来降清、来请求清兵保护的，还有总兵、都督二十二人，副将、参将、游击等将官百余人。

接到孙可望投降的奏报，顺治在第一时间（十二月初六）颁发敕谕，封他为义王。

接到由洪承畴亲手递过来的圣旨，孙可望大出意料，大喜过望，万分感激天恩，当即写奏疏，表达对清廷的由衷感谢。

紧接着，因为首降与联络之功，孙可望的总兵官程万里得到顺治丰厚的奖赏。皇帝赏赐的衣帽、腰刀、带靴、银两等物品迅速被大清官员抬到了他的家里。

洪承畴看出来了，顺治这样做的目的，绝不只是要归降者感颂皇上大德宽仁，更重要的是要使之远近传播，最终的目的，绥靖南服。皇帝一定是在用收揽人心的手法，达到瓦解永历政权的政治目标。

很快，洪承畴得到消息，顺治要召孙可望进京。"这里有大戏！"洪承畴向身边的大将说道。

接到进京的圣旨，孙可望看出大清皇帝的意图来了，"这绝不是向我施恩，一准是盯上了他梦寐以求的云南、贵州，顺治的心好大啊！"启程之时，孙可望立即动手准备皇帝最想要的两样东西。

孙可望到达北京后，于大殿上，当着众人的面，捧出滇、黔地图，献上自己一路上反复策划的进攻云南的方案。"在整个北京城里，现在最知道云南情况的，除了我，还能有谁呢？绝不会有第二个人超越我对云南的了解，这个大功，非我莫属。"

策划案的最后，孙可望作了一个特别的提醒，"恐李逆（指李定国）收聚望（指他自己）兵，踞占望土，则整顿既妥，动摇必难。"他提示顺治，"趁着我的士兵还倾心于我，抓住这一难得的时机赶紧出兵，一天都不要拖，则皇上一统之业永固。"

孙可望这一炮放到了皇帝的心坎上，顺治要的正是这个宝贝。

看看山，钓钓鱼，望望美丽的天空，此时的吴三桂正享受着悠闲的时光，不过，他的眼睛却没有歇着。

第七章 做大的藩王

他每天都在盯着云南那一摊子，那里是他的对手逃跑、藏身的地方。吴三桂就像一个职业猎人，从他的手上逃跑的猎物所藏身的地方，岂能不被他高度关注。只要一有动静，就有可能带着猎狗迅速出击。

从孙可望突然降清这件事中，吴三桂有一个直觉，永历政权这一次是自己严重削弱自己，内部极不稳定。就像一个人，眼下正患上了一场大病。要搞定这样的人，没有比这更好的时机。如果等他病体复原，那就迟了。

"这将是一个大功劳，为何不抢？难道我就一辈子缩在汉中盆地，缩在这个当年项羽围困刘邦的地方？汉中这里，四周都是清军，在这里，天长日久，势必会被堵死，梦想一定如温水煮青蛙一般，在毫无知觉中，被慢慢地煮得皮松骨头烂。"

吴三桂心想一定要赶紧抓住这个机会。于是，他迅速上疏皇帝："孙、李治兵相攻，变化之际，人心未定，大兵宜速进贵州。此下庄刺虎之时也。"

孙可望、吴三桂两人的话一齐摆在了顺治的案头。出兵云贵的时机，真的成熟了，顺治感觉非常好。

顺治十四年（1657 年）十二月中旬，清政府最高层最终做出决定，实施三路进军云贵方案。

第一路，吴三桂与李国翰，由汉中出兵，经四川，直取贵州。

第二路，固山额真（都统）赵布泰，会同提督线国安，由广西前往贵州。

第三路，固山额真罗托，会同洪承畴，由湖南前往贵州。

三路大军约定，顺治十五年（1658 年）二月二十五日同时出兵。

三路大军，一共有多少兵力？清廷没有直接的记载。从各种资料中，后人统计出一个数字，十万人以上。

"三路清军来攻"，消息传到李定国的耳朵里时，一个非常不爽的感觉立即跑了出来，"真正的麻烦来了，孙可望必定是幕后策划人。该如何挡住清军三路兵十几万人马的大军呢？"李定国决定先走两步棋。

"第一步。眼下把守各处关隘的将领，全是孙可望的人，那就来个大换血，将他们全部清除，防止那些人叛变投清。"

"第二步，在三坡、红关这两处险要的地方，派刘正国、杨武据守，设下伏兵，专门对付三路大军中最大的麻烦吴三桂。贵州是重要的地方，派马进忠防守。"

"手中有了这件宝贝，真是想不取胜都不行"，看着孙可望进献的贵州、云南军事地图，吴三桂快要笑出声来了。这幅地图中，清楚地标明了南明军队驻防的地点、人数和可能设伏的关键部位。

大军每每前进到"险隘要害，行军设伏"的地方，吴三桂立即按图行事，果然是一打一个准。有了敌方内部地图的正确指引，行军打仗变成了一件轻松平常的事，就如当代天空中的飞机一样，按航线飞行，几乎没有什么问题，除非出现恶劣的天气。

四月二十五日，吴军前进到三坡附近。吴三桂早已对这里埋伏着的刘正国的伏兵有所准备。伏兵，最紧要的就是要隐藏自己的行踪，最怕的就是自己的行踪被对方发觉，一经发觉，便要赶紧逃跑。

"我方精心埋伏的伏兵居然早就在吴三桂的预案里。"刘正国很是诧异，他立即做出决定，"还是趁早逃，这样或许能逃得性命。"就这样，三坡的南明伏兵，没有作什么像样的抵抗，便经水西（黔西）向云南方向逃去。

接下来是吴三桂全程收降南明军队的时间。

在桐梓，明将郭李爱、刘董才等率军投降，这其中包括官兵以及家属、大象部队。到了贵州北部重镇遵义，这里的守军举城投降，在这里，吴三桂不费一兵一卒，得到了三万石储备粮的给养。天上掉馅饼，路边捡大钱，就是这般美妙的感觉。

从湖南出发的中路清兵，同样也没有遭遇什么大的抵抗，一路进展顺利。抵近贵州时，明守将马进忠放弃守城，率领手下军队直接逃回云南安顺。

赵布泰率领的西路清军同样是一路报捷，"大军已抵贵州，所过地方，俱来就抚"。

可以看出，顺治的这两招儿的确起作用了，确实抓住了进攻对手的大好时机，用上厚集兵力，同时厚奖孙可望等降清的南明将领，起到了分化瓦解、震慑敌胆的作用。传说中的"吓都要吓死你"的现象在现实中体现出来。南明那点儿兵力，在那样内部矛盾纷争、困难重重的特别时期，的确经不起一吓。

三路大军很顺利地攻下贵州全境，之后在贵阳附近屯兵休息，养精蓄锐，等待清廷进一步的指令。

第七章 做大的藩王

兵进云南

"南明军队如此不堪一击，那还等什么呢？"顺治做出决定，派多尼为将，自北京率部赶赴贵州，与贵州休整的大军一起，会期拿下云南。

顺治十五年（1658年）九月，多尼到达贵州平越。

十月初五，在杨老堡，多尼主持召集军事会议。

会场里，可以看到吴三桂、洪承畴、赵布泰这些牛人、狠人的身影。经过讨论，众人做出决定："仍然用三路进攻的方案进兵云南。北路：吴三桂；南路：赵布泰；中路：多尼。十二月会师昆明。"

"清军杨老堡会议，做出三路进攻云南的计划"，得到消息，李定国感觉肩膀上的担子突然加重了。

面对战争乌云压顶，生存空间越来越小的困境，永历发下话来，绝不放弃云南，这是我们最后的一块土地。

"宁肯站着死，决不跪着生"，李定国做出决定，"凭我手上的本钱，凭借云南的地势，为着南明的千秋大业，决战到底。我军摆下四大战场，把远道而来的清军，彻底埋葬。"

南明的军队，的确拥有本土作战的主场优势，而且清军大多从寒冷的东北骑马而来，骑兵不适应这里山高林密的地形，北方人更不适应这里酷热难耐的气候。

正如当年的皇太极松山大战能打败十三万明军一样，正如近代看似较弱的越南兵能打败强大的美国大军一样，一切皆有可能。

一是鸡公背战场。守将冯双礼，读者应该还记得他，是当年李定国柳州战场的手下败将。此地距贵阳仅数十里，以鸡公河而得名。目标，阻击多尼率领的中路军。

二是黄草坝战场。大将张先璧据守。黄草坝（贵州兴义）位于南盘江北岸，为云贵交界处。目标，阻击清南路的赵布泰军。

三是铁索桥战场。李定国亲自据守，位于北盘江。

四是七星关战场。白文选率领四万人马在此据守，前锋进至生界立营，摆出一副进攻遵义的态势。目标：牵制吴三桂的北路军，从而保证三大主力战场顺利完成阻击清军的任务。

　　这四大战场，能挡住清军的铁蹄吗？是力保云南这块最后的生存的土地，还是以此来消灭清军的有生力量？

　　就四大战场方案本身而言，险象丛生。驻守鸡公背的冯双礼军，由于地处崇山峻岭，粮食运输非常困难，士兵常常处于吃不饱饭的境地。白文选部进驻的生界，距离后方太远，孤悬一线，援兵无法及时到达。如此分散布局，让人为南明捏一把汗。

　　十一月初十，吴三桂出师。

　　白文选最先得到消息。看到吴三桂直冲自己而来，白文选赶紧收缩阵线，十二日，由生界退守七星关。

　　还在遵义时，吴三桂就在做一件大事，物色云南的向导，并给予这些"活地图"高规格的优待，并早晚向向导请教，将进军云南的路线图默记在心。

　　十二月初二，吴军在苗族聚居地以烈扎营，对于自己的下一个去向，严格保守机密。第二天清早，吴军忽然抄袭乌撒军民府。这里是扼住七星关的要道，吴军一下子就截断了白文选的退路。

　　"后路被吴军截断"，得到消息后，白文选立即发出命令："放弃七星关，向可渡河上的可渡桥撤退。"此地位于云贵交界。

　　刚过可渡桥，白文选立即派出一支小分队放火烧桥，所有军队撤入云南。

　　此局，吴三桂胜出，他打破了李定国"远距离牵制吴军"的意图，成功率军进入云南境内。

　　清军赵布泰部将军事目标确定为"直取安隆"。

　　部队进至盘江的罗颜渡口后，赵布泰发现南明军将这里的船只全部沉没，无法过江。就在大家不知如何是好时，突然有一个人求见。来人是泗城土司岭继禄。听到来人说自己愿意当向导时，赵布泰非常高兴，当即厚加赏赐，"哈，哈，上天有时真的是掉馅饼的，我这不是遇到了传说中的引路党？"

　　引路党果然给力，在岭继禄指点下，清军一一取出江水下面那些隐秘的沉船，之后利用夜色的掩护，在深夜时分悄悄过江。

　　安隆的守军还在香甜地做着美梦，他们认为清军远在盘江边上，只能在那里望江兴叹！可清晨醒来，守城的军士却突然发现情况不对劲儿，城墙根下，黑压压的全是清军，他们是哪里来的，莫非是长了翅膀不成？

"安隆危急"，得到消息，李定国立即行动，亲自率领三万将士紧急救援。"一定要保住安隆，将赵布泰的南路清军，困死在那里。绝不能丢掉安隆，城里还有我的一家老小。"

可能李定国还不知道，围点打援正是赵布泰的拿手好戏。

虚兵围住安隆城，赵布泰立即在附近的罗炎河、凉水井埋伏重兵，等着李定国的军队来钻口袋。

急匆匆赶路的援军刚刚走到罗炎河与凉水井之间，就突然遭到以逸待劳的清军迎头猛击。南明军虽然没有料到对手会来这一招，然而，凭着手中较为先进的枪炮、火器，南明军奋力还击使用弓矢、设备落后的清军。

战斗进入胶着状态，双方打得难分胜负。

时间在慢慢地延长，南明军火药消耗越来越大。激战将近半天的时候，李定国发现军队渐渐不支，心中惊慌，匆忙下令放弃这场战斗，向后方撤退，留下实力，确保北盘江。

由于决定救援时非常匆忙，没有制定撤退的预案，惊慌之中，各镇将士看到李定国带头逃跑，也跟着一哄而散。结果，李定国的重要部将三十余人全部战死，部队骨干消耗过大。

安隆城破，李定国的家人全部被赵布泰俘获，被当即处死。

一场并不显眼的战斗，却使李定国感情上遭受严重打击，心力交瘁，欲哭无泪。

此局，赵布泰胜出，清军由普安州进入云南境内。

在鸡公背，冯双礼指挥南明军摆开阵势，激战多尼率领的中路清军。南明军占有地利的优势。然而，战斗的结果再一次证明。南明军实在不经打。

冯礼双是一个很能看清形势的人，他立即带头向北盘江逃跑。

清军一路追击，追到了铁索桥附近。

望着清军浩浩荡荡而来，李定国守在铁索桥边，心里忍不住发慌，发下命令，"我们已经处于孤军难支的境地，焚毁铁索桥，全军向昆明撤退。"

清军追到铁索桥边，只看到一江清水，没有看到桥的影子。众清兵心道"你李定国烧了铁索桥，难道我们活人会被尿憋死？只不过要多花一点儿时间，造座临时军用桥而已。"清军士兵迅速变成工程兵，有的伐木，有的运输，有的加工，不久就在现场制作好了一座临时浮桥。

接下来，中路清军渡过盘江，一路畅通无阻。十二月中旬，清三路大军在曲靖会师。

清军到了曲靖就离昆明就不远了，两地相距仅137公里。

南明军刚到昆明，李定国立即请求永历帝赶紧撤离。

"我们往哪里跑？"永历已经像无头的苍蝇没有了主意，随即，他发现手边还有一根救命稻草，便决定召集会议讨论，听听大臣们的意见。

刘文秀部将陈建第一个发言。陈建缓缓拿出了一样东西，这是一道由已经去世的刘文秀在生前写就的奏疏。似乎刘文秀早已预感到永历会有今天的遭遇，在奏疏里，刘文秀提出一个方案：永历应该走四川，在那里开辟根据地。

这时，立即有人站出来支持刘文秀的意见。"到那里开荒屯练，才是真正的复兴大计。"发言者是太仆寺正卿辜延泰。

中书金公趾却坚决反对："四川是什么地方？正是我们丧师失地的地方，是我朝最不吉利的地方。"

在回昆明的路上，李定国就开始思考这个问题。他感觉自己的方案多少有些可行性，于是说道："召诸船，航海至厦门，与延平王（指郑成功）合师进讨。"说白了，就是众人从海上到台湾，跟郑成功合伙。

有人提出反对意见，到海上的陆路通道已经给清军占领了，如何能跑到海上找船去台湾？

看到大家都在天马行空，尽出一些不现实不切实际的主意，原明黔国公沐天波开口了："赶紧逃难去缅甸吧，赶紧去国外找个避难所，今天就别谈什么中兴明朝了。"

永历还在犹豫，他实在不想离开中国。也是的，到了国外，人生地不熟，言语不通，靠谁混饭吃？

十二月十五日，永历与南明军全部撤离战争乌云密布的昆明。百官扈从，诸将护卫，直奔永昌。

顺治十六年（永历十三年，1659年），清三路大军开进昆明城。

清军昆明统帅会议做出决定，继续追击永历，不给他以任何喘息的机会。

永历逃到永昌，看看情势，感觉有些待不住，便决定继续向西逃，方向是腾越（云南腾冲）。

吴三桂率部紧追不舍。一路追来，只在澜沧江畔碰到过白文选的小股南明军。吴军将这点儿可怜的人马往死里撵，之后便再也没有看到过南明军的影子。吴三桂渡怒江后，行军数百里，再也没有看到过一个南明军。

吴三桂感觉非常好。

清军继续尾追南明军。这一天，大军来到一座高山前面。远远望去，大山巍峨绵延，高耸入云，当地人称磨盘山。

此山是高黎贡山的南段。此时，永历已经过山，正在朝着西一路逃命。

磨盘山上，有一个人正在举目四望，但见"鸟道箐篁屈曲，仅通一骑"。这人正是李定国。凭着多年积累的军事经验，在这座高山之中，在这条险路上，李定国突然有了一个想法。

"这两个月里，清军穷追不舍，我们所有的阻击、抵抗全部以失败告终。难道我军就真的不行？现在，也到了无立足之地、穷途末路的境地了，再不狠狠地打击清军，在这个世界上，我们就真的没有生存空间了。"

"我军正在遭受失败的煎熬，那么他们清军呢？"

"每一场战斗，清军必定都在欢庆胜利，如此这般的累胜，我相信，已经让清军变成了骄兵，已经对南明军不存在任何的戒备之心——这是什么，这不就是我的机会吗？这一次，得好好地利用这里鬼斧神工的地形，为埋葬清军设下坟场。"

为防备万一，李定国派人追上永历，带去一句话，"请皇上及大本营全班人马不要停留，请他们继续后撤到边界之外，撤到国外去"。

李定国下定决心，这次一定要一雪前耻！

李定国给所有参战人员定了两大原则。一是要巧妙，要充分利用地形特点，绝不能让对手看出一丝痕迹。二是要严如铁桶，设栅数重，埋伏三道伏兵，若清兵突破第一重，便会遇到第二重的再度打击，而漏网之鱼会在第三重被彻底扑杀。

"每一道埋伏，设下伏兵两千。三道伏兵共计六千。我们参战的兵士个个都须特别挑选，必须是以一当十的精兵健卒。每一道伏都设总兵带队，统一协调，讲求配合。"

设伏时，约定信号，"清军过了山顶之时，也就是进入第三道伏击圈时，以发号炮为令，到时，三伏并发，首尾横击"。

吴三桂来到磨盘山脚下，环顾四周，只见这里群峰丛峙，林木茂密。大大小小的山岭之中，唯见磨盘山高矗其间。人迹罕至的山岭中，除了一条弯弯曲曲的小路，其他的地方被野草、杂树覆盖，没有路径可走。吴三桂派出前哨打探，四周已不见了南明军，不见南明军一兵一卒。只有天空中的鸟雀飞来飞去，偶尔一阵飞鸟发出几声欢噪，打破了山林野地的寂静。

地形如此险要，任何兵家都不敢掉以轻心，没有别的，如此地形地势，就必须格外留心、格外谨慎，防止对方设下伏兵。

吴三桂毫不在意，自昆明出师以来，一路追剿，没有看到明军任何有力的抵抗，特别是过了怒江，就不见了李定国的踪影……李定国已经向远方逃窜，早已跑得兔子不见烟，近处不会有也不可能有任何的南明军。

不只是吴三桂这么想，清军全军上下，所有人不再存有戒心。看到吴军整个队伍散乱不整，吴三桂也不以为然。现在看来，追击明军就差不多等于一场豪华的野外旅行，几万人的驴友一起享受山水画卷的快乐。

眼前的这座磨盘山，亦如脚下丈量过的那些高山大川一样，吴三桂放心大胆地向山顶进兵，发出命令："军队继续沿着这条路线前进，翻越这座高山，继续向西追歼逃敌。"

吴三桂做梦也没有想到，这座大山中，等待他的将是一场死亡之旅！

吴军随即进入山间小道，就如一条前不见头后不见尾的长蛇阵一般，一个接一个朝着山顶的方向，鱼贯而行。

行过一段比较平缓的道路之后，部队开始登山。人员牵连不断，已经有12000多人行进在磨盘山的山道中，没有一个人发现任何伏兵的影子。

清军士兵皆认为明军正在远方逃遁，这里必定是明军的不设防之地。现在是轻松、畅快的爬山旅游时间。脚在马背上轻轻地、有节奏地敲着，眼睛在悠闲地观山赏景，眼下的南国正是满目春光，树绿莺啼，鸟语花香，大家的心情也像春光一样明媚起来。不知不觉中，吴三桂的前头部队已经进入李定国设下的第二道埋伏圈。

就在这时，突然有一个人着明将装束，不知从哪里跑了出来，样子慌慌张张。

"你们已经进入李定国设下的埋伏圈了！"来人向着吴三桂的方向奔过去，匆匆忙忙，边跑边喊。天上掉下来的这位"引路党"名叫卢桂生，是南明大理寺卿。卢桂生一边喊，一边想："我就卖这一句话，这辈子肯定吃喝不尽。"

"晴天霹雳"，吴三桂感觉耳边正在响起这种传说中的惊雷，凭着深厚的军事经验，连下三道命令：

"全军停止前进，山上部队速撤。所有战斗单位有序撤退，不准一哄而散，胡乱逃跑。"

"骑兵一律下马，舍骑步行，搜索伏兵。"

"炮兵对准沟莽树丛立即发炮，弓箭手用箭矢向两边的树林草丛猛射乱箭。"

可见，吴三桂真正是一个沉着冷静的战场老手。

一时之间，道路两边的丛林草地里炮矢雨下，形成一道矢炮保护屏。

理论上，此时的伏兵应该立即出击。然而情况却不是这样。得不到出战的号令，没有听到山顶号炮的声音，伏兵们不敢擅自出战。这样一来，只好听凭清军的枪炮、箭矢袭击，很多人就这样倒毙在林沟中。

窦民望是南明军第一道埋伏圈的带队领导，他脑子急速转动，"埋伏计谋已被清军识破，而最高领导远在山顶，不可能知道下面已经发生的情况，不可能在这时发出出击的命令。"于是，他没有经过太多的掂量，立即做出决定："发号炮，全军出战。"

与此同时，第二道埋伏圈的南明兵跟着也发出号炮，命令埋伏的军队立即冲出，与正在溃退的清军搏杀。

顿时，山腰、山脚处，双方短刀肉搏，血肉横飞，刀光如麻，尸积如山。

窦民望是一个每临大阵就必须喝酒的人，而且饮酒数升。这一次，作为第一伏击圈的领导，他给下属丢下了一句话："有豆（窦民望姓窦，豆、窦同音）入磨（磨盘山），能不腐乎？今日是我死之日！"他抱着必死的决心，挥刀杀敌时，感觉特别给力，手刃百余人。

就在他杀得兴起时，突然一颗枪弹向他的胁下飞来，顿时血流如注。窦民望忍住伤痛，仍然挥刀死战。

实在支持不住，窦民望突出战场，跑出几里地，由于流血过多，一头栽倒在地上，再也没有能够爬起来。

山腰山脚处的喊杀声震天动地，李定国站在山顶，听着山下号炮失序，非常惊异。"山顶还没有发出号炮，怎么山腰之下就打起来了？"就在他想努力弄清情况时，一颗炮弹落在他面前，爆炸激起的尘土，溅了他满脸。

终于，李定国弄清了是卢桂生告密，这大大超出了他的预期。眼前，全军已经无法统一指挥，伏兵们都被情势逼着出阵，各自为战。

双方的这场混战，从早上一直持续到中午，均伤亡惨重，僵尸堵垒，尸体山谷皆满。

得到磨盘山大战的消息，清军赵布泰部、多尼部飞速赶来。中午时分，两支新的清军力量加入战斗。

南明军损失惨重，孤立无援，渐渐力不能支。李定国悲愤到了极点，哭着率领残部撤出战场，去追寻永历的足迹。

综合各方面资料记载，此一战，南明军损失了四千人马，重要的是损失了窦民望、王玺等重要战将。

清军的损失也不在小数。有资料记载，凡已上山的清军无一生还，精锐战斗人员损失近万人。吴三桂部属中，死了十八名高级将官。

最为侥幸的是吴三桂，应该算福大命大。假设没有卢桂生预先告密，他能逃脱死亡的厄运吗？这实在要打一个大大的问号，只能说，吴三桂鸿运当头。

顺治将磨盘山战役定为"败绩"，倒霉的人很多，如多尼罚银五千两。最为倒霉的是赵布泰，因两军对阵时不在阵前，被判处死刑。顺治后来又赦免了他，削职为民。此外，很多人为此挨打，如参领穆成格被革职，籍没家产，鞭一百。这一百鞭打下来，已经皮开肉绽，是人都受不了。

负有主要责任的吴三桂，却很"例外"地没有受到责罚。顺治没有给他任何的处分。可以看出，对于汉人将领，顺治用了特殊保护政策。

这难道不是一次鸿运高照吗？

要说世间没有运气，真让人难以置信。

磨盘山一役后，吴三桂率军继续追击，一直追到中缅边界，再也没有看到永历的影子，也没有看到任何南明军的踪迹。

他们都去哪儿了，莫非人间蒸发？答案是，永历逃到缅甸去了，李定国逃到了孟艮。两人都在运用一切可能的办法，藏匿起来。

追到国界尽头，吴三桂做出决定，不再穷追。二月三十日，清军从云南西部中缅边界胜利班师。

南明为什么失败得如此彻底？苦心经营十多年，实力还较为雄厚，为什么却以如此败局收场？

无论永历，还是弘光、隆武，南明政权都是一样的腐败。内部，牵连不断的党争，相互之间的权力倾轧；外部，碰到吴三桂这样的一群牛人、狠人。如此厄运缠身，不败得清家荡产，才是怪事。这些人败得连安身之地都没有，只好去国外避难。

征南战役，最大的赢家除顺治外，就是吴三桂。他的功劳已经填满了清朝为他准备的功劳簿。顺治不会亏待他，等着他的，将是高规格的赏赐。

第八章
擒永历灭明

永历入缅

现在终于有时间看一看永历君臣的遭遇了。

自云南腾越逃出后，顺治十六（1659年）年二月二十六日，这群人到达了囊木河（南奔江），离缅甸只有十里，前面就是边关，缅甸兵防守严密。这么多逃难的人，偷越国境是不可能的。

这时，一位极其关键的人物上场了，就是我们大家熟悉的黔国公沐天波。沐氏家族，世代守卫云南。云贵各地的土司，邻居缅甸上层下层，对于沐家甚至沐天波，无人不知无人不晓，也无人不敬重。

逃难的人全都停下了脚步，等着沐天波前去通关。"千万不能在这里被挡了回来，身后就是追兵"，所有人都盼望着他能成功。

看见是沐天波，缅甸关兵立即下马罗拜。

沐天波把事情经过说过之后，缅甸边关官员没有经过层层请示、级级回报，然后再等待上级批复这样复杂的手续，很快就同意永历入境。当然，条件是有的，"必尽释甲杖，始许入关"。

不论是永历的卫士，还是高级别的官员，只要随身带有武器的，无论是剑、弓、刀还是盔甲，所有器械都得从身上解下来，丢到关前的空地上。资料记载，这些作战武器，堆积如山。

现在，所有人全是赤手空拳。

当初离开腾越时，还有4000人，撤退途中，有2500人逃跑了，现在还剩下1500人。

二月二十九日，这群人来到蛮莫。当地官员亲自迎接，谦恭友好，礼仪周到，仿佛眼前这伙人不是来逃难的，而是一个大型外交使团。

第八章　擒永历灭明

— 173 —

三月初二,人群来到了金沙江边。缅甸国王很小气,仅仅派了 4 条船迎接,只能装下 646 人,其余 900 多人、940 匹马只好由陆路前进。走不动路的病人,只好自己花钱雇船一路跟着向前。

三月十八日,人群到了井梗。

缅甸国王突然接到报告,"在这 1500 人的队伍后面,还有一支庞大的队伍尾随而来(具体情况后文有叙,是白文选的队伍)"。缅甸国王立即起了疑心,这群人莫非此次前来不是为了避乱,而是妄图侵占我国?

顺着这个丝路,缅甸国王想出了一套办法,可简称"阴阳招"。

先用阴招,派出一支军队搞袭击。

手无寸铁的人当然打不过手执兵器的人。结果,明将吏中,一部分战死,一部分投降。这部分人很快在奴隶市场被强行卖掉。其中很多人是在明朝曾享尽了荣华富贵的权贵,受不了这种天地悬殊的人生大变故,不少人上吊自杀。一小批人,没有被卖掉,他们身上带的那点金银财宝被劫夺一空。这部分人穷困无归中,只好在江上漂泊。其中有 80 个人,碰到了一群暹罗(泰国)人,他们这些人混在暹罗人中,偷偷逃到暹罗国去了。

阴招使过之后,缅甸国王感觉好多了,威胁解除了。这群人,即使要搞什么大动作,也翻不起多大的浪花。下一步,国王决定用阳招。

五月初四这天,国王特别派了一众官员,准备了两只龙舟,一路吹乐打鼓,把永历从井梗接到达赭。

国王派出人手,建了十间大草房,作为永历的宫垣。

"我们将吏的房子呢?""对不起,请自己购买建材,自建住房"。

宫垣四周,国王派出百名缅甸士卒轮番护守。

大家定会想,已经没有了战争威胁,不要再折腾了,好好过日子吧。

真实的情况却相差十万八千里。开始时,缅方供应食物,就像城里人来了乡下亲戚一样,好吃好喝好招待。时间一长,缅甸国王感觉不对劲了,这些人似乎很是享受这样的待遇,一天到晚吃吃喝喝。于是,国王做出决定,停了他们的免费食物供应,让他们自己出钱去集市购买。

本来就没有收入来源,又失去了免费的食物,永历一群人的日子一天比一天难过起来。

大家口袋里越来越空，艰难的日子一天天来临了，人群迅速分成两大派。一派可称为焦虑派，永历是其中最为典型的一个，每日里焦思万虑，整天愁肠百结，对眼前现实的难题一筹莫展。另一群人则相反，可以称娱乐派，多是永历的随从、文武诸臣，他们"日以酣歌、纵博为乐"。也是就说，一天到晚他们做且只做三件事：喝酒、赌博、跳舞唱歌。

缅甸当地民众天天来这里做生意，卖米的，卖菜的，卖肉的，卖衣服的，形成了一条缅甸版唐人街。文武官员们穿梭期间，有的穿着短裤头，有的赤着脚，不注意自己的形象；有些官员混在那些做皮肉生意的缅甸妇女中间，呼卢纵酒，席地而谈。

永历看不下去了。他做出决定，组成纠风整顿督查组，每夜轮流巡更。

时间没有太久，情况发生了大的变化。到了上班时间，督查官员利用工作便利，各找红颜知己，结伙相聚，更有甚者，个别官员在公共场所张灯高饮，彻夜歌号。

中秋节晚上，司礼监李国泰邀上大学士马吉翔一起到王维恭住处喝酒，三人喝着喝着，就想着弄个人来助兴，大家不约而同想到了带出来的一位说唱艺人。

虽然是艺人，这人却属于焦虑派，一边跪着一边向三位领导做起了思想工作，"此何等时候，还欲行乐？我虽是小人，不敢从命。"

"你这低贱的艺人，今夜还是要反了不成？"王维恭大怒，拿起竹杖劈头盖脸打了过去。艺人被打得大哭。哭声惊动了永历。永历一听，口传圣旨："今晚禁止行乐。"王维恭这才停止行凶，艺人才得以脱身。

蒲缨与太监杨国明合计一番，达成一个共识：这个时节开个赌场一定生意兴隆，将官们的口袋里一定还藏着黄金白银。两人立即动手购置赌具，开张营业。

消息传到永历的耳朵里，永历非常生气，立即指派身边的卫士，即刻动身，捣毁赌场。圣旨是下了，可却没有一个人敢去执行，大家都不敢得罪那帮人。至此，娱乐派取得胜利，将官们争赌如故。

别以为是袖珍的朝廷，而且还是流亡政权，就没有公事要办理，事实上，这里的运作模式，跟当年明朝宫廷的套路一模一样。以马吉翔为首的一伙人把持朝政，并从中捞油水。

九月，缅甸收获新米，缅甸国王派人送来一些。永历作出指示："将米送给那些生活困难的人。"马吉翔却从中做手脚，将一部分据为己有，另一部分故意分给那些跟自己亲近的人。

有大臣知道了这件事，将这个情况私下报给了总兵邓凯。这人应该知道邓凯是个直性子。果然，当着马吉翔的面，邓凯大声斥责他"蒙蔽皇上""升斗之惠，不给从官，良心何在"。

知道自己输了理，也就不跟邓凯理论，马吉翔只做一件事，喊来几个他的人。这些人一看马领导的眼色，立刻会意，大家一齐冲了上来，直接将邓凯掀跌阶下。邓凯差一点就被摔死。为了保命，他赶紧不再言语了。

马吉翔专权，没有做过一件好事，尽做些坑害良善的事。

身在异域，国破家亡，朝廷大员所作所为却是在两大领域衍生——醉生梦死、党同伐异，真是让人难以置信，然而事实确实如此。

这样的朝廷不要也罢。然而，有人却不那么想，更不那么做。这些就是真正手握重兵，目前还有相当发言权的人。

自磨盘山兵败，李定国一路上都在收拾部众，脚步因此慢了下来，没有能够赶上永历。就在他将残兵败将收拾得差不多，正准备迈开步子追赶永历时，突然想到了一个问题。

"如果带着军队赶过去，进入缅甸境内寻求庇护的话，会不会犯'一篮子鸡蛋'的错误？如果把所有的鸡蛋全放在一个篮子里，那么风险冒得也就太大了。"李定国做出决定，他要另做打算。

李定国立即行动，率领部队从孟艮移兵，前进到猛缅驻扎，以形成声援永历的态势。

白文选的想法却不一样："皇帝的身边没有重兵保护，一定风险万分。"基于这样的想法，他做出决定，亲率部分将士，进入缅甸境内，寻找永历。

白文选带领军队一路前行，来到了缅甸国阿瓦城前。此时永历在井梗，两地相距仅六十里。

缅甸国王得知消息，感到事情重大。一面派人通知永历，"汉兵四集，请下令阻止"；同时向住在井梗的永历准备了两手——阴阳招（前文有述）。

接到缅甸国王的通知，永历立即开会。讨论之后，众人得出了一个结论，"这就派总兵邓凯、行人任国玺与白文选联络"。

永历的身边，大学士马吉翔结党专权，而邓凯不是他一个派系的人。马吉翔十分担心，如果邓凯引来了白文选，他的力量就会在朝廷里占据上风，马吉翔想出了一个办法，暗中向缅甸办理外交的人传出一句话，"此二人无家，去则不还！"这就是告诉缅甸的外交官，绝不能放这两个人前去跟白文选的人马会合。如果他们去了，就会引狼入室，那时，缅甸兵连祸结、战事不断，只会有一个结果，坏了你们缅甸国的大事。

马吉翔的话说得非常在理。缅甸办理外交事务的人做出决定，不准邓凯、任国玺前去与白文选会合。向白文选隐瞒永历的消息，让他们两边接不上线。

缅甸人发现，事情果然如马吉翔所提示的那样，白文选找不到永历，最终只好退兵。

焦虑派的一群人在长时间焦虑之后，思想终于集中到了一点，"缅甸是安全，但毕竟不是久居之地；那就必须另谋出路，那么出路在哪里呢？"

焦虑派的三大主要人物黔国公沐天波、绥宁伯蒲缨、总兵王启隆决定召开一次讨论会。这天，三人来到一棵大树下，就离开缅甸的主题展开讨论。会议进行时，大家突然觉得少了一个人不行，决定邀请娱乐派的马吉翔共同商议，毕竟马是当权派中的领袖人物，没有他这事办不成。

马吉翔到了，四人坐在大树下，沐天波立即提出第一个议题，"我们这就要派人到户腊、孟艮去，去找李定国。只有找到他，尚可图存。"

马吉翔考虑问题就复杂得多，他心道："是的，找到李定国你们是尚可图存，那我呢？就必定将失去眼前的权势。不必跟这群人饶舌，直接摊牌。"想到这里，马吉翔说道："如此，我不复与官家事，诸公为计可耳！"意思就是说，眼下皇帝多少还有个安定的日子过；如果找李定国，那就连这样安定的日子都没得过了，一定又是天天打仗；如果你们真的要这么做，朝政大事我就不管了，你们的大计，你们自己施行就是了。

马吉翔把话都说到这个份上，意思表达得这样坚定、坚决，那还有什么讨论的呢？焦虑派的三个人听了这话，当即做出决定，啥都别说，散会。

就在焦虑派继续为前途焦虑而娱乐派却继续娱乐时，有一个人找上门来。

咸阳侯祁三升带了李定国的书信，带上军队，来到缅甸边关。一方面用政府之间的外交措施，提出请求，另一方面，用上军事力量相威胁，双管齐下，请缅甸政府立即将永历皇帝礼送出境。

突然来了这么多的军队？缅甸国王立即想出一个办法，解铃还须系铃人，请永历派人，出面阻止。

焦虑派的人得到消息，第一时间赶过来劝永历，"这是一个机会，一个救我们君臣出异域险境的大好机会，赶紧趁着这机会逃出去。"

这到底是不是一个机会？这话必须马吉翔说了才算，永历说了都不算。马吉翔说："缅甸才有我朝生存的转机，出去就一定被吴三桂削了脑袋。"随即他拿出方案，派锦衣卫丁绸鼎、考功司杨生芳立即向祁三升传达永历敕令，"朕已航闽，将军善自为计"。

看着敕令，祁三升抱头痛哭，皇帝真的丢下我们这一帮子人，带着另一帮子人跑到福建那边去跟郑成功一起打天下去了。没办法了，人都不在了，除了退兵，我们还能做什么？

"祁三升已退兵"，得到消息，马吉翔突然想出一个问题来，如果李定国、白文选再来缅甸迎请永历，那该怎么办？他立即又想出一个办法，用南明政府名义，暗中给负责守护关隘的缅甸官员发出一道指令：今后如果再有官兵前来纠缠，不用向我们的皇帝请示，直接将他们杀了。

"我们是好忽悠的吗？"李定国、白文选在细看了那份皇帝的敕令后，当即将其丢在了一边，并迅速派出人手，开始细心寻找永历的工作。功夫不负有心人，他们终于得到了一个确切的消息——永历还在缅甸，没有去福建。

"派兵敦请，反而失败，那我们改变方法，跟缅甸官员拉关系结人情，向皇帝呈递奏疏，请他尽快离开缅甸，回到祖国的怀抱。"

这些奏疏送出去的还真不少，一共送出了三十多道。大家看出来了吧，这些人的意志是多么坚定。

三十多道奏疏的命运都一样，落到了缅甸官员的手里，全部被扣留起来，没有一本到达永历的案头。

为什么会这样？

缅甸国王的想法发生了变化，他做出决定，不轻易放走永历。这是天下掉下来的奇货,一定会有出高价的买主,也一定会卖个高价。岂有不悄悄留置,然后高价出手之理?

流亡政府

从顺治十六年(1659年)二月过关,一直到顺治十七年七月,时间就这样过去了一年半。

在这个最为炎热的季节里,白文选的脑子又开始变得炽热起来。那些奏章已经石沉大海,一点浪花都没有,太让人不可思议。那就只有一个可能,皇帝被缅甸国王扣留起来了。还有什么方法能救出皇帝吗?那就只有一条路可走——软的不行,来硬的,也就是武力威胁。

白文选立即行动,率领军队进入缅甸,来到阿瓦城下,义正词严地向缅甸政府提出请求,要见永历皇帝。

得到消息后,缅甸王立即派出官员,请永历皇帝赶紧出面,制止白文选的危险行为。

经过一年半的缅甸生活,无论焦虑派还是娱乐派,对于是否走出缅甸,意见趋于一致,"云南那里已经处在清军的控制之下,回到那里,一定会担惊受怕,那就不如在缅甸生活,毕竟这里安全"。

永历立即派出人员,传话白文选,让他们不要再来缅甸搞三请四接,更不可在缅国边境动用大军。

白文选简直不敢相信自己的耳朵,世间哪有皇帝不回国而情愿生活在别人的国度?这绝不会是永历的本意,一定是有人从中做了手脚。

得出这个结论,白文选立即下令集中兵力,准备攻占阿瓦城。这事要办就办出个样子来,必须给缅甸国王点颜色看看。老虎不发威,你当我是病猫?

大军本来就是有备而来的,攻城令一下,所有的人立即动手,迅速投入攻城战。

阿瓦城守城官兵根本没有想到这群人会来这一招。我们是你们的邻居,我们好意收留你们家流浪的主人来居住,他不愿意回家,那是他的事,你不念及我们的收留之情,反而来攻打我们?因此,攻城战完全出于意料,守城官兵毫无防备。阿瓦城情势紧急,眼看着就要被南明军攻破。

就在这时，守城的将官急中生智，对南明军说："我这就答应你们的要求，让永历君臣离开缅甸，不过要花三天时间，因为来回跑路要三天时间，并请南明军队后退十里，静候佳音。"

很快三天时间就过去了，不过白文选连永历的影子都没有看到。"我们上当受骗了，立即进攻城池。"

只是在过去的三天时间里，缅甸已经从各地调来军队，阿瓦城守军得到空前加强。

最终南明军攻城失败，白文选大哭着带着军队回国。

白文选能不哭吗？"皇帝不要我们了，皇帝就住在邻居家，而邻居呢，连门都不让我们进去。"

回到营地后，白文选的头脑慢慢冷静下来，缅甸军这么玩，不就是人多欺负人少吗？反过来说，如果我们集结更多的人手、更强大的军队，缅甸不就软下来了么？

沿着这个思路，白文选重新策划作战方案。

顺治十八年（永历十五年，1661年），新年刚过，白文选立即约会李定国，两路大军，会攻缅甸。

这段时间以来，李定国早已攻下孟艮，并将其建设成稳固的根据地，同时招集庆国公贺九仪，发展部众一万余人，军声复震。

白文选开始第一个动作，花大钱收买缅甸官员，"请向永历送一封我的亲笔信"。有钱能使鬼推磨，白文选很快收到了永历的亲笔回信，信中是一些慰劳白文选的话。虽然没有实质性的答复，白文选却对营救永历信心倍增。

白文选立即开动第二个动作，制定具体的营救方案。从木邦的南甸发兵，中途与李定国的军队会师，冲向缅甸，救出永历。具体办法：偷偷接近永历的驻地，在缅军不知不觉中，将皇帝营救回国。

营救大军寻找到了一条隐秘的路线图，逢山开路，过河搭桥，终于来到距离永历居住地六十里的地方。所有人信心百倍。

这时，一条大河挡住了部队的去路，立即有人指挥部队开动架设浮桥的工作。所有的工作都在有条不紊地进行着。

可架桥的动静实在太大了，非常不幸，被缅甸人发现了。缅甸军队立即出击，一上来就烧毁了还在建设中的浮桥。

行踪暴露了，除了打向目标，已经没有了别的办法。李定国、白文选做出决定，向缅甸国发起正面进攻。

"这支部队必定来者不善"，缅甸国王做出决定，在锡箔江边，集结十五万大军，调集一千头大像，运来最先进的枪炮武器。

十五万人，摆在二十里的宽阔江面上，鸣鼓震天，呐喊进战。

南明军人数不到对方的十分之一，作战武器只有长刀、手槊、白棓（白色蜡树棒）。

面对强敌，李定国不停地激励部众奋战。南明军人人以一当十，个个奋勇争先，最终杀死缅军一万多人，取得大胜。

趁着胜利的劲头，利用缴获的船只，李定国、白文选指挥军队立即渡过锡箔江，朝着大金沙江进发。

时间已经是阳春四月。胜利者李定国向失败的缅甸政府发出通牒，提出两大要求，"借道入觐永历；失败的缅方沿途提供象、马、粮草"。

缅甸国王给出了三个答案：断然拒绝所有要求；据险设炮，利用地形阻挡明军前进；把大金沙江里所有的船只全部烧掉。没有一只船，看你们南明军如何过江？

特别是第三条答案——没有船，还真的过不了大江。江不同于河，江面宽阔，绝不是人工架一座浮桥就能过得去。尤其春雨季节，江水上涨，江边宽阔，两岸之间，有好几公里远的距离。

一辈子在刀尖上混，这点难题对李定国来说，就不叫难题了。他立即将全军改成船工生产大队，有的伐木，有的加工木料，就地设立工厂，就地造船。

同样的事情，历史上还真的有人搞过。成吉思汗西征时，有时遇到过不了的大江，往往便就地造船，还就真的把大部队运过去了。

缅甸人一看，简直傻了眼。你们明朝人还真是一心向着你们的皇帝啊，还居然在我们的国家强占地盘设厂造船？

可道高一尺，魔高一丈，缅甸人很快就想出了两招应对的方法。

第一招，派出大量的军队，从正面牵制明军，吸引明军的注意力；第二招，在晃了前面一枪后，待明军感到有些头晕之际，暗中派出另一支部队，偷袭船厂。

两招联合，果然给力，奇袭部队干得非常漂亮，不但捣毁了船厂，还烧毁了已经造好的全部船只。

望着滔滔的江水，没了船，这下真是一丝指望都没有了。屋漏偏逢连阴雨，在这个时候，军粮也用得差不多。在饥饿与渡江无望的双重压力下，李定国派出人手，沿江岸搜寻船只。找了一个多月，一只船都没有找到。绝望中，李定国只好默默撤军。

之前一直忙着说李定国，吴三桂也没有歇着，他正在忙着向大清皇帝提出合理化建议：发兵进缅，打一场国际战争，彻底消灭永历。

吴三桂与永历之间相隔那么遥远，而且人家永历都逃到国外避难去了，已经与他完全不搭界了，怎么一下子突然这么心血来潮，急切切地关心永历的命运来了呢？先亮明一下答案：实在是情势所逼。

到底是怎样的一个情势？

云贵大规模战事已经结束了，可大批的军队还摆在这里，这里却没有了作战的对象。顺治十七年，官员圈子传出风声：朝廷正在制定一项裁撤军队的计划，其中，云南的满洲八旗兵将撤还京师，变成京师卫戍部队，五万绿旗兵也要裁去两万。

这一消息并非空穴来风，户部主管官员算过一笔成本账。用兵期间，云南年饷银九百万两。这个数字是不是高呢？顺治十六年，国家征收的课银（税金）为二百六十万两，顺治十七年为二百七十万两，也就是说，两年的课银收入也抵不上云南一年的军费开支，结果很是惊人。云南军费，不只是高，简直高得离谱，高得吓死人。

注意一下，这还只是云南一省驻军的费用，如果再加上其他各省驻军的费用，那还了得。其他各省的驻军也需要大笔的开销。一句话，朝廷快要给军费弄得破产了，已经到了破产的边缘。"你以为接手破产倒闭的明朝容易吗？弄不好的话，同样会拖死你。"

大臣中已经有多人上奏章，提出一套又一套解决方案，这些方案加起来还是那两个办法，全国各省裁军，特别是云南撤军，只是在数量上、方式上，各人主张有所不同罢了。撤军、裁军已经成为朝廷重臣、地方大吏的时尚流行语，成了大势所趋。

吴三桂忙了这么些年，手中积了多少军队家底？这个数字是有的，截至顺治十七年五月，共计七万人。

再从质量上来看看这是些什么样的人。

一部分是从降卒降将收编而来，是战场上生存能力极强的一批人，属于特别能战斗者，也叫雄兵猛将。一部分是他从辽东带过来的将卒，同样是一批战场上能征惯战的老手，牛人中的猛人，素称精锐，他们是吴军中的骨干成员。

云南的驻军有多少？总数在十三万。多出来的六万人，是多尼、洪承畴统领的清军。

十三万人马，按今天的工价，每人每月五千元计算饷银的话，一个月是多少钱，一年是多少钱，算一算果然是个惊人的数字。

大臣们在皇帝面前算的是经济账。吴三桂却认为账不应该那样算，现在还要算政治账。

政治账的算法复杂，加起来，结论就是一句话：边疆未宁，兵力难减，宜如旧时。

"李定国、白文选至今还隐蔽在中缅边境的高山丛林之中，每天的工作就是伺机出击；作为明朝的象征，永历这位政治偶像还在国外活着。"

即使是智力一般的人，也会问吴三桂一句话：他们是存在，但是，他们已经没什么军事力量了，翻不起哪怕是一点点的浪花了，对付他们，就像对付山林中的土匪一般，还需要十万大军吗？

其实不用任何人问，吴三桂心中比别人更明白这一点。现在之所以提出这个观点，说到底是在谋求一样东西——借口——从皇帝到大臣，让这些人不动他一兵一卒的借口。现在我吴三桂的地位、威望，绝不是那些已经取得的成为过去时的军功，而是眼下手中实实在在的强有力的庞大军队。这才是真家伙、硬通货。

身为吴三桂的心腹，副都统杨珅看穿了吴三桂这个隐秘深深的意图。吴三桂的建议案缺少力量，皇上，特别是那群大臣，他们不是傻瓜，对于云南

明末清初大转折：枭雄吴三桂

的军事形势看得一清二楚。那么，有没有办法能保住吴军不会被裁减？杨珅提了一个方案。

"把战火引到缅甸去。而这场战场的参与者，只能是吴军，不能再有其他的清军。那时，清廷的皇帝完全可以大刀阔斧裁减自家的清军，而吴军却因与缅甸打国际战争而必须全盘保存下来。"

要制造一场旷日持久的战争，就必须寻找到一条让所有人信服的理由。

既然有了处方，找个治病的药引子难道还找不成？这味特殊的引药，杨珅很快就找到了，而且起了一个非常有创意却又极其深刻的名字——绝人望。

翻译成今天的大白话："只要永历存在，所有反清复明的人都有个指望。那么，除掉永历，就能达到绝人望的终极效果。"要除永历，就必须进军缅甸，就必须发动国际战争。这个新概念是吴军提出来的，这项工作当然要由吴军来做，清军领导既没有想到这个层面，更不可能有这个想法，清军早就打仗打累了，早就想回家歇歇了，那就回家歇歇吧。

这不仅仅是个主意，而且是个好主意。顺治十七年四月二十二日，吴三桂上疏皇帝，提出"兵缅甸、殄灭永历，以绝人望"。

皇帝和议政王大臣一定同时在算两本账，一本是政治账。算这本账的人，一定会同意进兵缅甸。另一本是经济账，而算这本账的人，必定持反对意见。

沿着这个思路，奏本中，吴三桂提出了成本预算方案：用兵十万，超出吴三桂手中已有兵额的部分，由当地的土司负责提供。说白了，这无须动用清军。这真是一个堂而皇之的理由，节省国家军费，土司出兵的钱，由土司们自己负担。

皇帝要出多少钱呢？吴军原有军费上，再加二百二十万两。皇帝你裁掉清军，从节省的开支中，拿出二百二十万两来，就能买来万历的那颗人头。

看着这本奏疏，顺治陷入沉思之中。国际战争，这将是一出风险度极高的游戏。想到这里，他想出一个办法来，交给议政王（贝勒、大臣）、户部、兵部同时讨论。

三大部门经热烈讨论，意见不一，户部、兵部各有各的说法，各有各的想法。有支持的，有反对的，一切又回到了原点，需要皇帝自己做出决策。

最终，顺治做出决断：进兵缅甸，为江山永固，冒点儿风险也在所不计。

可见，顺治真是一位能担责、敢担责的皇帝！

对于汉人吴三桂，顺治留了一手，授命"内大臣爱星阿为定西将军，率部征讨……与吴三桂相机征讨……一切工作两人会议而行……一切事务，俱用王（平西王）印行；若不与王同处，即以尔印行"。

一个和尚挑水吃，两个和尚抬水吃。顺治为爱星阿、吴三桂制定的游戏规则，规避了"两个和尚"效应。

政坛变故

顺治十八年（永历十五年，1661年）正月初七，这一天是家家户户过年的吉祥日子。可是刚刚步入人生第二十四个年头的顺治皇帝，却在此青春岁月、美妙年华，溘然长逝。

历史上皇帝的命似乎都不长，是压力太大还是嫔妃太多，没有标准答案，期待研究。

年仅八岁的顺治第三子玄烨登上了皇帝宝座。顺治在驾崩前，任命索尼、苏克萨哈、遏必隆、鳌拜四大臣辅政。

政治顶层突然而来的大变故，超出了吴三桂的想象力。再怎么想，他也不会想到会出这样的变故。八岁的孩子，没有跟他打过照面，会像他的老爸、他的爷爷那样友好待我吗？一切都是未知数。政坛风险让身陷其中者难以预测。

"我降清十八年。十八年来，无论是摄政王多尔衮，还是顺治皇帝，都给了我所能给予的最高规格的荣誉、地位、利禄，已经达到了朝中诸臣无法企及的高度。正是有那两棵大树当靠山，即使朝中那些对我吴三桂心怀叵测的大臣，也无法撼动我。然而，现在，一切都大变样，原来的大树倒了，新树还是一棵树苗呢！朝廷似海深，官场似泥河，无数位官员正在那里等着这样的机会，无数官员都手持利刀，都想割下我的头颅做他们往上爬的台阶。谁才是我的靠山？哪里才是我的归宿？"

望着窗前的蓝天，望着远方隐约的高山深林，吴三桂十分迷茫，决定到北京去祭奠顺治，试探四位辅政大臣对自己的态度！

这时，一个问题突然跑了出来，"到了北京，朝廷势必趁机把我留下来。

这一定是潜在的风险。我所有的家当，我的军队，全在云南啊！"

"携重兵进京呢？这岂不两全其美？既是真正的试探，又可以把资源安全地带在身边。"

就如一位富人出趟远门旅游，把巨款存在银行卡里，把银行卡放在旅行箱中。这样，即可以享受沿途风光美景的乐趣，又能保证存款的安全。

然而，另一个问题一下子又蹦了出来，数量庞大的军队一定会引起朝廷大员的注意，那时，没有麻烦反而会制造出麻烦来了。

解决方案被迅速想了出来，把部队分成数股，在不同的时间段上起程，以大化小，暗度陈仓，避开皇帝的耳目，躲开大臣的视线。

不久，在云南通往北京的大道上，一番从未有过的景象出现了，吴三桂的军队络绎不绝且牵连不断地向北京进发。

这套做法，真的能掩人耳目吗？正是这些连续不断、突然出现的一股接一股、一队接一队的移动军队，让旁观者产生了心理压力。

吴三桂还在半途，吴军前锋已经开到了京城附近。"人马塞途，居民走匿"，如此奇异的景象，引起了朝廷的警惕。

随即，吴三桂接到朝廷指示，"无须进京，京城外搭厂设祭即可"。

吴三桂依命行事，京城外哭拜一番之后，返回云南。

回到家里，吴三桂有了一个良好的感觉，"朝廷与我配合默契，相安无事"。

"现在，我只需做一件事便可千好万好，向新君奉献新功。"看着墙拐角的一盆茂盛的铁树，摸着叶片上尖硬的刺，吴三桂眼前一亮，"割下永历的头颅，作为我奉献新君的宝贵礼品。"

吴三桂立即走出两步棋。

第一步，向云南各土司颁发朝廷敕印，"配合军队行动，协助进剿永历"。

第二步，向缅甸发出通令，"请擒拿并献出永历；请缅方派出官员，到猛卯迎接清兵，捉拿永历归案"。

顺治十八年正月，吴三桂派副部统何进忠、总兵沈应时率军向缅甸进发。春三月时，军队进至猛卯。

"没有看到被羁押的永历，连缅甸人的影子都没有看到"。得到这个消息，吴三桂感到非常奇怪。

为什么小小的缅甸国居然没有履约？莫非吃了熊心豹子胆？

可事实是缅甸皇室出事了，而且是出了大事。

自从来了永历，这两年来，缅甸国的战火就没有停歇过。有时是李定国，有时是白文选，有时是两人合起伙来，带着兵马纠缠不休，本来和平的局面就这样被这两个人硬生生地搞得乱七八糟。战火不断，百姓死伤不断，数以万计的人流离失所，最终，弄得缅甸人民不干了。

大臣首先向缅甸国王发难。大臣中，一个观点越来越鲜明，"迎永历，你这是招祸上门"。

缅甸国王听了，给出了解释，"我这是迎皇帝不是迎盗贼，贼能祸我，难道皇帝也会祸我？"总之，国王没有听进臣下的劝告。

然而，缅甸人的担心还在持续，说不定哪天李定国破了缅甸的某个城市，来个屠城也有可能的啊。那样的话，不是祸乱又会是什么？

民众的担心与日俱增，一天，吴三桂的通令到了。

大臣立即分为两派，多数人主张听从吴三桂之约，抓住这个机会，把永历交出去，对国家安全只有好处，没有害处。缅甸从此就摆脱了李定国、白文选那两股祸水。

可国王没有同意。"永历，深受国人爱戴，我不能助纣为虐。交给大清王朝，是逆天之举。逆天不祥。"可真正的原因，国王想把永历卖个好价钱，吴三桂眼下不但没有给出高价，反而要求无偿赠送。

缅甸国人被国王的"迂腐"搞得不知所措。

国王也留了一手。为了防御李定国、吴三桂发二人开始战对缅甸国人的影响，他召见弟弟莽猛白，命他率领五万兵马进京，共同保卫都城。

缅甸京城是一块儿政治高度敏感的地方。大街上逛了一圈，莽猛白有了一个深深的感觉，京城所有人，从官员到百姓，都在对国王哥哥强烈不满。

几天来，莽猛白不停地逛街，"国王拒绝执行吴三桂的通令，国民们为此而发的愤怒，满大街都是啊！国王哥哥怎么就视而不见呢？"

莽猛白没有找到问题的答案。突然，他有了一个新的发现。

"这不是天赐的时机还是什么？眼下不赶紧抓住这样的好机会，将来还会有吗？"

第八章　擒永历灭明

一天夜里，莽猛白请国王哥哥共进晚餐。酒酣耳热之际，国王不胜酒力。弟弟早就为哥哥准备了单独休息用的房间。于是，他将国王领到事先准备好的房间中休息。

深夜里，国王酒醒了，他发现自己被人五花大绑。正当国王准备挣扎时，两位蒙面人走了进来，用布塞进了他的嘴巴，将他抬进了一个大大的篼舆（竹轿）中。

一伙人飞奔着，将装着国王的篼舆抬进一条大船。凌晨时分，国王被人悄无声息地沉入了江底。

随后，莽猛白自立为王。他做出决定，派出国王特使，前往猛卯，联络吴三桂，迎接清兵。

"缅甸高层发生政变，莽猛白自立为王……吴三桂派出军队，抢夺永历"。类似的消息一阵阵传到李定国的耳朵里，他下令："我军立即向缅甸进发，绝不能让永历皇帝落入吴三桂手中。"

缅甸使者前行的道路上，迅速布满了李定国的军队。

三方正在聚力，准备一见高低，突然上天出来说话。

此时，正值酷热天气，缅甸的热带丛林里，一年一度的瘴气弥漫开来，人员大规模穿越丛林极其危险。何进忠只好带领大军暂且回师。"俟瘴气消散，再大举进兵。"

就在大家都在等着瘴气消散的时候，吴三桂的脑子没有歇着。"万历的头，绝不是我想割，就能割到手的。他人在国外，随时可以隐秘踪迹，而且有缅甸王、李定国、白文选这样的狠人加以保护。"

除了这十万军队给缅甸国王施加压力外，还有什么路子可以走吗？

沿着这条思路，吴三桂突然发现，在自己的脚底下，居然隐藏着两条路。"有钱能使鬼推磨，用黄金铺路，出高价购买，缅甸国王一定动心……永历是天上高飞的风筝，我的手再高，也够不着，为什么不可以给他拴根线呢？从永历身边投降过来的高官是那么多。军队是压力，黄金是动力，内鬼是巧力，三力并举，永历再能跑，还能跑到哪里去？"

于是，投降过来的永历御前总兵马宝进入吴三桂的视线。

果然不出所料，马宝很高兴当间谍，当下决定立即动身，前往缅甸。

马宝来到缅甸后，拜见缅甸国王，特意传出吴三桂的一句话，"如果能把永历交给吴三桂，那么富贵可以立至"。这就等于向缅甸王标出了一个极高的收购价。

新的缅甸国王当即会意，天下掉下一堆金饼饼，真是想不发财都不行。

缅甸王立即将马宝送到永历的面前，"马先生千辛万苦，就是为着投奔你永历皇帝而来，天下有如此的忠臣，得之不易"。永历似乎也没有想太多，他把马宝看作自己的心腹旧臣。

那笔黄金已经到了天空，如何让他落地呢？清晨起床，缅甸国王莽猛白望着金霞满天的天空，努力寻找这个问题的答案。

活人难题还能被尿憋死？方案很快被策划完成。

七月十六日，缅甸国王莽猛白派出使者，特别邀请永历的大臣们过河议事。

"老国王不见踪影，国王弟弟政变上台，这人会是个什么样的人？""听说新王与清朝之间有勾结，这个消息绝不会是空穴来风。往日国王要议事，也只是邀请某位大臣，今天邀请我们所有大臣，这恐怕不是什么好事。"大臣们议论纷纷，对使者的邀请婉言辞谢。

十八日，使者又来了，说国王邀请大家过河议事，没有别的意思，仅是请大家饮咒水（即盟誓），发过誓后，大家就可以自由地在缅甸做生意了。这样一来，大家有了生计，我国政府就不用再供奉大家食物了。

说得在理吗？的确在理啊。哪位不怕坐吃山空，希望能在当地赚到生活的费用，甚至赚得盆满盂满。"国王是不是在玩'此地无银三百两'的游戏呢？"大臣们还是半信半疑。

"新缅甸国王和我们没有打过交道，他的葫芦里到底装了什么药，还真不清楚。我的看法，还是大家不要去为好。"沐天波出来说话了。

"蛮俗敬鬼重盟誓，我们还是去吧！"马吉翔、李国泰做出了另一个猜测。

经不住国王的三请四接，十九日，马吉翔带着大臣们出发了。宫垣里仅留下年老内监服侍永历，还有都督同知邓凯。邓凯在前些日子被马吉翔手下推搡，摔坏了脚，走远路很不方便。

午餐时分，一行人紧走慢走，终于到达了国王特设的宴会大厅。大家擦擦汗，喝喝茶，等着国王的宴会开始。

酒过三巡菜过五味，国王最隆重的一道菜终于出现了——三千缅甸兵突然包围了宴会大厅。中国人喜欢摔杯为号，缅甸人似乎更直接，国王一声令下，宴会大厅顿时变成了杀人大厅。

大臣们没有了任何的反抗能力，任缅甸兵当场捕捉，现场宰杀。只有沐天波事前有准备。他从袖中取出铁锤，一连击杀了十几位冲过来的缅甸士兵，但最终还是寡不敌众，被捕杀死。一道被杀死的还有马吉翔、李国泰等十二人。

就在大臣们离开宫垣不久，另有三千缅甸兵包围了永历的住所。在宫垣的外面，缅甸兵大喊："你们诸臣全都出来饮咒水。有谁不出来，我们就用乱枪刺死。"

留下的这些人手无寸铁，无法反抗，又担心惊动永历与后宫，只好出来。

看到有人出来了，缅甸兵一哄而上，上来就绑人。另一群人则手持大刀，将绑住的人一个接一个杀死。

听到事变的消息，永历想不出任何解救的办法。最后，他决定跟皇后一起上吊。邓凯听到消息，赶紧来劝，"社稷已亡，死又有什么用呢？后世人听到皇上是自己吊死的，该怎样评论皇上？不如暂缓，等待天命吧！"

永历一听，觉得有理，便丢了手边的绳索。

过了一会儿，出去的人全被杀完了。这时，一些缅甸兵冲进永历的宫垣中，开始抢劫。他们看到财宝、衣物，全都抢到手上，甚至别在腰里。

后宫的贵人、宫女，大臣的妻子、女儿，看缅甸大兵跑进来了，就知道不是好事，大家早就准备了一手，纷纷拿出准备好的绳子，找棵树上吊。资料记载，这些吊死的女人"累累如瓜果"。

这一天，宫垣里有十八个人被杀死、吊死。现在，永历的身边只剩下宫眷二十五人了，大家全都集聚到一个屋子里，等待着最后命运的到来。

就在所有人睁着惊恐的眼睛看着眼前发生的一切时，一名通事（翻译）领着一名缅甸官员过来了，对着围住这间房子的士兵，说道："不可伤害皇上和沐国公！"沐国公，即黔国公沐天波。明朝存续两百多年的时间里，他家世代驻守云南，与缅甸长期交往。缅甸的王室对沐家非常敬重。然而，这条命令却来得迟了，此时，沐天波已在宴会大厅被杀害。

永历住所的附近，已经处处是尸体。在缅甸的全部人数，只剩下三百四十人，整个南明流亡朝廷，已经哭声一片。

永历彻底崩溃，一下子就病倒了。

得到消息，缅甸国王担心起来，万一永历死了，就不好向吴三桂交代。毕竟吴家出高价的，是要买活的。

缅甸国王赶紧行动，立即派出人手，给永历的住所重新装修，送来新做的衣服、被褥、锦布等物品，外加一些生活必需品，一同送来的还有一句话，"我实在无意伤害诸位大臣。实在是你们的士卒杀戮村民，引起村民怨恨。之所以有这样的事件发生，完全是村民泄怨"。

缅甸国王这样做，到底是什么原因，其实永历心中此时已经明白。然而，明白了又有什么用呢？还是不说为妙。

虽然房子重新装修，国王也给出了合情合理的解释，然而，永历的病还是越来越重。一同生病的不只是永历一个人，一群人都跟着病倒了。看来人的心理状态在特殊情况下的确会严重影响人的生理健康。

没有医生，没有药物，病重的人一个接着一个死去。有些人一看情形不对头，在这里不是被杀死就是病死，便赶紧逃跑。然而这些逃跑的人，命运都差不多，只要被缅甸人发现，都是一样的结局：被杀死。

缅甸国王一手制造的"饮咒水"事件，达到了目的，永历在缅甸的势力已被消灭殆尽。现在永历已经到了山穷水尽的地步，身边除了母亲、后妃以及个别幸免于难的从臣，没有几个有脑子或有体力的人了。一句话，永历的命运已经被牢牢控制在缅甸国王的手中。

计擒永历

政治事件，差不多都有幕后推手，这次也不例外。站在幕后指使这场政治事件的导演吴三桂正在那里发笑。缅甸国王下一步要做的事，也就是等待，等待吴三桂发兵前来提取他保留的贵重商品——永历罢了。

顺治十八年九月，天气已近宜人的秋天，瘴气已消，暑气已退。吴三桂调动 7.5 万人马，加上 2.5 万炊事及汲水勤杂人员，共计十万大军，分成两路，向缅甸边境开来。

有必要采取如此之大规模的军事行动吗？

"非常有必要，要用军事压力作后盾逼缅甸国王交出永历。为此，就必须做出必取永历而后罢兵的态势。"

吴三桂这么做，是不是同时做给北京那边的人看的呢？答案是肯定的，"你们看看，这边的形势非常的复杂和凶险，没有十万兵办不成个事，何况李定国、白文选随时会来半路抢人。"

吴三桂的做法也的确让缅甸王感受到了压力，毕竟清朝十万大军压境，而且是精锐之师，绝不是李定国、白文选的那种游击部队所能比拟的，更何况李定国的万人部队就已经让缅甸的十五万大军吃了大苦头。

顺治十八年十一月初八日，清两路大军进入缅甸境内，会师于木邦。

吴三桂来得正是时候，此时南明军内部的李定国、白文选发生了大分裂。

为着索要永历，李定国、白文选多次合作进攻缅甸，最后的一次是八月，也即吴三桂出兵之前的一个月。两人一起率军渡江攻打缅甸，但是没有胜利，于是决定撤军，回到洞武。

撤军途中，李定国的军队在前面先行，白文选的部队随后跟进。然而，就是这样的撤军次序，居然走出了大问题。

问题的根源在一个人的死亡上，这人大家应该还记得——贺九仪。那时李定国驻军孟艮，明将贺九仪率领部众从南宁过来，与李定国合军一起，军势大振。当时，贺九仪的妻子还留在云南，后来不幸被吴三桂俘获。吴三桂用上一招，逼贺九仪的妻子写信，用高官厚禄招降。

贺九仪收到了这封信，向身边人暗中透漏了一些降清的想法。

贺做事不够机密，这事被李定国知道。

李定国设下一局，约贺九仪喝酒。当大家喝得酒酣耳热之时，早先埋伏的甲士一涌而出，将贺九仪逮住，接着用乱棍打死。

白文选听闻后，道："这事李定国做的是不是太过分了？"

有两个人说是的，这两个人是白文选的部将张国用、赵德胜。

对李定国的做法，张、赵二人强烈不满，下定决心做成一件事，脱离李定国的控制，带着手下的队伍，自谋发展。

两人睁大眼睛，不停地寻找机会。

"撤军这样的走法，就是我们最好不过的机会。"

张国用、赵德胜走到白文选跟前，反复劝说："贺九仪的死，说明了一个不争的事实,李定国不靠谱。我们应赶紧脱离李定国,不要再作第二个贺九仪,不要为自己掘坟墓。"

听着这些话，想想搭档李定国，白文选一时之间失去了主意，不知如何是好。

看到白文选正在犹豫不决，张国用、赵德胜迅速下手，把白文选的部队强行拉出原定回撤路线，向东北方向走去。

两人下手真快啊,木就这样变成了舟。看着眼前的景象,白文选做出决定，一起北上，脱离李定国。

李定国早就派儿子李嗣兴跟随白文选，暗中观察动向。发现白文选脱离撤退的队伍，另路北上。李嗣兴带上人手，立即从后面追了上去。

得到消息，张国用、赵德胜迅速摆下军阵，正面迎击。李嗣兴更不示弱，决定率部迎战。

双方剑拔弩张之时，得到消息的李定国派人给儿子传来一句话："当年与我一起战斗的那么多人，现在就只剩我与文选。我哪忍心相互残杀？今大谊已去，那就任他去吧！他走他的阳关道，我过我的独木桥，没有必要强求。"

吴三桂的十万大军到达木邦时，李定国退到了景线。因此没有看到李定国、白文选再度联手趁机抢夺永历的情景。永历这一次真的命悬一线。

真正离开李定国后，白文选突然生出一个想法来，"清军那么庞大，我手上只有这么点部队，当个土匪都不成气候，哪里还扯得上大明的前途？降清吗？那就会背上叛明的千古骂名。"

军队来到了锡波江边，驻扎下来。

接着就听到消息，吴三桂的大部队已经到达了缅甸的木邦。

"有没有属于我的机会？"白文选反应迅速，立即派出副将冯国恩带着一支小分队前去侦察，看清情形，再做决定。

我搞出这么大的动静，出动十万大军，李、白二人必定有响动。吴三桂早就做出预测，一定要沿途设下伏兵，这一次，绝不可让二人逃出生天。

冯国恩率领的侦察部队，刚刚走近吴三桂大军的驻地，立即被伏兵捉个正着。

"要想活命，只有降清。要降清，非说出白文选驻军的全部军情不可"，冯国恩做出决定，"说吧说吧，说了就立功，不说必定是死。"

当一个军队的军情悉数被对手掌握时，这支军队的死期就不远了。

吴三桂是一个非常会抓机会的人，"这一次是送上门来的机会。选派精锐快骑组成追击大军，誓将白文选追到地老天荒。"

吴三桂手下将官率兵昼夜疾驰三百里，追兵赶到了锡波江江边。

望着冯国恩远去的身影，白文选突然有一个感觉，"冯国恩如果叛变投敌，一定会把我卖个高价。"他立即派出第二支分队，观察吴三桂军队的移动情况。不出所料，第二分队不久就发现一支部队正朝着锡波江方向飞奔而来时，白文选立即做出决定，毁掉浮桥，奔向茶山（高黎贡山南段，今属缅甸）。

"白文选提前逃脱？"得到消息，对着身边的大将马宁、祁三升，吴三桂说道，"被我们发现了遗迹，他这一次就一定跑不掉。你二人率领一支部队继续追击，带足给养，千里追逃，也要把他追回来。我与爱星阿率主力大军，直趋缅甸都城，达成擒拿永历的目标。"

马宁、祁三升率领军队立即出发，十一月二十五日，大军一路追击，追到了距锡波江八百里的猛卯，终于追上了白文选。

此时的白文选已经无处逃生。马宁反复劝降，最终成功，白文选全军降清。

大部队到达腾越，吴三桂再一次向缅甸国王发出一份通牒，"赶紧将伪明皇帝永历朱由榔送过来，现在送来还能卖个高价，否则，你就啥都捞不到了，后悔就真的来不及了。"

出高价的而且出得起高价的买主终于上门，缅甸国王做出决定，"赶紧出货，也免得那些出不起价的人（李定国、白文选）时不时上门纠缠不休。"

十二月初一，大军到达距阿瓦城六十里的旧晚坡。接到通牒，缅甸国王派出宰相锡真前往迎接。宰相大人亲手拿着贝叶缅文，送到吴三桂的帐前，"愿送驾（指永历帝）出城，但祈来兵退扎锡坡。"

看看目标就要达到，吴三桂同意接受缅甸的条件。

现在是永历痛苦的时间了。

他已经明白等待自己的将是什么。"这个用痛苦和眼泪整整支撑了十五年的政权将走进坟墓，而我的生命也处在了生死之间。"

"为什么所有的努力还是会以这样的悲剧收场？如果当初就知道是这样的结局，还为什么来当这个皇帝？"永历思绪万千，决定向要他命的人倾诉一场。永历提起笔来向吴三桂写信，将自己的悲哀、激愤、痛苦、哀怨、愤怒……这些感情、念头尽情倾泻于一纸之中。

只看了一眼，吴三桂就看出来了，这位陌生的男人已经没有了任何恢复祖业的想法，他再也不想恢复什么破山河了，但是，另一个想法，还是有的——求生。

吴三桂给出了标准答案。眼下，他正在执行一项历史使命，一切的工作，只能是一个目标——活捉你永历，对于其余的追随者一网打尽。说白了，斩草除根，岂能容情？

十二月初二这天的日落时分，三名缅甸官员来到了永历的住处，他们骗永历说："晋王李定国的兵已经到了，现在我们护送你去他那里。"不等永历回话，三人抬起永历就跑，后面紧紧跟着永历团队的其他成员。

漆黑的夜晚，这群人上了河中的几只船。二更天的时候，这群人到了河对岸。这时，永历以及跟在永历后面的这些人才明白，自己来到了吴三桂的军营。

吴三桂与缅甸两方合谋，没费一兵一卒，便神不知鬼不觉地把永历及其家属、成员一个不漏、非常顺利地全部擒获到手！

对于永历一家子，吴三桂没有虐待他们，给了良好的待遇。甚至连永历吃饭时，也都用的是金碗。

十二月初十，吴三桂下令班师。康熙元年（1662 年）三月十三，吴三桂带着战利品——永历皇帝，带着自己的大军回到了昆明。

第九章
世守云贵梦

韬光养晦

镇守云贵的时间越长，吴三桂心中的一个想法就越是强烈：像明朝的黔国公沐氏那样，世世代代镇守云贵；将这里的肥土沃野，作为吴氏子孙世守的藩地。

想法是好的，可是吴三桂自己说了不算。

眼下，就不说那个世守云贵的想法，有一个难题他就解决不了。

这个难题可称为历史难题，也就是"飞鸟尽，良弓藏；狡兔死，走狗烹"。取得全国统治权后，皇帝们大多做同样的一件事，屠戮功臣宿将。天下的鸟都打尽了，还要那些弓箭做什么？地面上跑的兔子都抓尽了，猎狗还有什么用呢？还不如与兔子一起杀掉吃肉，既免了狗咬人的风险，还省了养狗的费用。

入关前，清统治者实行"满汉一体"的政策，然而实际上，兵权、政权全都掌握在满族人手里，几位身处显位又掌握军队的汉将，在朝廷里，就像汪洋大海中的几个孤岛一样，随时都有被海水冲没的危险。

朝廷对他们这几个人放心不下，却又不得不重用他们，于是就采取了一个手法——留子（或亲属）于京。吴三桂的长子吴应熊，尚可喜的三子尚之隆，耿继茂（其父耿仲明已去世）的二子耿昭忠、三子耿聚忠都在京师，入侍皇帝。皇帝把他们几个都招为额驸，实际上是把他们当作了人质。

从一开始，清廷与吴三桂等人就各怀心事。对于这一点，大家都是不言自明的。

远在边疆，如何搞定清廷？吴三桂想出了一个办法——将计就计。吴三桂利用吴应熊留京的条件，派亲信心腹胡心水照顾儿子。实际上，胡心水的真正工作是刺探"密事"，随时向吴三桂报告。正是有了这个人，虽然身在数千里之外，朝中的一举一动，吴三桂全都了如指掌。

眼前，兵部正在做一件事，将吴三桂两大主力营的营官调离云南。吴三桂心道：这是什么意思？这不是在分散我吴三桂的势力，还能是什么？

康熙五年（1666 年）二月，兵部挥动大斧，削掉吴三桂的忠勇、义勇两营，裁去忠勇营总兵官。朝廷又裁又调，已经将我精心打造的两大主力营弄得有名无实了。

看着吴三桂每日里沉默寡言，身为亲信心腹的浙江人吕黍子发现，属于他的机会来了。

吕黍子悄悄向吴三桂进言，"多多营造园亭，多买歌童舞女，日夜欢娱，使朝廷勿疑"。

是个好计策！吴三桂觉得还少了点什么，再加点儿料，高高举起"自裁军队"的大旗。

现在，吴三桂非常忙碌，他一面大建园林，纵情歌舞，大搞娱乐活动，同时又向皇帝上奏章，主动提出裁撤部队 7200 人。

奏章送到皇帝的案头，康熙当即批准。

这点儿人马，不到吴军总兵额的零头。不仅如此，实际上吴三桂只裁了5000 人。这点儿力量，对吴军根本构不成任何损害，仅是向朝廷做出一个姿态而已。不过，吴三桂心中有个怪怪的感觉：康熙批准的这个速度，真是快啊，快得让人心里发慌。

吴三桂大喊大叫裁军活动，大搞娱乐活动，正在行韬光养晦之功。突然有人跑了出来，向吴三桂上血书。

此人名查如龙，原南明弘光政权某部的官员。自从流落江湖，他就自定了伟大的志向——反清复明。查如龙还有一套绝活，既能伪造全国各省总督、巡抚、提督的书信，又能伪造官封、印信、花押、图章，且极为逼真，即使专业人士，也很难识破其中有诈。最近，查先生又有了一个新的方案。

查如龙不停地伪造信件，然后把这些伪造的信件汇集成册，带在身上，前往云南，寻找吴三桂。查先生用他的慧眼看出一个别人看不出的秘密，"吴三桂的心里，一定埋藏着一根痛针，挑动他的那根针，他必定是我实现反清

复明志向的贵人。"

查如龙又是骑马，又是坐船，有时还步行，就这样他走过几千里的路程，终于来到了昆明，住进了离昆明不远的一座寺庙。

一天，查如龙找到一间闲置的厢房，铺开一张多日前制备好的纸，咬破食指，用鲜血一字一句写起早就构思成熟的信来，"王如果出兵以临中原，那么天下必然响应"。

信的结尾，查如龙高声呐喊："联络声气，共图举事，恢复中原。"

"现在就差最后一个办法"，想来想去，查如龙想出一招，街头花钱雇佣一个待童来做送信这件大事。待童或许会在送信途中闹出什么乱子。不过，这不但不打紧，而且把事件闹大的话，天下人都知道这封血书，那么，目的也同样达到了——给吴三桂造成重大影响，从而施加力量。

出乎意料的是，待童是个胆小怕事的人，到了吴三桂的王府门口，转了几圈，徘徊了几阵，又原路返回寺庙，原样把信退还了查如龙。

于是，查如龙只得努力寻找下一个办法，可却不慎犯了事，被人扭送到了曲靖府。审察人员从他身上搜出信札、血书，知府李率祖细看，立即有一个感觉，这人非同小可。

知府李率祖与吴三桂之间，不仅不是一派人，而且还有些积怨。天下突然掉下这么个把柄，岂不可以趁机将吴三桂往死路上送？李率祖再次细看这些信件，有了一个感觉，"这里牵涉的人太多太多，如果全部上交，这事肯定办不成，因为上级、上级的上级绝不会是傻瓜，那些被牵涉进来的高官，一定会千方百计加以阻挠。"

李率祖笑了："哈哈，把那些信札统统烧掉，单单留下给吴三桂的那封血书，这就够了，立即申报督抚，上达朝廷。"

报告一式两份，在向北京那边报告的同时，同时送一份给吴三桂王府，把查如龙这个天上掉下来的大火球，也送到他吴三桂的手上。

李率祖凭空送来一封血书和一名案犯？吴三桂在书房里反复转步子，很快得出一个结论，这么个小小的伎俩，想让我阴沟里翻船？他还嫩着。

吴三桂发下命令："千总董三纲将查如龙押解进京。"

到了北京，朝廷以叛逆罪判处查如龙凌迟处死。

得到消息，吴三桂长长地舒了一口气，天上掉灾星，要不是我处理得当，差点儿就引着了我后院的荒草。

吴三桂自认为脱了干系。然而，从这件事中，皇帝脑子里却生出一个感觉来：汉人吴三桂的势力，归结到底，总是一个大祸根。原因很简单，苍蝇不叮无缝的蛋。

此局，知府李率祖胜出。

这件事刚刚过去，吴三桂突然有了新发现，"过去，凡是我吴三桂提请，兵部、吏部甚至皇帝无不应允，而现在，经我提补的各官，批准的却极少。"

吴三桂努力寻找其中的答案，突然，一个响雷在吴三桂头顶的天空炸响：安插在京师的心腹胡心水死了。"我这是失去一个耳目，变成半聋半瞎了。"

这样的感觉真的很不好受。

与京师的联系陡然陷入停顿状态，这种状态一时还难以得到改变，吴三桂感到非常不适应。抓耳挠腮之际，吴三桂突然接到胡心水的侄儿胡国柱（吴三桂的女婿）传来的一句话，"朝廷已怀疑王，王应想个自全之策"。

果真是天上掉灾星，吴三桂坐立不安。想来想去，一个办法想出来了，我何不以退为进？

康熙六年（1667年）五月，吴三桂上疏朝廷，"自我感觉两目昏瞀，精力日减，请求辞去总管云贵两省事务"。

康熙没有表现出一丁点儿挽留的意思。批示同意速度之快，令吴三桂惊出一身冷汗。那个荣耀无比的实权，顷刻之间，就失去了啊！吴三桂恨得牙痒痒。

这一年，即康熙六年，吴三桂满55岁，的确是到了我们今天的退休年龄。实际上，这个年龄段上，他人还精神抖擞着呢，哪有什么"两目昏瞀"，那个精力衰减的话，又哪里是心里话。

你康熙不就是喜欢收权吗？那我干脆把选任武官的权也一并上交给你。

气愤之中，吴三桂再上一本奏章。

康熙一点儿也不客气，立马全部收回。

现在仅剩一个高贵的亲王名号了，吴三桂气得一屁股跌坐在扶手椅子里。"康熙小毛孩，你这是真不懂，还是装不懂。我这五十多岁的部门领导，难道还玩不过你这十几岁的大老板？好吧，你等着。这个闲王，我这先给你当着。"

平时当惯了班长的人，突然班长的职务被老师任命给其他同学了，心中是极不爽的。吴三桂整日里快快不乐。

吴三桂部属中，已经有人看不下去了，有人已经沉不住气了。

九月底，云贵总督卞三元、云南提督张国柱、贵州提督李本琛，三位本来是吴三桂丢权的受益人，却突然联合上奏，以吴三桂功劳高为由，提议朝廷恢复吴三桂总管云贵事务的任命。

三人为什么突然出这一招？

三人的行为如此一致，必定是得到了吴三桂的默认甚至鼓励。

皇命即出，岂可收回？三人应该明白这个世人皆知的道理。这样的奏章送上去，肯定是要受到朝廷的申斥，甚至丢官都有可能。

出人意料的是，这一次康熙没有动怒，只是做了一番解释，"恐其过劳，以致精力大损。如边疆地方，遇有军机，王自应料理"。

假若遇有军事，仍由吴三桂"料理"，这等于变相地授予了吴三桂临时的用兵权。通过平和的态度、灵活变通的手法，可以看出，康熙极其明智。

在皇帝这样的态度面前，所有人都无话可说了。

决意撤藩

从外部看，清王朝拿下了整个江山。可从内部看，情况却越来越复杂。打江山易，坐江山难，清王朝接下来能不能坐稳江山，实在要打一个大大的问号。

康熙继位时，实际上由四辅臣执政。辅臣继承了顺治的政策，对吴、尚、耿三王百般笼络，依赖他们镇守南部边疆，甚至到了听任三藩自行其是的程度。

时代在变，其中政治上的要数，也在两个方面进行变化。一，南明打没了，外部矛盾消失。二，内部矛盾上升为主要矛盾。内部矛盾即三位藩王与中央集权之间的矛盾。

在"藩屏王室"的过程中，三位藩王势力越来越膨胀，现在，不仅不能护卫王室，反而成为与王室抗衡的政治、军事、经济力量。

之所以有上面的结论，下面用列数据的方法进行分析。

尚可喜、耿精忠各有旗兵 15 佐领（1 佐领甲士 200 人），绿营兵 7000 人，家丁各两万。吴三桂兵力 7 万，家丁数万。在外省，三王的心腹将领控制的军队，数量庞大。三藩已经掌握了南方数省的兵权，能运作的精兵猛将达 30 万，等同于军事割据。

在经济上，三王也享有特权，而三王们又非常积极地运用这些特权——如地方省份的收税权——来扩展自己的实力。

在广东，尚可喜私自设有征收苛捐杂税的"总店"，平日里百姓消费鸡鸭、蔬菜、水果都要加倍抽税，铜、铁、锡、木材这些商品，除政府规定的税收外，均加抽私税，每年可得白银十多万两。同时还利用通海的便利，大做特做海上走私生意，牟取巨利。

耿精忠所在的福建，盛产鱼、盐大宗产品，耿藩王"横征盐课"，同时与荷兰、东南亚各国毫无顾忌地大做走私贸易，完全不向清政府交税。

三位藩王的经济活动，不但非法，而且还严重损害到了清政府的国家利益，政治影响极坏。

人心不足蛇吞象。吴、尚、耿不只是建立收税队伍来搜刮民财，聚敛财富，而且把他们的手伸向了朝廷，从朝廷那里索取千百万粮饷和经费。如顺治十七年，云南、福建、广东三省饷银，共花费两千万两，而这一年全国其他地区的军饷也才一千七百万两。"天下财赋，半耗于三藩"，渐渐地，清朝的财政陷入困难的境地。

三藩已经成为清政府经济上巨大的负担，政治上巨大的危害，军事上巨大的威胁。

为什么会造成这样恶劣的后果？

两个方面的原因显而易见。其一，吴、耿、尚"三王"自己有意识地、努力地、积极地、不停地保持和扩大自己的实力，就像人体里的恶性肿瘤，他们每时每刻都在长大。其二，从顺治到康熙初年，政府最高层给予了他们三人太多的、过多的特权和优待政策。就如一个胖孩子，母亲给他吃了太多的好吃的食物，以致他现在胖得走不动路了，可他却还在不停地伸手，索要更多的高热量的食物去享用。

康熙六年（1667 年），康熙满十四岁，七月，举行亲政大典。过了两年，也是就康熙八年（1669 年），五月，康熙下令逮捕鳌拜，结束了这位辅臣专横跋扈的政治命运。这两件事，标志着康熙已经在强力地收回权力。

到了这个形势，形同割据的"三藩"如果还不明白自己的命运，就有些说不过去了。

三藩的命运，现在是康熙说了算的时候了。康熙虽然才十多岁，然而他的脑子里早就形成了一个观念，"朕自少时，以三藩势焰日炽，不可不撤"。不只是一个观念，还有一个明显的动作，"夙夜廑念，曾书而悬之宫中柱上"。资料记载，到康熙三十一年（1692 年），他少时在宫殿金柱上刻写的那些字迹还保留着。

康熙虽然当时年纪不大，政治眼光却非常敏锐，他已经看出来了，三藩对国家已经变成了心腹之患。他已经把削藩列为上台执政必须解决的头等大事，就像他要解决鳌拜专权一样。对于如何解决三藩，康熙已经思虑好久，设计好了方案，现在就等着时机的来临。

虽然早有撤藩的打算，虽然制定了详细的方案，然而，康熙仍然不敢贸然采取行动，毕竟三藩手中握有精兵猛将。

康熙做事相当谨慎，从康熙十一年到十二年初，主要采用人事变动的手法，多方笼络吴三桂的部属。这就像拆一栋大楼，先试探性地松动甚至抽掉他的几根大梁。

康熙十一年（1672 年）七月，在征云贵的事已经过去了十多年的某一天，康熙突然做出一个决定，大奖吴三桂手下的将领。

一批又一批高级将领们高兴了，吴三桂却陷入了深思之中。皇上为什么突然施恩于我的部下呢？那就只有一个可能，加深他们与朝廷之间的感情，使得他们对朝廷感恩图报。那么，这些将领对我吴三桂呢？这就像一个孩子，太爱妈妈了，就有可能把爸爸冷落了。

吴三桂突然联想起两个月前的一件事来，那件事当时感觉莫名其妙，现在看起来，事情的发生却是与现在有所联系的。

那是康熙十一年五月，康熙突然下达新的任命，任命吴三桂藩下参领张足法为云南援剿右镇总兵官。从参领一下子提到总兵官，这已经上升了多个级别，而且是破格提拔。不仅如此，康熙还特地把张足法召到北京，在宫殿里接见他，并且面授机宜。

吴三桂将这两件事联系起来一想，忽然感觉脚底板有些发凉，康熙这样做，岂不是在挖我的墙脚？

接下来发生的几件事使吴三桂感觉，这股凉意已经从脚底板往上蹿了。

这年的十一月，非吴三桂一派的吴启丰由兵部任命为贵州安笼总兵官。十二月，云南前镇总兵官马宁被兵部调出，升为湖广提督。第二年正月，兵部任命吴三桂藩下长史卫朴为云南援剿后镇总兵官。

注意一下，这些人都是云贵大员，而这些重大的人事调动，全部由皇帝钦命，吴三桂连插手的机会都没有。

朝廷这种频繁人事调动的做法，打乱了吴三桂原来的套路——现在，在吴三桂圈子里行走的，不一定就是他吴三桂的心腹大将；而他吴领导的心腹大将，说不定某一天就被兵部调到某个别的省份去了。

注意一点，即使这样的做法，康熙运作起来也极为谨慎，比如对于吴三桂身边那些至关重要的人物如夏国相、方光琛，还有吴三桂的亲属，康熙就特别注意，没有去触动他们。

吴三桂精神高度紧张。康熙十二年（1673年）二月，他突然得到了一个反方向的信息。康熙亲派一等侍卫吴丹等人，驼着御用的貂帽、团龙貂裘、青蟒狐腋袍来云南搞慰问来了。同时，广东的尚可喜也得到了同样的一份高级别的赏赐。

可以看出，在政治舞台上，康熙已经不是一个不经世事的青年，已经成长为一个老辣的政治能手。对于这一点，年近六旬的吴三桂不知道是否已经看出来了。如果他现在还有什么想法的话，实在应该好好地掂量掂量这个对手的分量。

这事刚刚过去一个月，又一件让清廷上层所有人震惊的事在吴三桂的眼前发生了。三月十二日，尚可喜突然上了一道申请撤藩的奏疏，"年老多病，归老辽东"。

真的是他病了吗？

答案是，他没病，还健康着呢。真实的原因，有三种解释。

熟悉尚可喜的人，给出的解释是，尚可喜"身在名位权势之中，心常出名位权势之外"。

清朝官方的解释是，这是由于长子尚之信的缘故。他的这位长子，好酗酒杀人、横行无忌，尚可喜为避免儿子给自己招来祸害，所以自愿放弃权位。

尚可喜的手下谋士金光的解释是，尚藩王已位极人臣，恩宠无以复加。众所周知，树大招风，朝廷对他岂能放心？看看历史上的先例，外姓封王没有一个能长久的。所以尚可喜采取了交出兵权、回辽东养老的措施。这样的做法，有可能使得自己一生中创下的海量财富，到了老年也能保得住。

笔者认为，最后一种解释比较靠谱。原因是后世的曾国藩也采取了同样的办法，在剿灭太平天国之后，主动提出裁撤湘军，目的是以保晚年。

应该说，尚可喜是一个明智的人。反正朝廷迟早是要削藩的，那么自己先提出撤藩，就赢得了政治上的主动。

康熙正睁大眼睛寻找撤藩的时机，尚可喜的这一动作，大大提前了他实施撤藩计划的时间表。康熙紧紧抓住这一难得的机会，决定顺水推舟，立即实施全面的撤藩动作。

有了好的时机，并不一定就能成功地达到目标。

撤藩绝不是小事，今天叫重大政治问题，弄不好的话，会搞出大乱子。

康熙十分谨慎，特地召集各部阁臣会议，进行讨论。

会场分成两大派。主撤派，也是多数派，以户部尚书米思翰、兵部尚书明珠为主。少数派，就一个人，大学士图海，非常坚定地认为，藩王断不可迁移，否则，就一定会出大问题。后来的事实证明，真理往往掌握在少数人手中。

最后康熙表态，不但决意撤藩，而且当即指示，现场就给尚可喜写撤藩谕旨。

在争取政治主动时，尚可喜提出了一个要求——留镇长子尚之信于广州，由他来承袭平南王爵位。

涉及这个问题时，康熙给出了一个明确的指示，清朝"子无移袭之例"。至于是不是留镇广东，圣旨也很明确，为着不让他们父子分离，应全迁为便。

对于平南王藩下六千名绿旗官兵，兵部做出具体安排：留在广州，由广东提督统辖。移动之时，所需一切夫马舟船，由官府拨给。

一句话，这就发路费给你，你的兵留下，你们父子就别留恋广东了。

尚可喜的本意可不是这样的，他的想法是自己回关外故乡，让长子留镇广东。他厌恶他家的这位官二代，不愿和他一起生活。现在，没有办法了，圣旨说得再清楚不过了，除了接受这样的结果，还能有什么办法吗？啥办法都没有了，毕竟胳膊扭不过大腿。

尚藩王在着手准备迁移事宜。可令他自己都没有想到的是，由他撤藩而引发的一场全国政治大动乱、军事大搏杀，这就跟着来了。

进退维谷

康熙在批准尚可喜撤藩决定的同时，心情很激动，于是他又做出了另一个重大的决定——将这个消息用特大喜讯的方式向朝廷内外包括各省军政官员通报。

康熙能不激动吗？自己撤藩的想法，居然就这么轻易地打响了第一炮。康熙接下来就有更多的想法了，是的，将这件事作为特别重大的喜讯在全国上下通报，那么，对于吴三桂、耿精忠不也是一个暗示吗？不也是暗示他们赶紧自动地提出撤藩的申请吗？

这实在是一个极度错误的做法。

人的思维是有纰漏的，特别是当主要领导头脑充血、高度兴奋、心情特别激动时，漏洞往往就此产生。康熙的做法，的确能暗示吴三桂、耿精忠，然而，同时撤走三位藩王这样的高危险动作，岂能同时进行？就像拆弹技术人员在拆除巨型炸弹一样，不能同时拆引信、外壳和炸药，更不能同时将三枚巨型炸弹放在一个拆弹现场进行破拆。即便这些拆弹人员是拆弹专家也不行。这些动作要分时段进行，才安全，否则，有一个人甚至一个动作出状况，就可能引爆所有的炸弹，后果不堪设想。

照理讲，这是任何一个人都会明白的小道理，并不深奥，然而，作为主要领导，心情特别激动之时，头脑特别发热之时，仓促之间做出错误的决策，也就在所难免。而他的下属中又没有人发现这个错误，或者即使发现了，也明哲保身，故意不指出来。不论如何，结果是康熙把这个喜讯以特大喜讯的方式在全国上下大加宣传起来。

第九章 世守云贵梦

对于撤藩，吴三桂、耿精忠这两个当事人没有一丝一毫的想法，而且吴三桂还一直梦想着世守云南。朝廷做出这样的暗示，街边大妈都看出来了，这两人岂能看不出来？现在剩下给他们俩的就只有一件事可做：赶紧自请撤藩吧，别等朝廷下旨。

什么叫"人怕出名猪怕壮"，现在，这两人感到，自己已经是又出名又壮了，屠户就要拎着刀子过来了。

处在政治敏感中心，吴应熊已经探明朝廷的意图，赶紧秘密派人快马驰往昆明，只是为了传一句话，"赶快写奏疏，立即派使者送来，还来得及"。

事情就这样被赶到了节骨眼上，此时的吴三桂，在政治上，没有尚可喜那样明智，由于一双眼睛只是盯着自己到手的利禄名位，因而没有考虑长久。到了这个地步，到了皇帝大张旗鼓地暗示他，到了他的儿子已经探明了皇帝的真实意图的时候，他还处在幻想世守云南的状态之中，走不出来。

其实，他的心里有一点是非常清楚的——朝廷对他不放心——从这里，他推断出皇帝不会把云南交给他世守，然而，那个做黔沐公的梦却不停地在他的心中触动着他，这使他陷入深深的矛盾之中。

撤吧，自己实在心不甘、情不愿；不撤吧，尚可喜已自请撤藩，朝廷对自己的疑忌一定将更深。天啊！这该如何是好？

吴三桂的思想、情绪已进入到了一个自己无法走出去的黑障。真是进亦难退亦难，进退维谷，吴三桂就这样独自一人闯了进来，而且找不到出口。

徘徊之中，顾虑重重之中，吴三桂有了一个预感，这样的关键时刻，这样的节骨眼上，倘若自己走错一步，后果将不堪设想。那么，该如何做才是正确的选择呢？吴三桂想来想去，没有能够想出解决这道难题的答案，就想了另一个办法——让更多的人来为他想答案。这一次，他特地召集一班子亲信来开会。

三个臭皮匠，顶个诸葛亮。然而，有时候，臭皮匠多了，反而顶不了诸葛亮。专业说法，一加一小于二。会上大家积极发言，最后却发现，大家的意见很不一致。有主张撤藩的，有主张不撤的，有一批人提出另一个主张——试探。

"不妨先提出一个申请，看看皇帝到底是什么态度再说。"试探派的主张看上去蛮有道理，毕竟皇帝没有下旨要你撤，连他是不是在暗示你都很难说。

至于吴应熊在京城里打听来的消息，道听途说也有可能，毕竟那个消息不是皇帝亲口说的，只是皇帝的身边人从皇帝的口沫子里揣摩出来的。

"试探的主张可取，"吴三桂做出决定，"向朝廷上奏章，试探皇帝的真实意图。"

一个难题接着蹦了出来，这篇奏章由谁来写？这道奏章与往日不一样，既要说撤藩，说得实心诚意的样子，又要让皇帝不能真的做出撤藩的决定，只能是试探。这样的奏章难写啊！想来想去，吴三桂想到了一个人——刘玄初。

这位是四川人，一肚子的墨水，早年在蜀王刘文秀府中当幕客，满腹经纶，特别善于谋划。自从得到这位善谋的刘玄初，吴三桂就一直把他放在自己的身边，遇到重大的难题，总是找他来咨询。看着眼前这个特别重大的难题，吴三桂想到了他。

不过，刘玄初却一口拒绝。理由非常简单，"皇上早就想把你调离云南了，他只是不好开这个口。你今天上这个疏，不论我千写万写，结果只有一个：一定会朝上而夕调。尚、耿两王愿辞就辞，愿调就调，那是他们俩的事，与你不相干。不要去效法他们。王万万不可上疏。"

听了刘玄初的话，吴三桂突然变得恼怒起来，气冲冲地说道，"我自己来写，马上就上疏，我要让你看看，皇上会不会调我。皇上一定不敢调我！我上疏，就是做一件事，消释朝廷对我的怀疑。"

吴三桂在奏疏中，把自己的功劳，把自己对大清江山的贡献看得比高山还高，比大海还大。对于这一点，他那是毫不怀疑，也不容别人来怀疑，更不容下属来怀疑。人要是到了某一个高级层次，到了王的层次，看来就容易犯一个低级错误——忘记自己是谁了，忘乎所以，忘记自己姓什么。你是姓吴，不是姓爱新觉罗。你以为人家封你为王了，你就真的一劳永逸了？那个银行支票，出票方可以兑现，也有可能一发脾气就撕票了呢。

康熙十二年七月三日，吴三桂自请撤藩的奏疏送到了康熙的案头。

六天后，七月初九，靖南王耿精忠也送上了自请撤藩的奏疏。这位内心里其实也不想撤藩，但是情势所逼，想不撤都不行了。

两本奏疏都摆在了康熙和廷臣面前。大臣们都不是傻瓜，一眼就看出吴、耿自请撤藩并非自觉自愿。

康熙也看出了吴三桂的"不情愿"，更看出了吴三桂的"不得不"，然而，康熙处理问题的出发点，没有从吴三桂出发。作为皇帝，从小在皇宫中长大的皇帝，还从来没有站在别人的角度考虑过问题，出发点有且只有一个——他自己。

康熙早就想着撤藩这件大事，一直在寻找机会，现在，是尚、吴、耿自己主动提出撤藩，天上掉下三个我期望已久的大馅饼，我能不捡吗？这简直是我盼都不敢盼、想都不敢想的大好事。他哪里想到这可能是在同一时间段上同一拆弹现场同时开拆三个巨型炸弹？

年轻的皇帝这一次用了直线思维的方式，毫不迟疑地在他们俩人的请示报告上做出批示。批示的话很长，不过总结起来就一个词——同意。

一辈子老谋深算的吴三桂，算定朝廷一定会挽留他，然而年轻的皇帝却打破规则，让吴三桂这一次彻底失算，狠狠吃瘪。你想玩假戏，我就要跟你来个真做。这就是年轻人的"不经世事"，也叫"初生牛犊不怕虎"。

吴三桂假意求撤，康熙顺水推舟、就坡下驴让他真撤，吴三桂实实在在地品尝了一次弄假成真、木已成舟的苦果。皇帝的圣旨下了，已经不可能挽回。君无戏言，丝毫没有留下挽回或商量的余地了。

吴三桂被逼进了死胡同，只能是单行道，没有回头路可走，除非是走黑路，那也将一路走到黑。

走黑路？已经年近老年的吴三桂，到现在为止，还没有一丁点儿这样的想法。

起兵反清

接到撤藩的圣旨，吴三桂顿时愕然，不知所措。这完全超出预期。早知道会是这样的结果，打死也不会上那道奏章。转瞬间，另一个感觉轰然而至，世守云南的希望，顷刻间烧成了灰烬，化作了泡影。吴三桂似乎被人重重地当头打了一棒，头脑昏昏沉沉，就如高速公路上在心爱的汽车里惬意地行驶，突然之间，错把油门当刹车，连人带车飞落千丈悬崖。

早知如此，当初何必自请撤藩？世上没有后悔药。君命不可违。

现在，他，他的家属，他的官兵，官兵的家属，所有的人，都必须一个不剩地撤离云南，回到当年的那个起点，回到锦绣前程前的那个原点——山海关外的某个地方。除了平西王那个爵位，啥都没了。不再参与国家政务，唯一能做的事，就是打理我的庄园，安闲地过着富家翁的小日子。今天我是权势显赫的王爷，威震一方的大将军，而回到老家，将变成一个啥都没有的种田翁？皇帝抛弃了我，国家抛弃了我，我将只能在孤独、寂寞中了此残生？我用鲜血和无数将士的生命换来的荣华富贵，就这样人间蒸发？云贵这广袤富庶的土地，我在云南苦心经营起来的宫阙，全都拱手送人，离我远去了吗？

吴三桂心中，无限的失落感、惆怅感油然而生。

抗拒吗？那岂不要落得个叛逆的罪名？数十年血战换得的荣誉，就这样轻易自毁？服从吗？那就得失去已到手的一切，为子孙后代苦心经营的一切，从此化为乌有！

吴三桂突然有了一个感觉——一种受到朝廷欺骗的强烈感觉。朝廷这是一下子撕毁了所有的承诺、协定，开出的银行支票居然全部不兑现。把已经送给我的一切，又一股脑儿全收了回去。怎能心甘情愿？他就像一个小伙子风风光光地爱上了一个大美女明星，将自己所有的一切完全彻底地交给了她，而且媒体也高调报告了这一正式的新闻，然而，某一天，那位美女明星突然大张旗鼓地嫁给了别人。对于这个小伙子来说，这样的打击是谁也承受不了的。

吴三桂努力地控制着自己，着力稳定自己的情绪。

而此时，另一群人受到的震惊，已经大大地超越了吴三桂。这群人就是他的下属。

他们不像吴三桂那样思虑再三，而是直接发出声音，强烈地为吴三桂鸣不平，"王功高，今又夺滇！"那些愤慨之声，从不同人的嘴里发出来，真是不绝于耳。他们为着自己将要失去那些既得的权益而痛心疾首。

多少年来，这些人跟着吴三桂出生入死，早已把自己的命运绑在了吴三桂的战车上，已经到了一荣皆荣、一损皆损的最高境地。

这些人大致分为三个层次。第一层是核心层，包括吴三桂的弟侄、女婿，以及非血缘关系却有着特殊利害关系的一群人物，如方光琛、马宝等，他们都投靠在吴三桂的门下。

第二层是紧密层，他们是吴三桂的一批子弟。在吴氏集团中已形成一股强大的势力，有一定的地位。

第三层是外围层，是在外省中吴三桂的心腹，如固原提督王辅臣。

从年龄段上分析，这些人一小部分是五六十岁，大部分是二十到四十岁之间。这样的人，精力旺盛，也更加雄心勃勃，他们的想法都差不多——靠上吴三桂这棵大树，从而飞黄腾达，就像古代人走科举当官一样，他们虽然跃马横刀，但是人生的感觉跟中举的人差不到哪里。

实际上，吴三桂也的确给予了他们特殊的利益。他们个个手中握有特权，过着华屋美食的生活。

现在，如果回到关外，那些特权以及相关的收入都将一一失去，只能去经营自己的田庄。一个小小的田庄，会有多少收入？终止自己的仕途，所有的灰色收入也将一并失去。他们的子子孙孙将来的发展都要受到限制，受到阻碍。这样的现实，是任何人都不愿意接受的。

这群人中的一小撮人，已经开始谋划动作。

他们是吴三桂集团中一群抱有反清复明志向的人。如胡国柱、马宝、方光琛，他们早已暗中勾结，互为羽翼。对于吴三桂的思想，他们采取点滴渗透的做法，目的就是有朝一日起兵反清。现在，康熙撤藩的做法，一下子打到了这批人的根本利益上，就如一剂催化剂，一下子激荡起了他们反清的思想。"朝廷这是在无情地剥夺我们已经到手的权益，我们岂能心甘情愿、俯首帖耳地接受？"他们就像一群狼，某群人来要夺他们的命根子，抢夺他们到嘴的食物，狼性岂能不让他们反扑？

撤藩令掀起一道道冲击波，从上到下不停地冲击所有人的思想、情绪，就像超级台风进入大陆，正在肆虐大树、房屋、庄稼、防波堤、广告牌、路灯、电线杆。在另一边，在北京，部署撤藩的具体工作正在紧锣密鼓进行中。

工作内容还真不少，而且相当复杂，主要是在关外寻找安插三藩的土地，仅仅吴三桂的部众就有七万人，这些土地的需求量不是小数。藩王的官兵也并不全部撤走，得提前安排官员前去接手相关的工作，每一个重大的岗位上都要安排高级别的官员。

三藩同撤，这样的先例，在历史上没有几个朝代做过，即使做过的，也差不多都出了大乱子，只能说康熙要么是史书看少了，要么是胆子不一般的大。

户部在寻找房屋田地的时候，吏部、兵部将相关大员的名单也渐次排定。八月十五日，康熙派礼部右侍郎折尔肯、翰林院学士傅达礼为钦差，到云南主持撤藩的工作。

催逼撤藩的人这就要来了，吴三桂提前得到了消息。

为了表示自己对此的特别重视，康熙特意把自己的两把佩刀赐给折尔肯、傅达礼。这两把刀，是不是让人想起"先斩后奏"这个词来？同时，康熙还特别交给他们一封亲手写下的诏书。

诏书里，写满了高度评价、周详关怀的客套话，一个明确的暗示，也是浮在其中的——一经撤藩，可使君臣两相无猜。这个意思反过来推理，就是如果不撤藩，总会相互猜疑。看来，康熙这年轻人还真是喜欢直来直去，把阴谋几乎变成了阳谋。

手诏里，充满对吴三桂的热情，重点解释了朝廷撤藩的意图和政策。青年康熙想得很美好，用这样的办法，来得到吴三桂的理解。他极度自信，吴三桂会欣然同意撤藩这样一个国家重大的政策，不会有任何的麻烦，一切会顺利地进行。

康熙打破头也没有想到，他的这层层好意，距离吴三桂、吴三桂将士以及他们家属的想法，相差得太远太远。从撤藩的一开始，双方其实就不在一个方向甚至不在一个道上行驶，就像两部反方向行驶的汽车，如何能达到同一个目的地？

实施一项新的政策，应该有吹风－思想动员－安抚－落实这样的环节要做，特别是全体思想动员与个别特殊人物的安抚，是能否落实好新政策的关键，然而，康熙却完全无视这两个中间环节，直接从吹风走到了落实。折尔肯一行前往云南，来做的就是具体的落实工作。

犹如强台风登陆，政府应该事前做好预报、人员撤退、船只进港避风等工作，而康熙派来的这些人，就像台风的中心出现在人们的头顶，一下子让所有的人陷入了恐慌之中。

第九章 世守云贵梦

在折尔肯的身后，紧跟着又来了另一群人，户部郎中席兰泰、兵部郎中党务礼等，具体办理吴三桂搬迁时所需夫役、船只、人马、粮草等事务性工作。

康熙是好意，所有的问题，方方面面都为吴三桂考虑周到。而在吴三桂本人和他的将士们的眼中呢？前边来的折尔肯是来催他吴三桂动身的，后面来的党务礼等人，就等于是来帮他搬家的。这两拨人加在一起，就是你不想走，也要把你搬走，一天也不会给你停留，这就是大清速度。这个执行的速度，对于不想迁不愿迁的房主，能不烦恼、痛苦吗？

九月初一，又有两个人物走马上任——兵部新任命的云南提督、云南总督，这两人就要接手吴三桂的军队。

康熙自以为考虑得周到，方方面面都做了指示，现在差不多可以弹弹身上的灰尘，坐下来放心地吃肉喝酒。可康熙哪里知道，他派来了一拨又一拨的人马，却加快了吴三桂和他的将士们起兵的步伐。

康熙建立的，当然是他爱新觉罗一家的天下。然而，吴三桂就这样甘心自己到手的利益又丢掉吗？一个人赚钱不要别人来花，这样的钱，即使赚到手了，也难保住。多个人赚钱，大家共同来花费，才赚得痛快，花得也开心。不知康熙是如何想的。

如果只是吴三桂一个人心不甘情不愿，事倒也小，他再牛，也翻不起大浪。问题是他的下属们，他们那群人的抵触情绪就不只是一般的大了。

吴三桂本人毕竟年迈，再怎么有作为，人生的大半光景都过去了，对朝廷再怎么不满，也没有起兵抗拒的那份心思。然而，在他的周围，那群核心层的其他人物，就大不相同。他们不只年轻，思想活跃，而且无论如何也心不甘、情不愿。

当这种情绪与另一种情绪扭结，发生共振时，起兵就成为可能甚至必然。渐渐泯没的反清思想，遇上手握兵权的人群，同时还对朝廷各种不满时，死灰即刻复燃了。

一座被烧过的山死灰复燃并不可怕，可怕的是这个时候遇上大风，那就火随风势，风助火威，迅速燃烧，烧向其他的高山大川，那才是真正的大麻烦。

一阵可怕的大风吹来了。那股一直处于被压抑状态的情感，人们对明王朝的怀恋，对清王朝的厌恶、痛恨，这些久久压抑的情结，迅速形成一股股狂风，在人们的心头狂吹。

当我们在做这些深度的分析时，不能不回到他的起燃点，专业术语叫临界点——如果吴三桂不同意起兵的话，如果达不到临界点的话，所有的加热程序到了最后也将全部失去意义。事件的临界点——吴三桂是如何走到那条黑不见底的单行道上去的呢？这与他的侄儿、女婿向他说出的同一句话有关。那句神奇的话是："以王之威望，戎衣一举，天下震动！况且王兵势举世第一。如若迁往辽东，他日朝廷吹毛求疵，我等只能引颈受戮！不如举兵，父子可保全！"

吴三桂心中的两个点就这样不停地被下一辈触动，一是天下大势，反清复明的大势，二是保全父子性命。这辈子能不能混个自然死，这当然是一个天大的问题。

每一个孩子在他面前讲一次类似的话，他的心里就要权衡一次其中的利害得失，经过反复掂量，结果是他有了一个发现，这辈子，有一件事是不可能做到的：既要做忠臣，又要保住既有的威势——这是绝不可能两全的。那么，如果做忠臣呢？就有可能出现儿女们一再反复提及的那个可能——有朝一日，朝廷会找个借口，把我吴家斩草除根。到了那时，手中无一兵一卒，除了白白送死，还会有第二条路可走吗？没有了。每每想到这一点，吴三桂的心里便立即产生一个恐怖的感觉——不寒而栗。而这样的事，完全有可能发生，因为就在他势炽如焰、如日中天之时，也有大臣上奏章黑他。

想来想去，吴三桂自己发现，他正在朝向一条疯狂的路上一步步地滑去，那条路可能万代漆黑，亦可能永世光明，那条疯狂之路叫武力对抗。

吴三桂发现，虽然自己朝向那条疯狂的路上马不停蹄地滑去，然而无论如何都下定不了那个决心，因为一块石头梗在了那里——长子吴应熊和长孙吴世霖，都在北京当人质，如果我起兵，他们一定会有杀身之祸。我这样努力奋斗、拼命奋斗，到头来为的是谁呢？还不是为着子孙吗？

正当吴三桂站在家里唏嘘感叹不停地踱着脚步不知如何是好时，夫人张氏发现了他的反常举动。

不用吴三桂说出来，女人用她特有的细密心思，一眼就看出吴三桂暗中准备做什么。

第九章 世守云贵梦

夫人用最坚决的态度、最肯定的语气劝他"不要起兵，不要谋反"。夫人说不出什么大道理，但是，这就是她的直觉，一个女人用她一辈子的人生感受练出来的直觉。

吴三桂身边所有人都劝他起兵谋反，唯独这位女人用她特有的女性的直觉，用她特有的冷静，告诉他什么不该做，什么样的选择才是正确的选择，要他"放下屠刀，立地成佛"。

然而，为时已晚，吴三桂的头脑里已经被他周围的男人用想象中的胜利冲昏了头脑，已经失去了做出正确选择的判断力。思想就如滑向跑道的飞机，已经加速，正在向武力抗清的天空腾空而起。此时已经是一百匹高头大马都拉他不回头了，更何况是一个女人的观点？一个被古代男人认为头发长见识短的女人。

可真理往往在少数人手中，吴三桂无视了他身边这位唯一的少数派。

一天，吴三桂找到胡国柱，一边流泪一边说："吴应熊还在北京啊，怎么办？"

自己亲手把自己的儿子、孙子往火坑里扔？这是任何一个父亲、爷爷都不会去做的，即使大义灭亲，也还是难以下这样的狠手辣手。

这也的确是个问题，不搬掉这块石头，老大下定不了决心。胡国柱想来想去，想出一个办法，秘密派人去北京，偷偷地把吴应熊、吴世霖弄回云南来。

"起兵的事，那就等他们俩到云南后再具体深入地探讨吧！"吴三桂当即派心腹李恕、张镳偷偷赴京。

李恕、张镳的确是会办事、能办事的人，将这事办得密不透风、滴水不漏。然而，主角却不是想象中的人，他有自己的思想、观点、主张，要命的是，他还是一个执着的人。认定一个理儿，任别人千说万说，至死都不会改变自己的想法。吴应熊反对父亲起兵，抱定一个观点：终守臣节，保全禄位。

知道自己待在北京可能性命不保，又不忍心背着妻子偷偷去云南，每天的工作就是一个人偷偷在房中以泪洗面。

遇到这样的情况，李恕、张镳立即明白，思想工作在他面前丝毫不起作用了。然而时间又不能拖得太久。夜长梦多，这事要是在京城里败露了，后果将不堪设想。两人想了一个办法，决定将吴应熊的庶子吴世璠弄回云南，算是对这事有个交代。结果，吴世璠被"设谋隐匿，顾乳媪窃载至滇"。

看到自己的这根血脉，吴三桂心中有了一种得到某种程度慰藉的感觉。自己打下的江山，将来某一天就会由自己的直系子孙来继续。好了，现在，可以认真地考虑起兵这件大事了。

晚饭吃过了，打着饱嗝，吴三桂一个人坐在书房里，桌上摆着一杯热气腾腾的香茶，茶杯旁边摆着一副围棋，一张空白的棋盘。吴三桂拿出一粒黑色的棋子摆了上去。

"我的才武天下无双，而对手康熙还是一个从来没有上过战场的小青年，根本就不是我的对手，不可能在一个等量级上。"

吴三桂又摆上一粒黑色棋子，"云南地势险要，财产富足，资源足以供我战争需要。"

"我的亲军，我控制下的各镇将卒，全是百战之锐，而这些人，向来都是为我吴三桂拼死搏杀。"想到这，吴三桂又给自己添进了一粒棋子。

"在外省，早就塞进了我培植起来的党羽，只要我吴三桂起兵，他们一定无不从命。"吴三桂又给自己加进了一粒。

"而清军呢，三十年来，清军中的老将多半去世，现在还能打的，没有几个了。在这些人中，又没有一个是我吴三桂的对手。"

看着棋盘上的五颗黑色棋子，吴三桂笑了。一盘围棋，还没有开打，对手就输了十目，还有胜算的可能吗？

吴三桂喝了一口茶，满嘴充满着普洱茶那特有的醇香。

就有这时，他的侄子、女婿轻轻推开门，双双走了进来。

"方光琛老谋深算，请他来共同筹划，大事必定成功。"说完这句话，吴三桂的侄子取出一粒黑棋子，加进了棋盘。

方光琛，何许人也？大家应该还记得他，他是明朝辽东巡抚方一藻的儿子，是吴三桂年轻时的好友，是一位眷恋明朝那逝去的美好时光，谋划反清复明的急先锋。

一直以来，方光琛潜伏在吴三桂阵营，早已暗中与马宝、胡国柱气息联通，一直在寻找属于自己的机会，早就谋划着某一天出任吴三桂反清的黑衣宰相。

这些年来，吴三桂一直为大清拼命，方光琛深深地潜伏下来。"道不同，

第九章　世守云贵梦

不与之谋。"方光琛的心中，一个信念非常执着,总有一天,吴三桂必定会反清。吴三桂从来就没有投降过清朝，只不过是在打败李自成的大道上，成为清朝的合伙人而已。当清朝这个合伙人容不下吴三桂的时候，就必定是吴三桂高举反清大旗的那一天。

吴三桂找到他时，方光琛立即明白过来，自己黑衣宰相的角色来了，这就要登台演出，属于我的时代，终于到来。吴三桂要的是什么，我当然清楚，但是，真正的宝贝，绝不能急着出手，放长线，才能钓大鱼。

正如料想的那样，吴三桂第一次找上门来，丝毫没有提及起兵的事。二人只是喝酒吃肉，重温年轻时结下的友情。方光琛有一个感觉，吴三桂非常谨慎，只是在试探是否还有共同的语言，只是在温热往日的友谊。

不要急，吴三桂一定还会找上门来。

果然，过了几天，吴三桂又出现在方家门前。

这一次，吴三桂透漏了一些想法。

"三桂已经有些着急，对起兵后成功的把握不知到底有几成胜算?""这就行了，接下来，我的方案一定能够让吴三桂一锤定音。"方光琛信心满满。

之后的某一天，天刚刚放亮，吴三桂就出现在方家门前。"三桂反意已决，是时候了，方案可以和盘托出。"方案很复杂，吴三桂深深地记住了其中的一句话，"云南、贵州已在掌控之中；福建、广东、山西、四川、湖北、河北，可传檄而定；其他的地方，也是易如反掌。"

听完方光琛的一席话，吴三桂异常兴奋，整个世界已经踩在我的脚下，只要略一用力，旧有的一切、大清几代人建立的江山，顷刻间就会在我吴军面前倾覆，坍塌，瓦解。

吴三桂迅速做出决定："无须多虑，起兵反清。方光琛为学士中书给事，赞划大计。"

双管齐下

康熙十二年（1673年）十二月二十一日，在官道上，有两人在疾驰十一昼夜后，跑进了北京兵部的大门。两人从马背上滚落下来，抱着门前的木柱子，筋疲力尽中说出了同样一句话："吴三桂反了！"

这两人是为吴三桂备办夫役、粮草、船只的兵部郎中党务礼，户部员外萨穆哈。

喝了几口米汤过后，两人将吴三桂谋反的事急急做了详细的奏报。

吴三桂做事向来机密无比，这两人刚刚到达贵州，如何事先一步得到了吴三桂将要谋反的确切消息？

透露这一惊天消息的人叫甘文焜，身份为云贵总督。一同得到这一惊天消息的，是南下团队中的另外几个人，兵部主事辛珠、户部郎中席兰，只是他们没有这么好的运气，此时已身首异处。

那么，云贵总督甘文焜是如何得到吴三桂谋反的确切消息的？说起来，这真有些阴差阳错。

原来，贵州提督李本琛暗中参与叛乱，积极造反，写密信给贵州巡抚曹申吉，约他举兵响应。这封信还没有到达曹申吉的手中，就被甘文焜半途截获。

惊异中，甘文焜有一个强烈的感觉，这件事极其严重，自己一个人毫无准备，无论如何也挡不住吴三桂。他急中生智，想了一个办法，将这封信交给党务礼一行，暗中掩护他们逃出贵州。

这群人逃到贵阳城时，吴三桂的密令已经提前到了，命令所有军队据守城隘，从北京来的人，无论是谁，只许进，不许出。此时，党务礼一行刚跑到镇远，守将根据上级指示，不但不给驿马换乘，而且还派出军队进行追捕。

党务礼、萨穆哈便偷偷地弄到了快马，才逃过了追击。

二人逃到沅州后，才逃出了吴三桂的势力范围，待到了湖南境内，才得到驿马换骑。二人日夜不停，终于以最快的速度跑到北京。

接到党务礼二人的报告，康熙当即召见议政王大臣，商讨对策。

当初，在讨论撤藩的问题上，大臣们分为两派。礼部尚书图海等少数人反对撤藩，主撤派有户部尚书米思翰、兵部尚书明珠等多数人。现在，这两派大臣又开始了新一轮的论争。不过，这一次的争论严重地一边倒。主撤派全都偃旗息鼓，反撤派个个抬起头来，红光满面，表示一定要追究责任。大学士索额图带头提出主张，全部处死主撤派大臣。抓住这个机会，索额图把昔日反对他的人往死里整。

在两派人的口水战、责任追究战中，青年皇帝康熙保持了清醒的头脑，一把就把责任直接揽到了自己头上，"此出自朕意，他人何罪？"

康熙用一句话平息了朝中大臣的争论，随即指出，当务之急，是如何应对这场突发而且事态极其严重的大事变。正是缘于康熙的敢于承担责任，从而把谋臣的脑力从职场潜规则游戏中解脱出来，集聚智力资源，策划正事、大事。

只要用在正道上，大臣们的脑力其实是非常给力的，一番讨论之后，方案出台。

这是一部纯军事方案。作为阻止叛乱的应急措施，军事方案当然是优先首选。方案分为三大步。第一步，荆州（湖北江陵）是长江南北交通的咽喉要地，吴军必犯，那么，荆州必须首先设防。但是，要保荆州，不能单独设防，必须设一个兄弟城，这一城市选定为湖南的常德。

第二步，兵马未动，粮草先行。具体方案是由户部牵头并负责在出征将士将要停留的沿途各处准备足够的粮饷。

第三步，议政王大臣负责，拿出两大问题解决方案：大军如何派遣，后续梯队如何增调到前线？

议政大臣们不敢怠慢，会议一结束，众人便立即召开专题讨论会，很快就拿出了具体出兵方案，送到了康熙的案头。康熙挥笔批准。

十二月二十一日，这天的工作终于结束了。

十二月二十二日，天一亮，康熙的案头又呈上了一份最新的详细情况报告，蔡毓荣报告了吴三桂的名号、国号，报告了兵部主事辛珠、萨尔图及甘文焜父子被吴三桂杀死等消息，报告了钦差被扣、贵州提督李本琛从叛等消息。

看着这份报名，康熙有了新的认识，事态紧急且严重，必须从军事、政治两个方面下手，在昨天部署的基础上，进一步强化应对措施。

军事上，五大措施迅速出台。

第一，对战略要地，立即调兵遣将进军驻守。重点考虑广西。由于广西与贵州相邻近，作为预先设防的首选区域，康熙任命孙延龄为抚蛮将军，线国安为都统，统兵固守。

第二，对四川重点设防。四川当年是吴三桂攻下的，那里已塞满了他的人，同时，四川与云南接壤，康熙料定吴三桂起兵一定抢先进四川。为此，康熙派西安将军瓦尔喀进兵四川，在云南入川的险隘之地，派重兵坚守。

在做完这项工作后，康熙觉得心里还不踏实。接着，又下了一道命令，命都统赫叶为安西将军，与瓦尔喀一起，由汉中入川，迅速出征。

第三，康熙把眼光再一次盯向战略要地荆州。虽然昨天发令派硕岱带精锐部队防守，但还是感觉心中不安。想来想去，康熙决定，在两个方面强化。再派大批满洲八旗和部分汉将开赴荆州，由罗顺承郡王勒尔锦统领。同时，出征兵士在每人白银十两的基础上，再加十两。护军、甲兵、弓匠等技术兵，加赏银二十两。重赏之下，必有勇夫，康熙调动国家资源，迅速投入战场。

第四，在中间地带，如山东兖州、山西太原，集结部队，作为战场上的第二梯队，加紧战前的训练，秣马以待，以待随时调遣，确保高效投入战斗。

这种"第二梯队"的创新部署，大大缩短了北方部队南下的时间，对后期能够持续进行作战，起到了重要作用。

第五，地方军务实行巡抚统辖制，设置左右两营。

这样的做法，减少了中间环节，在地方上达到了军、政、民、财地方连动的效果。作战效率达到了最高。

从前线到中间地带，从重点作战区域到地方军务，从部队重要领导到人、财、物，康熙均作了有重点、有层次的部署。吴三桂以为康熙是不经战事的青年人，从这两天的紧急部署上看，他还真是小看了他。

不仅在军事部署上，在惊心动魄的政治战场，康熙也连连发出五大招。我们花点儿时间，看看他的政治五大招法。

第一招，下令停撤平南王、靖南王两藩。当即召还前往广东、福建办理撤藩的钦差大臣。给两王的指令是"固守地方，不必搬家"。

康熙讲究策略，利用政策，分化瓦解吴三桂潜在的可能的势力，不把这两个极为重要的汉人藩王推向敌方阵营。这就像拆弹队，发现三个炸弹中有一个炸弹要爆炸，便在第一时间将另外两颗赶紧平稳移出拆弹现场。

第二招，制定政策，利用政策分化瓦解吴三桂集团。康熙指示"立即下达新的政策，明文规定，原吴三桂属下的文武官员，无论他们在直隶还是在其他各省，无论他们是在职还是闲住，无论他们家属中有父子兄弟现在是否在云南，概不株连治罪。"

第三招，采纳会议意见，对吴应熊"暂行拘禁，事平后处理"。

为防止吴家父子内外沟通，采取这样的防范措施，十分必要。

第四招，向各重要军镇通报吴三桂反叛情况，形成老鼠过街、人人喊打的政治高压态势，形成重点军事重镇军事、政治全面动员抵抗吴三桂叛乱的政治氛围。

对于像陕西这样重要而又险要的省份，康熙给总督哈占等人发去紧急谕旨，"注意发现、认真查缴吴三桂散布的伪札、伪书，做好检举揭发工作"。这套政治措施，很好地笼络了这些重要军镇、重要省份的高层领导，在后来的平叛工作中，这项工作发挥了巨大的作用。从思想上，从人心上，从组织上，从纪律上，团结了自己的队伍，形成了反吴三桂的强烈政治意识和团队意志力。

第五招，十二月二十六日，正式下诏"削除吴三桂的王爵"，将这道诏书制成通告，向云贵文武官员、军民百姓等发布。这是一项极为重要、及时的政治措施。

从通告中，大家可以非常明确地看到：一、朝廷与吴三桂之间毫不妥协；二、对吴三桂大张挞伐，高声声讨，立场鲜明，原则坚定。在这里，你可以看到穷蹙来归、性类穷奇、背恩反叛、心怀狡诈这样的用词。

随着双方准备工作的完成，一场殊死大搏杀这就要展开，谁胜谁负，眼下还难以预料。

而此时，吴三桂方面，在政治上还没有看到大张旗鼓"全民反清"的政治动员，更谈不上"复明"之类的政治宣传。政治上，在全民反清意志强烈的情绪下，居然不声不响，不调动人心，不制定相关的政策，仅仅重视军事进攻，实在是一大失策。

兵贵神速

康熙军事动作迅速，然而还是赶不上有着地缘优势的吴三桂。

吴三桂的第一个军事目标是贵州。当吴三桂挥军到达贵州时，差不多当地所有的军政要员都一股脑儿投向了吴军。康熙十二年（1673年）十二月二十八日，吴三桂率大军到达贵阳，提督李本琛亲自打开城门迎降。贵州全境，吴三桂依靠自己的亲信，达到了传檄而定的目标。

康熙十三年年初，吴三桂挂起了旗号，正式称"周王"，改元"利用"；废康熙制钱，自铸货币，即"利用通宝"。

吴三桂的做法对吗？他的身边的人都说他对，但是，有一个儒生却坚定无比地要向吴三桂上书，提出一堆反对意见。该儒生认为，应该敬奉明朝，不应该立什么周朝。为什么要那么做呢？这个儒生算了一笔年龄账。这笔账，简单地说，可以起个名字，叫"30年"，从1644年清军入关，到吴三桂叛清，刚好30年。这30年的时间，明朝的遗老大都健在，那时二三十岁的人，现在已五六十岁，这样的人，对前朝记忆犹新而且眷恋深深，而那些当年与明朝同呼吸共命运的人，经达30年的跌宕起伏，那个怀恋明朝的感情一定是更深沉、更强烈；而大多数百姓，他们有汉民族的自尊心，不愿意接受异民族的统治。高举明朝的大旗，号召力肯定比现在的周王大，而且大许多倍。

看了这封来自民间的奏章，吴三桂的反应是——没有反应。原因他没有说，我们当然也不知道为什么，也许是因为当初吴三桂百般努力地绞杀南明，如果现在打明朝的旗子，他实在无法向天下人交代吧。或者他太过于自信，认为清朝不是他的对手，也就用不着拉进一档子明朝的旧有力量吧。谁知道呢？

第十章 全景式较量

后世很多学者认为，丢掉明朝的招牌，完全无视一大堆现成的反清复明的战争资源，吴三桂起兵实在是大大的失策，无论是在政治上还是军事上，抑或是人心上。

丢掉明朝的旗子，吴三桂队伍中，已经引起了消极的反响。很多人追随他，特别是明朝士大夫身份的人，响应他叛乱的许多高级军政官员，当初就是把他看成反清复明的领军人，现在，这些人一看他吴三桂反清却不复明，而是弄什么谁都不明里究的周朝，这些人立刻没劲了，纷纷离他而去，再也不愿意跟他合作。比如吴三桂曾经派专人秘密到徽州，聘请谢四新出山相助。谢四新坚决不干，还写了一首诗给他，作了确切的说明：你是抗清不复明的人，我们不是一个道上的。吴三桂看了那首诗，气得破口大骂"薄福小人"。

贵州军事局，吴三桂赢了一场；"周王"政治局，吴三桂又输了一大把。吴三桂用自己打自己的错误做法，在与清王朝的开局对抗中，打了个平手。

兵贵神速，军事上，吴三桂向来以速度取胜。在清军还没有完成兵力部署前，抢先占领既定军事目标，是吴三桂军事方案重中之重。这个方案，可以取个名字，"念动抢字诀"。

贵州已经抢到手了，现在目标是抢湖南。这里是北上的战略大通道，也是清军南下剿杀吴军的大通道。无论清军、吴军，湖南必争必抢。

吴三桂派马宝、吴国柱率军从贵州进逼湖南。同时，吴三桂还派出王屏藩进川。

马宝行动迅速，指挥大军一路疾进，不久逼近沅州。

沅州是贵州入湖南的战略要地，湖广总督蔡毓荣派了两支人马前去增援——彝陵总兵官徐治都、永州总兵李芝兰。谁也想不到的是，吴三桂的军队行动更加迅速，到马宝的军队接近沅州时，清军那两支增援军队的人连影子都还没有看到，只有当地的沅州总兵崔世录一人带兵防守。

康熙得到这个消息，紧急指示桑峨领兵用最快的速度赶赴沅州，快速增援。

桑峨援兵还在路上，马宝便迅雷不及掩耳般，在十二月二十九日攻陷沅州俘获总兵官崔世录，切断澧州（澧县）与辰州（沅陵）之间的交通。

吴军的攻势如此迅猛，大大地超出清军官兵的想象力，附近的守军立刻闻风而逃。不逃不行啊，跑慢了就必定成了吴军的俘虏。

巡抚卢震率军驻防长沙。得到吴兵快速攻占沅州的消息，卢震感觉长沙一定保不住。他也不等上级的指示，便自作主张，以最快的速度逃跑，逃到岳州避难去了。

前线失败、将士逃亡的消息不停地传到了康熙的案头。现在是康熙接受这场残酷挑战的考验时间。

康熙没有坐在那里唉声叹气抹眼泪，也没有开会推卸责任，而是连续做出四个动作。

第一个动作，大怒，下令拿下卢震治罪。

第二个动作，认识到了武昌的重要性，"武昌重地，不可不予为防守"。下令都统觉罗朱满领兵快速疾驰武昌；如果吴兵多得没办法应对，那就守城，不要轻易出战；如果吴兵不来攻城，那就择水路要地驻防。

第三个动作，指令原计划向荆州集结的清兵，必须以最快的速度，在规定的时间内完成集结。严令前锋统领硕岱、护军统领伊尔度齐兵、护军统领额司泰兵、都统觉罗巴尔布带兵分别按时到达目标地荆州。

一道抵挡吴军洪流的大坝在荆州迅速筑成。

第四个动作，下令调配兵力，加强湖南常德和湖北荆州的防御，连兄弟城也要一并加强。

第五个动作，长沙方案。康熙越来越认识到了在阻滞吴军的进攻中，长沙的极端重要性。"长沙是武昌咽喉之地，且壤连粤西；虽然卢震逃跑，但长沙仍然在我清军的手中，必须调派兵力，迅速进驻长沙"。

看着康熙的一连串动作，吴三桂发现了清军的一个漏洞：总兵官杨宝应的父亲正住在常德，虽然他已经年老退休。吴三桂立即指示总兵官杨宝应进攻常德。

于是，在杨宝应之父杨遇明的内应下，吴军一举攻下常德。

这意味着荆州的兄弟城被吴军拿下了。

二月初八，夏国相率部抵达达澧州（常德北）外围。澧州城的清军，看着城外阵营强大、军阵严谨的吴军，失去了守城的勇气，直接献城投降。

依着胜利的劲头，吴军立即扩大战果。吴将张国柱率部向衡州（衡阳）

进攻，一举攻下衡州。

趁着澧州、衡州战场得胜的劲头，吴军向长沙发起了攻城战。

巡抚卢震逃跑时，留下长沙副将黄正卿、参将陈武衡守城。其实，一逃一留中，透漏出一个信息——他们内部有内斗，而留下来的不见得一定是坚守的，更大的可能是偏向吴三桂的。

远在北京的康熙看出了这种隐情，迅速向长沙地区文武官员传达指示，"逆贼吴三桂虚声恫吓，以致巡抚卢震弃地潜逃，已行拏究。湖南文武各官仍能保百姓，固守地方，允称尽职，事平之日，从优加典。"康熙先做思想工作，接着紧急向长沙调派援军。

连康熙也没有想到的是，援军还在路上之时，守城将官黄正卿、陈武衡便已将长沙城和他们的部属一同献给了吴军。

常德、长沙战略位置十分重要，"扼湖湘之险，当水陆之冲"。吴军抢到了这两座城池，一下子就让湖南的局势发生了翻天覆地的变化。湖南之势完全转到了吴军方面。

二月间，胜利的吴军立即向辰州进军，日夜兼程，突逼城下。吴军兵锋正盛，辰州守城失去了信心，孤城无援，士卒解体，辰州被吴军一鼓而下。

湖南战场，清军已成兵败如山倒的局面，吴军岂能放过这一大好形势。三月初，吴军大将吴应期、张国柱率领大军水陆并进，向洞庭湖边的重镇岳州发起进攻。一方面重军压境，另一方面大搞地下工作，派出人手秘密入城策反。

吴军的策反工作很给力。清朝参将李国栋在接下了一包黄金后，将岳州城献给了吴军。

从康熙十二年底到康熙十三年三月，用时三个月的时间，湖南就进入了吴三桂的口袋。如果用这样的平均速度理论计算的话，不到两年的时间，吴三桂就有可能拿下整个天下。

"在吴军面前，清军要么一触即溃，要么闻风而逃。当初清军入关时，那是所向克捷、锐不可当啊！"看着眼前这番景象，看到清军筑成的人肉大坝挡不住吴军的铁流，朝廷大臣中，恐惧情绪蔓延开来。"不恐惧不行啊！失败就要被皇帝追究责任，弄不好自己的脑袋就保不住。皇帝一定是要保自己的江山，而皇帝的做法，必定是拿我们大臣的头颅来镇吓下面的军政大员。"

异常恐慌中，大臣们想出了一个保命的办法，不等督查官员们上奏章，吏部、兵部两大直接责任部门的官员们立即动手，追究地方军政大员失土的责任，把失去湖南的责任使劲地往下面的人身上推。

兵部、吏部同时向康熙参劾蔡毓荣"不能安民心、固疆域，地方失守，应革职"，一同被参弹的还有新任命的云贵总督鄂善。

康熙用他的机智认同了兵部、吏部的做法，当即批示同意，同时又玩了一点儿小花样，特许他们俩继续留任，戴罪图功。有责任必追，但是也讲求追责的手法。在严峻的形势面前，在清政府高层，要形成共赴国难的稳定政治局面。

在湖南全胜的局势下，吴军就像一道强大的冲击波，迅速向全国发力。首先是相邻的湖北发生了强烈的军事、政治地震。那些对清朝统治不满的人，趁着这大好的时机，果断行动起来。

襄阳总兵官杨来嘉，是福建福州人。还在吴军攻陷常德时，远在北京的康熙就注意到这人有可能要出事，密令大将军顺承郡王勒尔锦加强襄阳的防御，并暗中指示他注意防范杨来嘉。

果然不出康熙所料，康熙十三年三月十五日，杨来嘉在谷城宣布起兵，响应吴三桂。

幸好康熙提前准备了一手，这才使得杨来嘉的原定计划没有全部实现。

事隔四天，又一起叛变在湖北发生。

事前康熙得到了一些小道消息，立即提示兵部，"郧阳地区山谷巨塞，奸民易于啸聚"，要防范那里的将领可能与吴军相互呼应。兵部立即行动，特别提升佟国瑶为提督。

郧阳副将洪福起兵，立即进攻提督佟国瑶的衙门。衙门外是上千名士兵围攻，衙门内是佟国瑶以及游击杜英的三百名亲兵苦战。结果，从十七日打到二十日，这个小衙门还硬是顶住了叛军的进攻。

起义在湖北，离吴军还有点儿远，洪福担心四周的清军前来救援，不敢恋战，只得引兵撤退，投向吴军。

可以看出，吴军与各地潜在的反清力量之间缺少联系，没有统一行动。

第十章　全景式较量

杨来嘉、洪福过早起兵，这种没有配合的起兵，不但没有什么效果，反而让清军在湖北加强了布防，警惕性大大增加。

就如一种进攻健康人体的新病毒，开始时，人体没有抵抗力，然而，一旦遭受进攻，人体就会对这种病毒产生抗体。抗体一旦产生，病毒的攻击力必将大大地被削弱。

湖北地面倾向于吴军的清军将领由于过早起义，使得清廷上层深刻地看清了这一地区形势的严重性，清军在这里从政治到军事强化防范，这一地区对吴军的"抗体"产生了。结果，各地分散叛变的军队被一一击退，湖北没有因此而引起更大的骚乱。对于吴军来说，这实在不能算是什么好事。

险象丛生

现在终于有时间把镜头对准四川。

当清军正向四川开拔之时，四川提督郑蛟麟与川北总兵官谭弘就已经合谋叛变。

谭弘，四川万县人，与他的两个弟弟谭诣、谭文，长期以来一直割据四川。南明进入四川时，他们投降了南明；南明败退后，他们投降了那时还是清军将领的平西王吴三桂。现在听说吴三桂要打回四川来了，这三人就一齐倒向了周王吴三桂。

郑蛟麟是原明朝都司，松山之战时降清，看到王屏藩进兵四川，立即联合谭氏三兄弟，一起响应。两人一同授受吴三桂封的官职。谭弘被封为"川北将军"，郑蛟麟被封为"总督将军"。

看到这四人叛清降吴，四川巡抚罗森、总兵官吴之茂也决定立即跟风，叛清从吴。吴之茂是吴三桂的老乡。两人降吴后立即得到吴三桂重用。

罗森、郑蛟麟、谭弘、吴之茂都是四川当地的最高军政长官，他们属下的官兵，还有四川各府州县官员，岂不见风使舵？他们纷纷给自己换旗子，一下子四川全都纳入吴三桂的控制之下。

这些叛军扛起吴三桂的大旗后，立即发出了自己的声音："出汉中，下夔州。"

康熙眼睁睁看着四川、湖南两座大门缓缓关上。在畿辅，接近清朝的心脏地区，一场巨大的风暴正在酝酿之中。

康熙十二年十二月，当吴三桂云南起兵的消息传到京师的时候，京城里一位叫杨起隆的人，秘密地做起事前的准备工作。注意，此人不是吴三桂圈子里的人，清官方记载其为市井无赖。杨起隆打出旗号，自称"朱三太子"。

朱三太子的旗帜很有来头。名字上看，是明朝崇祯皇帝第三个儿子，实际上，这人到今天还是历史学家们没有解开的一个谜。这个历史之谜的形成有三个原因，一是明亡后，他的下落不明，如同人间蒸发一般，无人知晓他的下落。二是，当时凡是反清复明的人，特别是那些政治上无依无靠的，往往打朱三太子的名号，以此号召人们加入。三是清政府的做法。清政府也怕东冒一个朱三太子西出一个朱三太子，就派人马去搜索真的朱三太子，结果一无所获。于是一找到讲自己是朱三太子的人，就不论真假，一律按假冒的罪名处死。清政府的目的是斩草除根，不论真假，肉体上消灭再说。然而，正是这样的做法，反而让更多的人很容易就能冒称朱三太子。

为什么在处死某一个假的朱三太子时，清政府不宣称是处死了真的朱三太子？那样的话，后面的人，不就不好冒充了吗？这有点儿让人想不通。

现在得来说说这一位由杨起隆假扮的朱三太子。比起别的水货朱三太子，他更有政治眼光，选择的起事时机很不一般。杨起隆算定这个节骨眼上，清政府集全力注意南方，无暇顾及京师这个高度敏感的政治地带。"那我就这时候在京师起事，搞得你清政府手忙脚乱，我要达到的目标，正是乱中取胜。"

杨起隆还有很强的军事手腕。他的三大手法，也着实让人刮目相看。

第一手法，找对人才能办对事。杨起隆重点寻找满族贵族各级官吏的家奴，你也可以叫这样的起义为奴隶起义。为什么重点寻找这些人呢？不只是他们地位低下，过着奴隶的生活；重要的是只有他们才有机会以最低的成本接近他们的主人——满族高级别的官员。让这些人动起手来杀死他们的主人，往往易如反掌，也不费吹灰之力。这比让外人来杀这些高官，成本低了许多。

第二手法，期权法。做好战利品的分配方案，用今天称为"期权"的利润来刺激团队成员。做任何大事都要有一样必不可少的东西——本钱，会计的专业术语叫成本，没有成本就做不成大事。比如说，没有成本，你如果去接工程项目的话，就叫空手套白狼，你如果去开企业的话，你的公司就叫皮

第十章 全景式较量

包公司。像起义这样的军事、政治活动也是一样。如果你没有成本，谁还有积极性跟在你后面跑？吴三桂如果没有成本，敢于叛清？正是从这一点出发，杨起隆想出了"期权法"来吸引人才。期权，就是到了某一时期或者某一条件成熟时，就让某人拥有相应的收益。对于零成本的人来说，运作期权法就能用"借来的钱"做成本，办成大事。

"你们这些家奴，杀死你们服侍的主人后，事成之日，在新的国家政府里，你将来能享受的，就相当于你的主人今天的权力、名号、爵位。"这一招，吸引了高级官吏的家奴们积极参加到反清的活动中来。

他这两套做法富有成效，资料记载，到他们出问题之前，这个零资本起家的团队发展到了一千多人。类似于一个企业，零资本起步，居然有了一千多名员工。要是在今天，这样的创业速度，也可称奇迹。朝鲜方面的资料记载，称他"聚众万余"。

有政治眼光，有军事手腕，然而，由于缺少一个重要的工具，结果却酿成了惨剧。这个重要的工具叫组织纪律性。

在敌人的心脏地带，搞策反的地下工作，最重要的是什么？有经验的人都知道——组织纪律。如果没有铁的组织纪律，好事只会变成惨事。这样的组织纪律，比如自己的事，连最亲的亲人都必须绝对保密。那种大嘴巴喜欢到处嚷嚷的人，绝对不能吸收进来。那种喜欢吃喝嫖赌的人，绝不能吸收进来。这样的人，往往容易坏事。

在杨起隆的团队里，有一个成员，是郎廷枢的家奴黄裁缝，这人特别喜欢喝酒，每喝必醉。康熙十二年十二月二十二日这天晚上，他又找来了四位哥们儿一起喝酒。喝着喝着，他喝醉了，于是开始大嘴咧咧地乱说，把自己参与朱三太子起事的秘密也说了出来。

这事不久传到了他的主人郎廷枢的耳朵里，郎廷枢立即将黄裁缝等人绑了，当即送到本旗旗主那里。

接下来发生的事，不说大家也都清楚了。最后，参与者差不多全部被追捕，杨起隆、黄裁缝等 12 人被捕后，均被处以凌迟极刑——千刀万剐。其他还有194 人被斩头，许多人家被抄没，牵连的有上千人。

一个病人的死亡，更多的情况，是主症进攻的情况下，造成体弱，最终死于各种并发症。一个朝代往往也是这样。由于吴三桂主阵地未能与各地起义形成合力，结果，清朝侥幸地逃过了并发症的攻击。

势如骑虎

贵州、湖南、四川，这些原本由清军控制的省份，相继失陷；京师叛乱，此外还有其他地区的叛乱，如蔡禄父子的谋叛事件，使清王朝上层非常强烈地感受到大有"山雨欲来风满楼"之势，而且这座楼的部分立柱已被大风吹倒，部分屋瓦已被大风掀翻，景象实在吓人，实在恐怖。

在政治、军事大震动中，清朝统治集团被强烈的危机感包围着。康熙已经无法安枕，大臣们谁也睡不着觉，所有的人都在思考。

这些思考很快统一到一个层面上来了——对吴三桂的切齿痛恨。

如此深切的痛恨有没有一个发泄的渠道？军事上一时还找不到打败吴三桂的办法，那么政治上呢？就在皇帝、大臣们这么思考的时候，一个人的影像出现在大家的视线里——吴三桂的儿子吴应熊。

大家都想到这个人，突然发现，吴应熊不只是个政治情感发泄的对象。

"天子脚下，杨起隆这样的事都能发生，还有什么事不能发生？"大臣们开始联想，"倘若吴应熊与吴三桂暗通消息，那危险将不是一般的大。虽然他已被拘禁，但监狱里不为人知的事，谁也说不清。"

"是的，必除之而后快，必除之而后安！"

三月初九，兵部尚书王熙的奏疏摆在了康熙的案头。这是一篇高举大刀、鲜血淋淋的文章。题目简约明了——请诛逆子！

吴应熊该不该杀，这事暂且不说，那位上奏疏的王熙，也着实吃了豹子胆，因为吴应熊不是一般的人，他的另一身份是康熙皇帝的姑父。

胆敢索要皇帝至亲的人命，这绝不是一般人敢干的，可以看出，王熙是一个有着特别大胆量的人。

王熙知道，康熙看到的绝不会是他的胆量，而是另外两层意义：第一，杀吴应熊绝不是他一个人的主张，在他的身后，站着一批人，"我的主张，代表了朝中大臣们的普遍要求"。第二，"皇帝在这里体味到的，一定是吴应熊问题的严重性质。那么从中还能体会到的，是我王熙的忠心，因为我与吴应熊之间没有半点私人恩怨或成见。"

奏疏送上去了，果然，皇帝一点也没有怪罪王熙。

现在是皇帝头痛的时间。

身为皇帝，杀人是件非常容易的事，然而，自己下令杀自己的姑父，却不是一件容易的事。三个明显的大坎必须跨过去，否则就动不了手。

第一个坎，如何对得住列祖列宗？毕竟这可是自己动手杀自己的长辈。

第二个坎，对自己还年纪轻轻的姑母如何交代？这可是要她一辈子守寡的人生大惨事，活着的人，谁都受不了这个折磨。一般的女人死了丈夫可以再嫁，而公主是不可以再嫁的。可见，封建礼教害死人。

第三个坎，是自己的江山重要，还是情感重要？理智与情感在康熙的心中死磕上了。

就在康熙努力地迈坎却发现自己无论如何迈不过这三道坎的时候，又一件事情发生了。在议政王大臣会议上，众人经过讨论之后，做出决定，应速速将吴应熊正法。

会议最终帮康熙迈过了三道坎。于是，康熙决定处死吴应熊。不过在处死方式的选择上，用了绞死的方式——多少能留个全尸，跟他一同赴黄泉的，还有他的长子吴世霖，其他幼子免死，没为官奴。

历史上有几个人能大义灭亲？

这样看来，想成大事的人，必得经历别人一辈子也不可能经历的大起大落、大幸运和大灾难。

现在是吴三桂感受到身心、感情最为刺痛的时候。

资料记载，当时他正在跟下属们一起饮酒。听到这个消息，脸色大变，手开始颤抖。他慢慢地把杯子放下来，泪水立即从他的一双老眼里涌了出来。

"今日真是骑虎啊！"他说出了这样的一句话。

吴三桂这个人，一直都是"善持两端"，从他当年在锦州、山海关的所作所为就能看出来。左右逢源，进退有据，是他的人生信条。即使他造反，也是这样，造反后，他又开始后悔了。这样的思想，就叫"下虎背"。现在，儿孙被对手灭了，他骑在虎背上，已经是想下也下不来了。

对于他这样一位六十多岁的老人来说，骨肉被残造成的沉重打击是他所经受不住的。这正是清王朝需要的结果，也正是兵部尚书王熙当时的立论根据之一。在这个感情的打击烈度与心理承受力上，他彻底地输给了他的对手——年轻的康熙。

作为一个政治人物，为着保全自己的那些既得利益，让将士付出鲜血和生命，他没有必要吝惜，因为说到底那毕竟是别人的性命；而现在死的是自己骨肉的生命，真是想不吝惜都难。这一次的打击，将他的精神几乎推到了崩溃的边缘。

感情上输给了对手，对自己的前途，他突然有了一种惶惑、不祥的预感。从这件事上，他看出端倪来，"我确实是低估了对手，对手不是一个乳臭未干的毛孩子，而是一个能大义灭亲的政治家！"

这已经是政治层面上的较量，他又输了一局。当初，他心存侥幸，以为吴应熊最大的可能是成为康熙要挟他吴三桂的一个筹码。现在，康熙亲手将他的这个侥幸心理砸得粉碎。现在，他没了退路，只能痛苦万分、险象环生地骑在虎背上往前奔了。

战争打到这个时候，两方已经充分地接触，各显功夫；在政治上、情感上，双方最高层也进入了生死对决血肉相残的痛苦之中。人们不禁要问，无数人在战场上抛头颅洒热血，以命相搏，这场战争，到底谁是正义的一方？或者说，这到底是一场什么性质的战争？

站在清政府的立场来说，这是一场剿灭叛乱的战争。

而站在吴三桂的立场上看，这是一场保护他以及他的团队的既得利益的正义之战。

吴三桂起兵仅三个多月，就相继拿下滇、黔、湘、蜀四地，而福建、江西、浙江、广东、陕西等地也在接二连三叛清，这次叛清的浪潮，已经直刺清朝的心脏——北京。远在长城之外，也燃起了反清的烽火。发展之快、来势之猛、波及之广、规模之大，无论康熙还是吴三桂，都始料不及。

从这些现象上，可以看出，这已经不只是一场吴三桂保护个人利益、保护吴氏集团利益的战争，那么他到底是一场什么样性质的战争？

这次大较量，双方力量的人员组成，有着非常鲜明的不同，一方是汉人，一方是满人。除了这个重大的不同外，还有一个特色也非常鲜明，叛乱政权、

军队中，大部分人又有着另一种身份：明朝降将，李自成、张献忠、郑成功余部，南明残余部属。

这场空前的大战争，吴三桂起到的作用是利用自己的名望振臂一呼、率先行动，即领头人的角色，达到了天下响应的效果。而接下来，参与者的目的，就各不相同，吴三桂为的是保护他以及他的集团的既得利益；众多人的目的是灭清复明，重建大明江山。

目的虽然各不相同，目标却是一致的——灭亡清朝的统治。

如此看来，这场战争的性质就变得复杂起来。他反映的是原明朝官僚士大夫们的意志和要求，也体现出了这批人的根本利益。然而，以吴三桂为首的一批人却掌握着战争领导权，要建立他们的周王朝。

在这个复杂的纠缠中，另一种力量纠结其中也十分明鲜，中央集权与地方割据势力之争，即满族皇族贵族与原明朝降官降将之间利益的争夺。

第十一章
王者的毁灭

饮马长江

战争的路线图，正如吴三桂起兵之前谋定的那样，兵出云贵，旗开得胜，而且一路势如破竹。现在，吴军的前锋已经开进了湖北，在长江南岸的松滋（松滋北）驻扎，与清军大本营荆州隔江相望。

此时的江北，清军还没有完成集结，很多部队还在路上，那里正是风声鹤唳，从部队到百姓都人心惶惶的时候。

即便没有高深的军事理论，即使是低级别的将领甚至士兵差不多都知道，吴军这个时候渡过长江，抢占江北，就能独占长江天险，握住战场的主动权。

另一方面，抢占江北远不只是战场取胜，还有政治上的意义。一旦在江北立足，从政治上，就能够有力地影响从长江到黄河之间的汉官汉将。那么，清朝的政治局面、军事局面将真的难以收拾。清军的出路或许只有退到黄河北岸。

总之，吴军北进就会有良好的军事、政治局面出现。

可让人不能理解的是，吴军进到松滋后，就在那里屯驻起来，一住就是三个月，连一丝北进的迹象都没有。

吴军将士从上到下都在奇怪，从上到下也都在着急，"为什么不赶紧北进？难道是后继的力量跟不上？你吴三桂向来不是以速度取胜吗？为何跑到一半就停下来了呢？"

在吴三桂的核心团队里，远在云南留守的重要谋士刘玄初看出了这个的问题的严重性。他立即给吴三桂写信："北上，赶紧北上，如果你现在不北上，等清朝各地军队完成江北集结，就危险了。你这样坐等，我真的不知道你这样做究竟是为了什么？"

吴三桂读了这封信，就像没有读过一个样，对其置之不理，没有给予一个字的答复。

这里有两个问题。第一个问题，北进到为什么是必须的？第二个问题，吴三桂到底是为什么不愿意北进？

这两个问题实在太重要了，直接关系着吴三桂周王朝的命运。现在我们花点儿时间来看一看。

第一个问题——北进为什么是必须的？

解开这个问题的钥匙是吴氏集团与清政府的实力对比。

对比有点复杂，从五个层面说明。

第一层面：清强吴弱，清富吴贫。这个结论用不着多说，大家都是明眼人。也就是说，吴三桂的胳膊拧不过清朝的大腿。然而，由于第二层面出现，使得变粗变强的胳膊有拧过病痛中的大腿的可能了。

第二层面：吴三桂大军初起时，有相当强劲的军事实力，而且在接下来一年的时间里，有各地热烈响应，实力又进一步大增。这样，吴三桂的胳膊一年内变粗变强了，可以拧得过病快快的大腿了。

第三个层面：即便吴三桂这条胳膊变粗了，但胳膊总还是胳膊，不是大腿。原因是吴三桂的老本是一隅之地云贵，后劲明显不足。此外，还有一个严重的问题，各地的反清之举都是各自为战，没有进入到吴三桂的统一指挥控制系统，成不了吴三桂可以调用的资源。对于他们的对手清军，只能起一些侧面牵制的作用。

第四个层面：清朝已经在全国占据绝对的统治地位。这样，清政府可以深入地进行军事、政治动员，可以调用全国的军队。此外，清朝还有广阔的领土、广大的人口作后盾。要做这些动员的工作，无非要的就是时间。只要有了时间这个要素，他的力量就会一步步地发挥出来。到那时，清朝的"大腿"产生的力量是吴三桂的"胳膊"不可能对抗得了的。

类似于长达十四年之久的抗日战争，中国需要的正是时间。有了时间，就能动员中国的抗日力量。毛泽东的持久战思想，深刻揭示了时间对于抗战成功的特殊意义。

对于清朝来说，需要的也正是时间。

"吴三桂啊，千万不要停下来，不要给对手任何调动兵力、汇集资源的时间。否则，一旦由战略进攻转入战略相持，就一定不是清朝的对手。因为对手的大腿会在时间的作用力下，慢慢地变得更大更粗。"

第五个层面：战争的第一阶段，吴军进攻、清军防守，清军节节失利，然而，这里请注意清军的实力在失利、失败中并没有遭受过大的损失。对手的有生力量还在，只不过丢了点地盘而已。而这点地盘相对于清朝来说，又算什么呢？清军中最能战斗的部分，如满洲八旗、蒙古兵大多集中在北方，还没有出动呢。就像走象棋一样，人家的"车"还没有出动，丢个把卒子算什么呢？对于象棋高手来说，开局不利不一定输棋，中盘、收官才是真正的较量。

所以吴三桂必须利用开局优势，打时间战，抢时间争速度，速战速决，打得对手措手不及，打得对手没有时间调动全国的人力、物力、兵力。军事术语：利在速战，不可久持。对应着象棋走法就是：自己的子力冲过界河，在对手的车、马这些主要子力还没有来得及发动的情势之下，将对手子力活活憋死。

现在，吴三桂打到了长江南岸就停兵不进，给了康熙从容地、有步骤地部署兵力的时间。我们不禁要问，你吴三桂的军事头脑去哪儿了？

为什么在全国形势有利的情况下，吴三桂不愿意北进，坐丢良机？我们后人看出来的问题，他那时一定看出来了，而他不北进，又一定有他的理由。

吴三桂最基本的想法——"欲出万全，不肯弃滇、黔根本"。大家也看到了，吴三桂苦心经营云贵十多年，这是他的本钱。如果吴三桂北上，那就要另挑屋基另起炉灶，这是吴三桂玩不起的。

"我们老年人别的不怕，就怕一件事——进退失据。一旦我北上不顺，中间受挫。那么，我就一定连退的机会、退的路子都没有了。而屯兵长江以南呢？"

"哈哈，这里有我稳固的阵地，我已经站稳了脚跟。说到底，哪怕大事不成，我还可以有个划江为国的可能吧。虽然建立的是半壁江山。但半壁总比一点都没有好吧？"

提醒读者注意，这还有些符合吴三桂进退有据、首鼠两端的个性。

现在的问题是，吴三桂的"半壁江山论"对不对？

历史上有没有过成功的半壁江山呢？有的，而且很多。但是，最终的结果是一样的——不长久。

为什么半壁江山表面上看似容易做到，而实际上却不长久呢？

兵法上有标准答案，叫有进无退。这种做法，就像打拳击一样，只有进攻，才能巩固已取得的胜利，而你一旦停下来，就变为防御。那时被动挨打跟着就来了。

为什么规律会是这样的呢？用河里行船的道理最容易让人看清其中的原因。逆水行船，如果停止动力，停止前进的话，船就会自动地往后退，原因不在船，而在船底下的水，是水在推着船往后退。

说白了，你停下进攻的势头，就给了对手进攻的机会。对手是不会停歇的，那时，你的麻烦就会接连不断地涌现。

进退有据（据，此即根据地），本身并没有错，但任何真理都是有条件的，有时候需要有冒险精神，这时的出发点就不能仅仅立足在保有根据地上。

康熙正在感受兵败如山倒的痛苦滋味，正急得像热锅上的蚂蚁。就在他为兵不到位、将不听调而不停地发指示乱催促的当口，突然发现吴三桂的军队到了长江边上居然不动了。

"为什么不动了？"

康熙没有时间去研究吴三桂，而是立即利用这个千载难逢的大好机会，赶紧做一件事——调兵遣将、集结兵力，在长江北岸迅速将军队布防到位。

康熙得到的也即吴三桂双手奉送的布防时间是充裕的。到了康熙十四年四月，康熙胜利地完成了第一阶段的兵力部署——清军、蒙古军全都布防到位。

此局，康熙胜。吴三桂用自己打败自己的办法，输了一局。

正如两人走象棋，本来是赢棋的局面，吴三桂却犯了一个致命的错误，停下进攻的势头，结果就中了那句象棋术语中的道道：一着不慎，满盘皆输。

自从离开了云南，吴三桂一路北进，到达湖南后，就在常德、澧州、长沙、湘潭之间转悠，最北到了湖北的松滋，也的确是在做亲临前线指挥的重大工作。

吴军的主力，现在有近二十万人。人够多，然而却全都集中在湖南战场，位于一隅之地。具体来说，这二十万人驻扎在长沙、岳州、松滋、常德、萍乡、澧州这些战略据点。

后人认为，这些军队集中起来继续北进，去消灭对手的有生力量最重要。而吴三桂的想法却不一样，原因前文有述。

那么这二十万人，吴三桂是如何精心布防的呢？

在岳州、澧州，在江、河、湖的进出口，投下了七万兵力，占了总数的三分之一，可谓重兵把守。重要军事骨干，总兵级的将官有十多位。如果用人体来比如的话，是人身体的三分之一的部分，而且重要的大脑部分用在了这里。

看这里的人员组成，除了汉族军队，还投放了云贵土司率领的苗、壮等少数民族的土军。在前线，还有一支由五十只大象组成的象军，类似今天的坦克部队。

不只是军队大量投放在这里，资金投入也是巨大的。大量的人力在各地采伐山木，从贵州运过来，从湖南的深山里运出来，主要是建造高大的楼船、巨型的舰队。这些船舰在水面上往来，控制了水上通道。同时，从四川、湖南各地调拨粮食，解决军队的给养问题。一句话，吴三桂要在这两处筑成长期坚守甚至世代坚守的人肉"长城"，类似于当年他守在长城脚下的山海关。这里正是吴三桂划江为国思想的军事着力点之一。

布局体系里，岳州的地位类似于山海关，吴三桂最为重视。他特意派侄儿吴应期率领数万精兵把守。吴应期能冲能拼，十分骁勇，是吴三桂最看好的军事人才，也是最得力的猛将。有了他，对于这个关键部队，吴三桂才放心。

岳州到底为什么这么重要？这是由一江一湖决定的，江即长江，湖即洞庭湖，这两者的交集就在岳州。出洞庭湖入长江，或者由长江进入浩瀚的洞庭湖到湖南，都从这里过。这里三面环水，一面通陆地，所以他成为军事上控制湖南命脉的"山海关"。

吴三桂应该是从长期防御思想出发，在岳州城内城外构筑了坚固、复杂的防御工事。

城外陆路。为阻止清军步兵、骑兵联手攻城，派出工程兵，挖出三道壕堑，筑起无数堡垒，设计陷坑、鹿角、挨牌。

洞庭湖峡口处。为阻止清水师船只进入湖内，在这里攒立梢桩，守备相当严密。敌军的船只只要一碰到水下这些看不见的梢桩，就前进不得、后退不能。

重要的城市，单独守是守不住的，必须有外力的支援。为保卫岳州重地，吴三桂特意在澧州、华容、石首、松滋等处设下重兵，形成互为犄角的态势。这就像走象棋，单独的"车"横冲直撞是没有力量的，只有与炮、马、卒联手，才子力倍增。

吴三桂急忙忙布防岳州，这个时间段上，康熙也没有歇着，正在隔江相望的清军大本营荆州紧急布防。

双方都完成了布防工作之后，接下来就是长时间隔江对峙。对峙的时间整整两年。在这两年时间里，吴三桂无意取荆州，而康熙却时时刻刻想着攻取岳州。

还在康熙十三年七月，康熙就派贝勒察尼、将军尼雅翰率领水陆大军，以两路齐进的方式，向岳州发起大规模进攻。

岳州方面，吴应期、马宝、张国柱率七万大军，水陆两路迎敌。

这一次，清军取得了部分胜利，"斩首万级，击其船十余艘"。

从战略上看，双方力量对比没有发生根本的改变，清军连岳州城的影子都没有看到，就被吴军打回去了。之后，双方进入了一个平静期。

决战湖南

两年后，康熙十五年（1676 年）的春天，清军兵分两路，向长沙、岳州两大军事目标发起进攻。由于叙事的先后，我们先看岳州战场。

三月初九，大将军贝勒尚善率水陆大军向岳州进发，目标攻取岳州。清水师目标，进入洞庭湖。

吴军的水军已拥有上百只战船，达到了大舰队的级别，分别横列在南浔、君山，迎战清水师。

清水师准备工作充足，实力超过吴军。清、吴水军多次捉对厮杀，最终吴军战败，君山被清军攻下。得胜的清军立即进逼岳州城，大军直指城下。

吴军立即调派其他地方的水军船只向岳州增援。

清水师进行两手准备，一边加强围困岳州城下的吴军水军，另一边阻击前来增援的吴军水军，围点打援。

清军两边都打得很漂亮。前来增援的吴军水军被清军水师打得大败，只得逃走；被围困在岳州城下的吴军水军没有逃脱，同样被打得大败而逃。清军缴获吴水军船五十只。这个数量是巨大的，相当于当时吴军水军船只的一小半。

一小半的水军家当被清军抢了，吴三桂的水军可谓损失惨重。

控制了水路的清军，立即实施登陆作战。九天后，也就是三月十八日，顺承郡王勒尔锦率领的数万军队渡过长江，到达文村。这支庞大的军队里，你可以看到满洲、蒙古、汉军、绿旗军不同的旗帜。文村驻扎的吴军人数不多，看到敌军来了这么多，立即弃营逃命。

清军水陆并进，向石首虎渡口进发。在这里，清军打败了吴军，焚毁吴军两营。清军水师继续前进，逼近太平街。

又过了九天，也就是三月二十七日这天，在丰州（丰县）太平街，清军与吴军展开激战。结果，吴军再一次被打败。

为什么吴三桂在这里精心布置的防线如此不经打？大家不要忘记了一个地方——长沙。此时，清军的另一部正在猛攻长沙。吴军的主力大部分被调走，增援长沙战场，岳州一带的兵力十分单薄，只有一点儿留守的兵力，哪里是阵营强大、蓄谋已久的清军的对手？

应该说，经过两年的准备，康熙这一次的作战部署是成功的。这一次，他用的不是单攻岳州的打法，而是兵分两路，一路进攻长沙，吸引吴三桂的注意；另一路主力趁势强攻岳州。提示一下，清军攻打长沙的时间比岳州早，早在二月十五日就开始了进攻长沙外围城镇的战斗，的确是吸引住了吴三桂的注意力，迫使吴三桂把主力调往长沙，而无力顾及同样重要的岳州。

现在，得势的清军如果继续向前猛攻的话，可以长驱直入进取岳州。然而，勒尔锦过早地享受胜利的喜悦，结果清军徘徊不前，没有用重拳扼住石首虎渡口，这就给吴军反扑以可乘之机。

吴三桂虽然把主力调到长沙，力保中心城市，心中却时时念着岳州。他十分清楚，清军这一次一定是奔岳州、长沙这两大要害部位而来。而这两大要害部位，真的是一个也不能丢。长沙是岳州的粮食供应基地，岳州是扼控湖南的天然屏障。

吴三桂一边坐镇指挥长沙保卫战，一边调兵支持岳州。不久，吴三桂从松滋调来的大批援军向岳州进发。

清军统率勒尔锦得到消息，非常惊慌，立即放弃长沙太平街，率领大军向荆州退却。他在给皇帝的报告里写道："岳州简直就是一座火炉，这样的暑天里打仗，实在太热太热，北方来的将士都经不住这样的酷热天气的煎熬，所以不得不撤退。"

现在我们终于有时间把镜头摇向长沙战场。

进攻长沙的清军由安亲王岳乐统率。

二月十五日，清军由陆路攻下了长沙外围的重要城镇——江西省的萍乡、醴陵。这两处重要城镇离长沙较近，在中间地带，吴军再也没有城镇以供防守，长沙一下子就暴露在清军的眼前。就像病毒进攻电脑一样，病毒一来，首先把电脑的防火墙给破了。

三月初一，岳乐率领的清军逼近长沙。同时，另一支清军同步围攻江西重要城镇吉安，目的是让吴三桂顾此失彼。

吴三桂已经不可能在长沙、吉安两个战场同时开打，他的想法是先在长沙打败岳乐的清军，再派军援救吉安。

长沙战场刚刚摆下，有一个叫梁质人的人，从江西吉安跑到长沙请求援兵。吴三桂决定把这人留下来，让他见识一下自己的打法，领略一些自己的战略战术，以便让他回到吉安后，向吉安的将领传授一些打败清军的诀窍。

岳乐指挥的清军在长沙东边扎营，具体位置在官山的后面。官山位于长沙与浏阳之间。清军生活的营地与作战的阵地不是一个地方，清军布下的作战阵地在城北的铁佛寺后面，一直绵延到城西南。清军分成十九路布置，成半圆形，绵延数十里。没有上过战场的人，看到这宏大的气势，一准吓得尿裤子。

经验丰富的吴三桂没有把军队放在城里依着城墙设防，而是信心十足地把军队布置在城外西边的岳麓山上。吴军阵营也不弱，也是横亘数十里。这在吴军的历史上，如此庞大的阵容也是第一次。

显然，两军接下来必将是一场死战。

战前动员大会上，吴三桂提出一个倡议，这一次，他虽年近七旬，但仍然提出来，要亲自上战场，与安亲王岳乐决一死战。

　　将领们一听，立即发出了同一个声音，"你放心，我们一定誓死奋战，你站在谯楼上，好好地安全地看着我们作战就成了。"一句话，你安全地站在我们的身后，我们打起仗来就会既安心又放心，这样才能奋勇杀敌。

　　看到众将领苦苦劝他，吴三桂自认激励将士的目的达到了。吴三桂做出决定，自己将站在谯楼上，亲自观战。此外，他还传下一道命令，命令梁质人也站在城墙上，要他亲眼看看，我们英勇的吴军接下来将如何击败强大的清军。

　　将领们深受鼓舞，既有最高将领站在身后瞭阵，还有嘉宾现场观战，这场大仗一定要打出风采，打出成绩，眼前那些清军算得了什么？

　　在震耳欲聋的战鼓声中，双方战斗开始。吴三桂的大将王绪带着手下部众首先向敌阵发起冲锋。对方的军阵闪开一个缺口，王绪和他的部众冲进那道缺口。不久对方军阵的缺口合拢，把王绪的数千人马裹在了阵中，而且密不透风、扎扎实实地围上了好几重。那意思就是用十万清军把王绪的数千人马包了饺子。

　　时间一秒一秒地过去，在数万清军的包围圈里，站在城墙上的吴三桂、梁质人等人再也望不到吴军的旗帜，再也听不到冲进对方军阵的吴军发出来的鼓声，王绪和他的军队就像人间蒸发了一般。城墙上所有的人，全都大惊失色，吴三桂心中也十分惊慌。这一局超出了吴三桂的预算。按这样的情势推算下去，王绪和他的部众完全有可能在清军的包围之中打得全军覆没，如果那样的话，后果就太可怕了。

　　就在所有人惊疑不定时，突然如晴空霹雳一般，在清军那边的阵营里火枪连发、白刃排空，犹如涛翻雪舞，喊杀声震天动地。站在城墙上，能清楚地望见清骑兵纷纷坠落马下，显然是中了吴军的枪弹、箭矢。接着就望到王绪和他的将士奋力突击的身影。

　　这些影子越来越近，冲进军阵的吴军没有被敌军包了饺子，反而越杀越猛，锐不可当。

　　吴三桂的侄儿吴应正，大将马宝、夏国相，都在这边焦急地等待王绪的消息。见到王绪得势，立即呐喊着，率领部众向清军的阵地冲了过去，双方进入混战状态。

双方混战中，吴三桂的侄儿吴应正突然被流箭射中，滚落马下。夏国相一边指挥军队冲杀，一边对吴应正的安全留了个心眼儿。他第一时间发现吴应正中箭，当即冲了过去，与冲过来的清军奋力厮杀，从敌军的眼前把吴应正救了出来，送往营地休息。

看到吴军的主要将领中箭落马，清军岂能放过这一大好时机，立即鼓噪着朝吴军的阵营发起了冲锋。这支冲锋的部队跟在营救吴正应的吴军的后面猛打死追，一直追到了城墙根下。

就在清军准备在城墙根下集结，要做进一步攻打城墙的准备动作时，忽然之间，不知从哪里冲出来一队巨象。这些高大的象高声鸣叫着，朝着清军的纵队冲了过去，横冲直撞，一下子就把清军的阵形冲垮。那些冲在前面的清军骑兵，连人带马倒在了大象的脚边，立即就被大象巨大的脚掌踩踏。清军中没有人有过跟象队作战的经验，大家都是第一次跟象军打交道，不知该如何应对。

发现形势不妙，清军立即抽身败退。

看到清军在大象面前出现败势，吴军见势就追。

就在这时，就在吴军正在得势之时，上天出来说话了。这时已经是正午时分，突然大风裹挟着急雨劈头盖脸朝着两军阵地砸了下来。雨中不宜再战，双方只好鸣金收兵。

有人会问，这些象军是从哪里赶过来的，竟然如此及时？

这是吴三桂在战前事先算计好的一出大戏。他将一批人马在城墙根下设下埋伏，同时将四十头大象埋伏在山冈下。一旦清军冲来过攻城，就让象军、城墙根下埋伏的军队一同出击，用大象冲乱敌阵，然后墙根下的部队跟进厮杀。

可惜的是，天不遂人愿，一场突然而至的大雨让他的美好计划才刚刚开了个头就泡汤了。

这一仗，吴三桂的侄子吴应正身负重伤，不治身亡。吴三桂感情上又一次遭受了巨大的打击。

这一次，虽然双方投入兵力都接近十万，总体来说，吴军还是取得了胜利，双方的人员损失、物资损失都相差不大。

清军由于没有取得胜利，只得就地掘壕扎营，不敢发起进攻。这样，清、吴两军面对面地耗上了。此战见于《庭闻录》《广阳杂记》，未见于《清康熙实录》。可能是因为这是一场败绩，故清朝的史官有意不作记载。

经过在两个不同的战场的较量之后，康熙看清了清军的弱项。从此，一直到康熙十七年（1678年）上半年，康熙下定决心做脚踏实地的基础性工作，主要在五个方面进行。

让人看不懂的是，这么长的时间，吴三桂驻军在长江边，一动不动。这做法，实在有点像后来人洪秀全。洪秀全也是从南方的广西打到长江的南京后，十多年的时间里，就再也不愿北上。与吴三桂不同的是，洪秀全还派了一支小小的北伐军，一直跑到了接近北京的心脏地方，只是力量太小又接济不上，最后被清军剿灭了。

这几年的时间里，我们来粗略地看看康熙如何从容地做了战争深度动员与资源的调配工作。

第一，要攻破长沙、岳州，最不可少的是大型运输机械兼职作战机器——战船。

康熙下旨，一方面从长江各地调船到长沙，另一方面，在长沙就地伐木造船。为了做好这项大型的军事造船工程，派了专人负责——偏沅巡抚韩世琦，"率所部赴长沙，主管造船工程"。造船不只是要人力，还要大量的资金，也就是钱。康熙下令动用国库银二十万两，作造船的专项费用。从康熙十六年正月开始，分批从各地调船到岳州、长沙。

正月，从京口发沙唬船六十只，随船配置炮械、水手、夫役，配齐作战官兵，护送至岳州附近水师大营。同时，命安徽巡抚靳辅送船四十只到湖南岳乐军中。

六月，下令江宁巡抚督造乌船。九月，再一次下令，增造战舰乌船六十只、沙船二百只。

康熙十七年三月，增造乌船一百只、沙船四百只。

看出来了吧，康熙与吴三桂之间，展开了一场造船比赛。康熙动用了全

第十一章　王者的毁灭

国的国力，吴三桂哪是他的对手？造船竞赛的结果，清军的战船已"多于贼数倍"。

这一场造船赛，康熙胜出。

第二，陆路进攻靠的就是马了，类似于今天的部队实现机械化、机动化作战。

马跟船不一样，船可以现造，马却不可以现场生育、现场培养，这得从其他地方调过来。

康熙十五年十一月，康熙从蒙古选马一千九百匹，调往进攻岳州方面的部队。

康熙十六年三月，发出动员令，动员王爷、贝勒及以下文武各官捐马。康熙自己带头，从内厩拨马一千匹，送往长沙。

四月，康熙从京师发战马四千余匹到长沙，同时拨新铸红衣大炮二十门。

接着，康熙想了一个办法，选取江西南昌为中间过渡"仓库"，拨出战马五千匹在这里蓄养，以便随时就近供应战场不同部位的需求。

沿着"仓贮"思路，康熙再从兵部选取驿马两千匹发往武昌，蓄养备用。

马都产在北方，而需要马的地方在南方，康熙运用了"仓贮"的理念，很好地解决了产地远的矛盾，做到了随用随调。

吴三桂没有北方的马匹产地，战马得不到补充。这个重大的"战争机器"问题无法解决。缺少马匹，部队机动作战能力大受影响。

此局，康熙完胜。

第三，在调马、调船的同时，康熙着手调人的工作。

当时，图海初步平定了陕西、甘肃的叛乱。康熙马上下令，除留下必要的军队外，主力悉数调往湖南战场。

通过几次增调，在长沙及附近地区，清军已聚结了十多万人马。这个数量，与吴军投放在这里的人数旗鼓相当，且略占优势。

吴军内讧

康熙十六年（1677年），准备工作全面完成，条件一步步成熟，康熙下达进攻令。

五月三日，清舟师向洞庭湖进发。这一次，清军一次性开出战船两百只，由将军鄂鼐率领。清军战船大部队没有什么犹豫，直接向吴军的战船开了过去，意思很清楚："我这么多家伙，看看我的战船阵式，吓也要吓死你。"清水师目标清晰，第一步，进取洞庭湖中的君山（岳阳西侧），在湖里搞个陆上基地再说。

吴军水军立即迎战。

双方在江面上打了一个星期，不分胜负。对于清军来说，突不破吴军的湖上防线；对于吴军来说，也打不败实力强大的清军船队，双方只能对峙。

最后，清军水师达不到占领君山的目标，只好撤出。

这次水战，让清军认识到了两个问题，一是单独攻打岳州是不可能成功的；二是岳州的吴军水军防守相当严密。也就是说，要想取得岳州，必须先取得长沙，捣毁岳州的后方补给基地。

清军能够看出这一点，吴三桂如此精明的脑子，岂能没有看出来？从岳州水战中，他已经看出来了，清军的目标就是岳州，而清军要想得到岳州，下一步就一定是攻取长沙。

沿着这个思路，吴三桂策划出了一个战略：用重兵出击的办法，进攻已被清军占据的醴陵、萍乡。这一战略能同时起到两大作用：第一，切断岳乐军的后路；第二，清军一定会抽兵保护醴陵、萍乡，这样就能减轻清军对长沙的军事压力。

如何比较轻松地得到醴陵、萍乡？吴三桂的眼光看到了被清军占领的江西吉安，决定派上一支军队同时攻取吉安，抢占江西与湖南的门户。那时，清军一定应对。长沙的压力就会大大减轻。

方案完成，吴三桂立即部署，派重兵出击。

吴三桂聪明，康熙又岂能是傻瓜？

康熙正在为进攻岳州失利抓头皮，突然看到吴三桂连连发出的三个动作，从这里，立即悟出了吴三桂的思路——这吴三桂是要开辟新的战场，搞长沙外围的争夺战，力求减轻长沙的军事压力。"那好，我就跟你玩一场长沙外围的争夺战，反正这三个城市都在我的手里，我就将计就计，看谁赢得过谁。"

康熙立即下令，重兵固守醴陵、吉安、萍乡，不给吴三桂以任何的可乘之机。

吴三桂的做法，实际上是以攻代守，军事上也叫积极防守。一方面，派重兵向醴陵、吉安、萍乡三个城镇发起进攻；另一方面，向广东韶州、广西桂林派出精兵，以吸引清军的注意力，目的还是要诱使清军分兵，缓解长沙压力。

吴三桂的做法起到了作用，清军不得不从长沙分出一部分兵力应付外围城镇突然而来的危机。

正是由于清军不得不分散到各个战场应战，在长沙和岳州就无法集结有效的兵力展开进攻，康熙只得一再放弃长沙、岳州的进攻计划。这样，长沙、岳州生存的时间在慢慢地延长。

吴三桂发现，打到外围去的路线图的确起到了一定的作用，部分缓解了长沙的军事压力。然而，另一个方面的风险却一点都没有减轻——清军涌到湖南的兵马越来越多，湖南的东部、东南部到处都挤进了清军的部队。这些地方的县城，如茶陵、攸兴等十二座县城，连连落入清军的手中。不久，吴三桂又看到，清军的力量又一步步挤进了湖南的东北部，那里的平江、湘阴又接连落入清军的手里。

到康熙十七年三月，这种地方县城的争夺战越来越激烈。清军穆占部攻下郴州、永兴。接着，数万清军北上，直取末阳，进逼军事重镇衡州。

一句话，清军在湖南的地面将摊子越铺越大。这样一来，清军对长沙、岳州的包围就像渔民捕鱼的渔网，越撒越多，越收越紧。

就在清军朝衡州进发的时候，他们不知道，吴军中一个顶顶重要的人物——年近七旬的老人吴三桂正住在这里。

得到清军正在向衡州靠近的消息，吴三桂立即下令，命骁将马宝率部迎战。

马宝看中了一个地方，一个清军快速抵近衡州的必经之路——盐沙岭，地点在永兴县城的北边，约六十里。马宝决定在这里设下埋伏。

盐沙岭两边都是高山，中间有一条峡谷，是从永兴到衡州的必经之路。马宝在高山上安设火器，把敌军放入后，堵住入口。

如此险要的地势，按理说，清军应该格外小心。然而，这支清军却行军轻率。都统宜理布、统领哈克三无比骄横，对于山岭上的埋伏，毫无察觉。

清军大队人马完全进入峡谷后，突然之间，山上埋伏的吴军伏兵四起。清军立即往后撤，然而此时发现，谷口已经被吴军彻底堵住。接着清军发现，吴军在岭上安设了大量的火器，轰击猛烈。清军进不得，退不得，虽然是骑兵，却又不能像平原上那样往来冲杀。

清军无法还击，只得听任吴军攻杀。

吴军大获全胜，一战歼灭清军万余人。都统宜理布、统领哈克三被击毙。

吴军乘胜追击，一小部分在永兴城虚张声势，大队人马袭击清军大营郴州。清军设在城外的大营被吴军攻破，前锋统领硕岱逃往永兴城中避难，副都统托岱逃到郴州城里。

清军两度失利的消息传到康熙的案头，康熙大为震惊，下令逮捕主要责任人硕岱、托岱。怒火平息之后，康熙又将他们俩改为留任，立功赎罪。

表面上看，吴军这一次的胜利重重打击了清军，也的确暂时缓解了危机日益严重的局势，然而，对于吴军来说，总的趋势却丝毫也不容乐观。下面的几个事实，就是明证。

作为最高领导，现在年近七旬的吴三桂也不得不亲自来往于各战场，亲自调兵遣将，有时还亲临战场，亲自指挥对清军的作战。或冒酷暑，或顶寒风。近七十岁的老人做这些工作，景象是不是有些凄惨？早该退休抱孙子的年龄了，却不得不为自己的性命而四处奔波。如果他一倒，这吴军还能撑得住吗？然而，人生七十古来稀，近七十岁的人，是说倒就倒的。古话说，七十三、八十四，阎王不来请，自己也得去。

清军失去吉安，为了挽回一点面子，清顺承郡王勒尔锦率领大军，直接逼近长沙五里山下扎营。吴三桂那个气啊，"你是败方，你还这么嚣张？"愤怒中，他没有考虑什么失败的后果，亲临战阵，亲自督战，向清军发起进攻。

这一次，可能是吴三桂运气不好，吴军兵溃。吴三桂只好跟着大部队往城里逃。然而清军岂可放过如此难得的好机会，紧追不舍。

应该说，吴三桂虽然年纪大了，容易激动，可他的头脑还是清醒的，他早已在城墙根下埋伏了六头大象。

第十一章　王者的毁灭

看到清军追了过来，象军立即将大象放了出来。看到如此高大无比的动物，清军骑兵胯下的战马大受惊吓，无论如何不敢上前。清军也没有办法，只得退却。

动物真是奇怪，狗只要闻到老虎的气息，无论如何也不会到那块地盘上去溜达；要是碰到狮子，立即逃之夭夭。

这一次，吴三桂看出来了，即使自己亲自指挥，也照样损兵折将。他的女婿卫朴就在这次战斗中战死了。这一次战斗失败的打击是沉重的，吴军的士气开始变得低落下来。

然而，比士气低落更为严重的事是内讧，这个破坏力是明显的，直接瓦解了吴军的组织。

如果做"历史比较研究"的话，这一点还真的非常类似后来的太平军。太平军失败的主要因素就是高层内讧：东王杨秀清想称帝，结果被北王韦昌辉杀死；韦昌辉阴谋杀石达开，结果被洪秀全杀掉；石达开受到洪秀全牵制，率领手下部队负气出走。

吴军内部矛盾，起因于吴三桂的亲侄子，守岳州的大将吴应期。

还在起兵时，谋士方光琛就特别提醒过吴三桂，在用人上要特别注意两个人，其中的一个就是吴应期，"吴应期妄自尊大，夏国相轻浮浅露，此二人必不可重用"。这话说得直接，态度坚定，当时吴三桂也点头，表示出同意的意见。

然而，时间一长，吴三桂就把方光琛的特别提示忘记了，居然把最为重要的岳州交给吴应期打理。只能说，在关键岗位上，他还只是相信自己的亲人。不仅如此，他还将吴应期视作固守湖南的"屏障"。

现在来看看吴应期这位官二代的恶劣做法。

守湖南，吴三桂是做了长期甚至世代防守的打算的，绝不是只守一两年。因此，他在这里做了一项非常重要的基础性工作——囤积可以用三年的粮食。既是军事考量，也是政治上的考虑，这些粮食便有着特别的规定——平常情况下，谁也不许动用。

在岳州与荆州进入相持阶段的时期，由于两地之间没有战争，因而做生意的就互相往来，两城也从客商往来中获利——设关抽税，补充军需。

下面我们来算一笔账：

荆州米价：一两一石；湖南米价：三钱一石。结论：湖南米便宜。

荆州盐价：一钱一包；湖南盐价：三钱一包。结论：湖南盐贵。

两地商人的做法：五包盐换一石米。结论：两地商人都赚了钱。

就在两地商人赚得不亦乐乎时，吴应期从中发现了属于自己的商机。

吴应期的做法：用三钱之米（一石）换一两五钱之盐。在一进一出之间，吴应期赚得盆满钵满。

吴应期哪来的米？答案是，他用的是吴三桂屯积的米。资料记载，他倾仓倒换，所得银两尽入私囊。

利用手中的大权，盗用国家的战争储备粮，用作自己私人做生意的本钱，真是想不发财都难。

如果他只是盗卖国家存储的专项粮食，到时出问题也只是岳州防守大漏洞。可另一方面，他的手又伸向了士兵，克扣士兵的军饷，而且随意克扣。人心不足蛇吞象，真是心贪贪、意贪贪。

这些也不能全怪他，吴三桂又没有设置专门的督查官员，像他这样有权有势又是吴三桂亲侄子的人，守着这样的金山银海，真是想不贪都难。

有一个姓王的总兵，看到这种情况，就从国家大计出发，好心好意极力劝阻他。结果，这引得吴应期大怒，想除掉这位王总兵。王总兵得到消息，赶紧带了自己手下三百名亲信，直接投奔清军去了。

看出来了吧，由吴应期的贪，引发了吴军高层的内讧——王总兵逃亡，直接投向了敌营。

这起内讧还没有彻底了结，另一起内讧更是叫吴军受伤。

吴军中有个叫林兴珠的大将，原是郑成功部下，长期在海上行船，精通水上作战。这样的人才，今天叫技术级将领。他跟杜辉一起投诚清朝，后来吴三桂进兵湖南时，他们俩投降了吴三桂。

吴三桂十分重用这两位技术人才，给了他们两大任务，一是当帅，率领吴军水军守住洞庭湖；二是努力造船。这两人积极、努力工作，造出了海上用的乌船。这些船出入洪波大浪，如履平地，大受吴军水兵们欢迎。

在造船上，林兴珠、杜辉还做了一些技术性的改进，在船的左右首尾，分别布置小铳、大炮，遇到敌船，就用强烈的火器攻击，战斗力相当强劲。

正是这样的一套做法，这两人率领的水军扼守布袋口，使得清兵寸步不得进入。

对于吴三桂都极其重视的人才，吴应期自认为自己权重位宠，居然不把这两人放在眼里，对林兴珠，吴应期傲慢无礼。林兴珠那个气愤啊，但又没有办法。结果，两人的关系越弄越紧张。

如何搞定林兴珠？吴应期想了一个办法——向吴三桂说林兴珠的坏话。坏话的内容较多，总结起来就一句话：林兴珠心怀不轨。

吴三桂无法弄清楚这一切全是吴应期故意布下的局，作为最高领导，想了一个办法，将林兴珠调离那个重要无比的岗位，调去守湘江，将布袋口的任务交给杜辉。吴三桂看来，这样的做法比较稳妥。即使林兴珠心怀不轨，也是置于内江，不是前线，翻不起大浪。另一方面，林兴珠的才能还能继续发挥作用。

吴三桂的想法是好的。然而，当事人林兴珠却不那么看。

"我林兴珠为你吴三桂没日没夜地干，没有功劳也有苦劳，没有苦劳也有疲劳。现如今，你却无缘无故地将我的'水军司令'罢了，叫我当'镇长'，虽然这也叫长，但是那个落差是谁也受不起的啊！"

林兴珠大为不满，又没处发泄，就想了一个办法，与湘阴县知县合谋投清。

为什么这两人在投清的路上走到一个道上去了呢？这又与吴三桂高层的另一重要人物马宝有关。

由于一件事，湘阴县知县得罪了马宝。得罪别人好办，得罪了高层领导，那就时时有性命之忧。对于这一点，聪明的知县比谁都清楚。正是这样一个简单的原因，他们俩一拍即合。

就在这二人偷偷在做转移家属的工作时，事情不幸败露。结果，林兴珠跑的动作快人一步，仓皇中只身渡江，投向了清营。

开始时，清军将领非常怀疑，来的这位可不是一般人啊，是令我们清军水师寸步不能前进的吴军水军高级将领。

清军将领比较稳重，没有立即将他投入大牢，而是暗中观察。大家很快发现，林兴珠的儿子被吴军杀了，他的妻子也被发往云南。得到这两大消息，康熙也兴奋了，立即对他大加信任，封赐侯爵。

"儿子被杀，妻子被当作罪犯发放外地"，得到这些个消息，林兴珠很是愤怒。他想到了一个报仇泄恨的方式——把岳州城内城外防御的详细情况，写成书面材料，全部送给康熙，同时将自己想好的破解岳州城的方案，也一并献了上去。

堡垒最容易从内部攻破，而当内部的人投到敌军的阵营后，那个堡垒就更容易攻破了。吴应期造成的这个损失实在太重了。

这个内讧还没有完结，另一起内讧又发生了。

一次战斗中，杜辉因为兵败，跳入水中。他从湖底潜水，终于逃了回来，捡了一条命。

照理说，吴应期应该懂这样一句话——胜败乃兵家常事。可是吴应期有不同的想法，他认为杜辉只身逃回值得怀疑。

就在他怀疑杜辉时，另一件事在他的眼皮子底下发生了。

杜辉有一个儿子在清军中任职。杜辉的这个儿子写了一封信，暗中派人送到父亲手里，动员他设法脱离吴军归降清朝。

这件事，虽然机密无比，但却不知为何给泄露了出去，而且跑到了吴应期的耳朵里。吴应期也不细细审问，不问清其中的缘由，直接将杜辉给砍了。

吴应期的这一刀，立即杀出一个问题来，杜辉的部将黄明带着亲信一起出逃降清。

吴应期的大刀乱挥与黄明的快速出逃，让清军将领岳乐从中看出了吴军的破绽，犹如黑暗中发现了光明，一下子就找准了吴军的软肋。

"你们吴军内部不是互相猜疑，你们吴军高层领导吴应期不是喜欢挥刀乱杀吗？那我就借你吴应期的刀，杀你吴军中那些最厉害的人。平时我们想杀他们杀不到，今天我终于是找到杀他们的办法了，而且这做法轻而易举就能成功，这套手法叫——反间计。"

岳乐抓住吴应期"宁可错杀一千，不可使一人漏网"的错误做法，不停地设反间计。具体做法：派人给吴军的重要将领写信、送信，而且故意让这些信落入吴应期的手中。

吴应期跟着大刀乱挥，不辨真假，抓到人后就一个字——杀。结果，他手中的大刀引起了吴军内部高层的大恐慌。吴军将领人人自危，青天白日里也惶惶不安。谁也不知道岳乐什么时候派人给自己送上一封要人命的亲笔信。

一首民谣开始在岳州城内的百姓中传唱，"吴应期啊吴应期，杀了你啊献康熙！"从这里可以看出，吴军从上到下，都对这位直接将领切齿痛恨。大家明里暗里诅咒吴应期的目的有且只有一个，盼望他早日死掉。

内讧引发对手的反间计，高层内讧真正让吴军十分受伤。

在林兴珠方案的基础上，康熙进一步策划，破解岳州的终极方案最终完成。方案分两部分，一部分是军事上，派出一部分军队围攻长沙，围而不攻，以此断掉岳州的粮道。长沙围住了，岳州从长沙获取粮食的通道就会被切断。

估计连康熙自己也没有想到，他的这一招还真是歪打正着。如果吴应期当初不倒卖军粮，岳州城的粮食能够供当地的军民吃上三年。怕是坚持到两年的头上，康熙也要哭着回家了。

现在，吴应期帮了康熙的大忙，把吴三桂储藏在岳州城的粮食卖得差不多了。而此时吴应期存在家里的那些金银财宝即使拿出来，也换不来粮食——战争时期，哪里都买不到的就是粮食。

长沙附近的清军立即围住长沙，围而不攻。岳州城里得不到长沙的粮食供应，剩下的粮食很快被几万军队用尽。得不到粮食接济，全城立即陷入可怕的饥荒。挨饿的士兵想出来的办法都差不多——逃。而这种情况的出现，正落入康熙的第二步算计之中。

康熙算定，吴军只要断了粮食，过不了多久，岳州的士兵一定纷纷外逃。算出这一结果，康熙使出了他的第二招—政治招。

康熙一方面对岳州展开军事进攻，形成军事高压态势；另一方面，不断地展开政治攻势，向吴三桂的将士，向被占区百姓，频频发出告示，公布朝廷招降的各项优惠政策，向他们指明出路。除了明里发告示，还暗里给吴三桂的部属，给岳州、长沙吴三桂的重要将士，用清军高级将领个人的名义写信，热情洋溢地、热烈地邀请他们投诚。"安远靖寇大将军"尚善每天的重大工作之一，就是指挥一批文人，用他个人名义写信。康熙十五年二月，连马宝、高得捷这些吴军的高层领导，都收到了尚善的亲笔来信。

从这些布告、信件里，能看出清军具体招降政策。清政府鼓励吴军将士"斩杀叛军头目来献"，或者"按兵不动，暗相照应，此功亦为不小"，这样做的人，都"从优爵赏"，否则，一旦荡平，必"骈首就戮"。

给岳州及附近村镇百姓的布告，"严禁将粮米盐薪接济吴军，否则，就将全村成年男性处死，妻儿子女分旗为奴"。这是威胁性的布告。当然也有安慰性的布告，"清兵到来时，不必惊慌逃避，各安居乐业"。指示百姓"剃发归诚"，清军攻进来时，就能辨识真伪，这样的做法，就能免遭意外横祸。

清军的这套做法管用吗？

答案是，非常的管用，非常的给力。

为什么呢？因为任何一套政策的做法，都要看条件。

当吴军处于鼎盛时期时，清最高统帅部也发过诸如此类的布告、招抚，只是被吴军将士、吴军占领的地盘上的百姓真心实意地看作了笑料，被认为是无稽之谈，没有人有一丝的心思去想那个。

然而，眼前形势急转直下，所有的人，从上到下包括高层的吴军将领，大家都不得不做一项工作——考虑自己的后路。人都有功利的一面，虽然有吴三桂反清"伟大思想"的光辉照耀，然而，一旦大家不得不面对严酷的现实，不得不考虑下一个出路时，对于清统帅部扔出来的劝诱、招抚政策，想不好好想一想都难。

"清政府那些文笔大师说的道理是否在理？清政府那些招降的政策、措施是否符合我的根本利益？是否是我的终极出路？"人为财尽，鸟为食亡，在出现树倒猢狲散的迹象之时，人们不得不考虑自己的生命、利益、禄位、得失。

正是在严峻的军事大背景下，清统帅部的政治攻势、康熙的政治手腕，产生出超强的影响力。继林兴珠之后，接着就有岳州的吴军总兵官陈华、李超等投降，而且之后投降的人络绎不绝，证明康熙的政治手腕在那样的特殊条件之下，非常给力。

岳州城破

得人才者得天下，接下来是康熙感受这句话的时间了。

康熙十七年（1678年）三月，清朝得到了林兴珠这个人才，收到了他送来的那份厚礼——破岳州之策，当即交前线的清军真研究，要求制定出周详的计划。结果，一部破解岳州难题的军事方案出台了！

林兴珠了解清军的特点——船只多，据此提出自己的一个设想：一半船只停泊君山，目标是截断岳州与常德之间联系的水上通道；其他的船只分别停泊在香炉峡、扁山、布袋口这些水路要道，同时陆上沿九贡山设立营帐，就能水、陆同时断掉岳州与长沙、衡州之间的交通。

这样，让岳州成为孤立的城池之后，即便岳州有足够的粮食，也会缺乏食盐、柴薪等日常用品。那时，攻下岳州就轻松多了。就像一位仅有一口气的病人，一记重拳，就足以让他毙命。

康熙认为这个方案可取，批示安亲王岳乐认真实施，"勿令贼得为备"。不过康熙自己加了一款，根据清军人多的优势，水陆大军进攻岳州之时，同时攻击常德、澧州等城，让吴军多处受敌，顾头顾不了屁股。

康熙十七年五月十八日，清军向岳州发起总攻的战斗打响。战斗首先在水上进行，安远靖寇大将军尚善、湖广总督蔡毓荣、提督桑格等将领统帅清军水师，浩浩荡荡开进了洞庭湖。

一连几天，清军水师与吴军水军在湖里交战。经达大大小小十多场的较量之后，结果吴军多次战败。

六月初三凌晨，吴军水军组织反扑。乘着大风，向柳林嘴、君山两处清军水师发起强攻。

得到消息，清军各路兵船立即出动，从不同的水道，像黄蜂群一样向吴军的水师扑了过去。清军水师力量大大超过吴军，结果吴军的船只不断被清军的炮舰击沉，伤亡惨重。吴军未能得手，不得不退却。

在重兵压境的军事大势下，清军加紧了瓦解岳州吴军的政治工作。工作目的清晰，安远靖寇大将军尚善直接向吴水师将官陈碧等人写信晓以大义，同时清军派出降将组成劝降团，直接到城前喊话，高声传喻清朝的优惠政策。

双管齐下，"化学反应"真的就发生了。陈碧带着一批吴军兵士、家属一千多人投降清军。

七月，清军发现，虽然从水路围困了岳州城，完全切断了与其他城市的交道。然而，由于九贵山没有驻军，吴军可以在那里打柴。

人每天都要吃饭，而柴草又生长在山上。所以，有效地阻断吴军打柴的通道，就相当于断了吴军的生计。

康熙得到这一情况报告，立即指示在九贵山设营，阻断吴军上山打柴的通路。

从五月中旬发起总攻，到九月初清军围困岳州，三个月的时间过去了。小范围小规模的接触战打了几十次，双方似乎都拿对方没有办法。吴军不敢倾巢出战，清军除了围困还只能围困。

为什么清军不发起大规模的进攻呢？原因是，清军将领临战怯懦，不敢迎战。举一个例子：九月初，一队吴军乘了二十只船，到湘阴运粮米、火药、柴草，当他们经过清副都统德业立、提督周卜世的防区时，没有受到任何的阻拦或攻击。而这里清军有战船一百三十只，是那支小小的吴军力量的大约七倍。为什么清军任其出入？还是上面那句话，清军将领临战怯懦。毕竟清军长期在后方，没有打过仗，战术、心理承受能力都不行。

康熙得到报告，立即做出三大决定，将这两人革职、留任，要他们俩戴罪立功；负有领导责任的主将鄂内由于任用了"庸懦之徒"，事平之日，"从重议处"。

杀一儆百，杀鸡儆猴，不这样，清军还真的不行。

九月末的一天，康熙突然得到吴三桂死亡的"喜讯"。

康熙十七年八月十八日（1678年10月2日），吴三桂在衡州病逝，享年六十七岁。他的死信被故意隐瞒了一个月之后才传出。

十月二十二日、十一月初，岳州吴军水军两次倾巢出动，目的是疏通粮道，取得外围的粮食支援、柴草支援。十一月初的战争，驻岳州的吴军还派出一支五千人军队陆上配合行动。然而，两次取粮行动，全部被清军击退。

康熙看出来了，岳州吴军缺粮、缺柴，快到了紧要关头。于是他迅速做出决定，继续从各地调兵，增援岳州的围困力量。这样，到十二月中旬，清军围困岳州的军队增加到了十万人。

现在，清军已经将岳州城围得滴水不漏、滴水不进。

在死前，吴三桂心中最清楚岳州需要什么，还特意做了军事上的安排。康熙十七年十二月中旬，吴军派出一支军队救援岳州。结果发现清军水陆封

第十一章　王者的毁灭

锁严密，"势甚猖獗，不能飞渡"，不得不败回。据清资料记载，"岳逆在城饥馑日甚"。

清军截获的吴应期与各处往来的文书越来越多，从中发现一个现象，这些文书的内容都是一样的——呼叫救兵、运送粮饷，从而得出结论，岳州城粮食已断！从岳州相继投诚的吴军将士那里，也同样证实了"岳州城已经绝粮"的消息。

没有粮食、没有柴火，吴军将士不断从岳州城叛逃。到了年底，吴军游击刘鹏等文武高级官员投降清军的就有七十五人。

现在到了吴应期想出路的关头。

康熙十八年正月十八，天还没有亮，在这最黑暗的时分，一批准备投降的叛军官兵、家属几千人分别乘坐十只乌船、三十只小船，在前来接引的清军将领引导下，开赴设在高脚庙的清军军营投降清军。得到消息的清军，早已在岸上列队迎接。

这一天，还有吴军总兵官王度冲、将军陈珀等人，率着他们的船队、下属、兵士一起降清。

到了晚上，岳州城内到处被人点起了大火，"贼众沸腾"。这是吴应期的一个安排，为防止岳州资敌，他决定烧了这座城池。接着，吴应期率领手下仅余的一万多人突围。

清军岂可放过这大好的时机？

清军将领立即组织军队拼命追击，一直追了两百里，才停步。

第二天早上，也就是十九号凌晨，蔡毓荣、桑格等将领，率领清军浩浩荡荡开进岳州城。

得到清军占领岳州城的消息后，康熙却大为恼火："清军得到的不过是一座空城，还让吴应期率领上万人马在清军的眼皮子底下安然无恙地逃了出去。"康熙认为，这样还是会给清军下一步的行动造成困难，因为他们会在其他地方建立新的据点。

恼火之后，康熙也感觉到了一份安慰，毕竟占了岳州，就如吴军的两条腿，终于被打断了一条。

接下来要对付的是只剩下一条腿的吴军，那就容易得多了。一句话，占领岳州，对于战争全局的意义特别重大。

对于吴军来说，丢了岳州，吴氏政权的丧钟也就被敲响了。真是兵败如山倒，以此为开端，吴军、清军战略相持阶段结束，战争进行到了第三个阶段——吴军大溃退。

第十二章
帝王梦一场

势穷病亡

人的死法，各种各样，有的死得壮烈，有的死得痛苦，有的死得安详，有的死得幸福。而吴三桂却死得很凄惨。

人的一生，经历也是各种各样。吴三桂的一生，轰轰烈烈，非同凡响。军事战场是他人生的舞台，在这里他绽放光彩。与一般人不同的是，他的一生还充满了惊险传奇，年轻时还有与陈圆圆浪漫的经历。然而，与他壮烈的一生形成鲜明对照的是，他的死却心非所愿、异常愁苦。他离开人世时，怀着满腹的后悔与满腔的痛恨。

死之前，他看到，在他居住的衡州，远到数百里，近到一百里，到处布满了清军。这些清军每天都在举着屠刀向他逼过来、再逼过来。他努力了，然而，再怎么努力，结果都是一样，清军就像他自己的影子一样追随着他。他已经心力交瘁、夜不能眠。任何美衣美食美女都不能换来他一丝一毫的欢颜，愁苦、悲哀已经是他所有生活的主调。

然而，他不愿意向这样的厄运屈服。他非常的顽强，死前的两个月里，即康熙十七年六月初，还亲自点将马宝取得了盐沙岭战斗的胜利，永兴、郴州两战两胜（前文已述)，打乱了清军的部署。然而就在马宝准备攻下永兴时，吴三桂却死了，马宝不得不放弃进攻，悄悄回军。

吴三桂死前，还亲自派出胡国柱、夏国相率数万人马对广东、广西发动大规模的进攻。虽然取得了一些进展，然而，吴三桂死了，所有的进攻全部停顿下来。群龙无首，大家得在下一步行动前，找到新的共同领导。否则，还不知道这仗是为谁在打呢？

死前，最让他放心不下的是岌岌可危的岳州。他心中清楚，岳州是湖南的屏障，屏障没了，湖南将门户洞开，局面一定不可收拾。虽然新开辟了两广战场，然而他的心一直是蜷缩着的、收紧的，无论如何都放不下。

死前，他亲眼看到了那个最可怕的现象——人心、军心在急速变化，先前他亲近的部属一批又一批背叛了他，投向了清军的怀抱。起兵时，他钱粮盈库；现如今，他师老粮匮、府库空虚、度日维艰。兵疲力竭，他自悔自叹，打死也不会想到，自己老了，死到临头了，还落得个如此悲惨的结局。

耿精忠、孙延龄、王辅臣，当初一起叛清的首要人物，在他眼前，全都相继倒了。现在，只剩他这一棵孤树，岂不是独立难支？用他那聪明的大脑和智慧的眼睛，他已经看出来了，他的出路只有两条，一条投降，一条死去。而投降是万万不能的，清廷即使饶恕任何人，也绝不会饶恕他，那就只有等着死神的降临。

六月，吴三桂遭受了一次重大的精神打击，他的结发妻子张氏病死。张氏虽然不漂亮，但夫妻感情已经深深地嵌入了他的骨子里。从此，他陷入孤独，愁思的情绪一直纠缠着他，心中抑郁不舒，面容日见憔悴。

八月，他得了"中风噎嗝"症。中风，就是脑部毛细血管破裂，会出现口眼歪斜之类的症状，没有药物能根治。再加上他到了六十七岁的年龄，得了这种病，更是非常危险。

一次，吴三桂的爱犬窜到他的几案上，他受到惊吓，病情当即恶化，嘴巴不能张开，说不出话来。这一次，吴三桂是第二次中风，可谓凶多吉少。

接着，他又得了痢疾，泄泻不止。他心中清楚自己不行了，授意身边人，叫孙子吴世璠（吴应熊庶子）快来衡州，他要托付后事。吴世璠远在云南。还没等到见到孙子的面，吴三桂就在八月十八日病逝了。

一生轰轰烈烈的人，就这样在凄凄惨惨中结束了生命。他没有给子孙们、臣属们留下丰厚的遗产。他留下的，是一个烂摊子，是一个非常恐怖的残局。而且更加恐怖的是，他把必不可免的灭族之祸——这样一个可怕的火球，用这样的方式转嫁给了他的家族、子孙！

吴三桂一死，他身边的人，立即发现一个问题——这个周王朝向何处去？这些人之中，没有人能做出这个重大的决定；而能够做出这个决定的，只能是吴三桂重要的将领，但这些人还在前方指挥军队作战。这个重大的决定，必须有他们参加。

衡州将领一番密议之后，做出决定：一是派专使紧急召回核心人物；二是暂不发丧，隐瞒死讯，以防衡州军心、民心动摇；三是衡州关闭城门。类似一家店主死了，店里关门不做生意了。这个关城门的决定，让衡州军民感到有点奇怪和突然，而对于吴三桂的死讯却是一无所知。

吴三桂的侄子、女婿、心腹将领齐聚衡州，经过讨论之后，做出两个决定：一是吴国贵总理军务；二是胡国柱回云南，迎吴世璠前来衡州奔丧。

胡国柱立即前往云南，向留守云南的郭壮图传达了众位将领的意见，这就要领着吴世璠奔赴衡州。然而，让胡国柱打破头也没有想到的是，郭壮图居然当场表示反对。理由看上去很充足，云南是周王朝的根本所在，吴世璠绝不能轻易出国门半步。

胡国柱把道理说得天花乱坠，郭壮图就是不听；而且郭壮图反驳的理由似乎更充足，"湖南可以丢掉，而云南万万丢不得，甚至可以在云南建立夜郎王国"。

胡国柱急啊，又说不过他，最后急得哭了，带着自己接人的队伍，在城外东郊徘徊好几天，最后，一把涕一把泪地离开了云南。

为什么郭壮图把吴世璠抓在自己的手掌心里绝不放开呢？内在的原因是，他在打自己的小算盘。他的女儿已经嫁给了吴世璠。吴三桂死后，吴世璠必定继位，那时，有一个人就极有可能抢夺他女儿皇后的位置，这个人就是卫朴的女儿。现在，把吴世璠控制在自己手里，那么今后谁当皇后，就是他说了算。

唉，周朝的江山在风雨飘摇之中，为了抢皇后的位置，这人就这样不顾一切了。真是为了抢得自己的一个蛋，不顾杀掉国家这只鸡。如果吴世璠当即去了衡州，在接下来衡州发生的一场大争论中，如果他坚定地支持吴国贵的主张，这个周朝的江山说不定会有扭换乾坤的转机。

攻略湘蜀

镜头移向衡州。吴国贵主持召开由各位将领参加的军事会议，会议主题——讨论周王朝今后的大政方针。

吴国贵首先提出主张——北进，"舍弃云南而不顾，北向以争天下：以一军直趋河南，一军经略江北；拼死决战，剿中原之腹心；即令不能混一，黄河以南，我当有之。"

　　吴国贵把这个主张一提出来，所有的将领都不说话了。没有人当即赞同，但也不敢立即否定，大家陷入思考之中。

　　人群中，马宝站了起来，第一个表示自己的意见——反对。"在座的诸位将领都有家产，都有亲属，这些人、财、物全都在云南。我军北进，后院空虚，清军必定攻打我军后路云南。弃云南，那就意味着原来打下来的、已经到手的家私财产全部归零。"

　　这个思想，有点类似一位不幸掉到江中快要淹死的人，不愿意丢掉凭半辈子努力积累才到手的一袋金砖，一定要带着他游到江边。

　　丢掉他，有可能浮出水面。丢不掉他，就一定会溺水而亡。可惜，马宝没有想到这一点。

　　随即有人附和马宝的观点。马宝这番话，深深切中了在座的各位将领的切身利益。所有的将领都是从云南过来的，那里确实有他们这大半辈子打拼下来的全部财产，有他们的妻儿子女。

　　在"一唱百和"的声音中，吴国贵北进的主张，轻易之间就被将领们否决了。

　　真理是不是真的掌握在少数人手中？而这少数人又只有吴国贵一个。

　　下面，不妨来分析下当时的形势：

　　首先，北征有相当大的冒险性。原因非常明显——此时的情况与当时吴军初到湖南时大不相同。

　　当初，吴军到湖南时，天下响应，而且吴军声势浩大，锐气正盛，就像一个青年，朝气蓬勃，意气昂扬。

　　如果当初趁此北上，必然会出现一个气象——所向无敌。那时，清朝一定将重兵征调北京勤王，战争将在北京附近展开。那样，南方空虚，同时起兵反清的另一藩王耿精忠就可以独当一面征剿清军。

　　由于吴三桂驻足湖南，战争发展到目前，吴军已经锐气尽失，斗志下降，由盛而衰；长年的战争之后，从东北一路征战过来的富有战场经验的老兵老将已急剧减员，因为老兵的年龄跟吴三桂不相上下。从南方征召的新兵跟老兵的战斗力又相差太大，不在一个级别上。

其次，从清朝方面分析。通过缓慢的战争进程，清朝已经从政治上、军事上进行了深度的全国总动员，达到了全面备战的水平。兵员、兵器、火药、粮饷相当充足。

特别要提到八旗兵。他们已经从战争初期的惊慌失措中恢复过来，从战争中的表现来看，战斗力越战越强。就像一个比赛中的运动员，通过热身赛之后，进入到了最佳状态。

结论：这样的情况下北征，风险巨大，艰险异常，有彻底覆没的危险。

上面种种的不利条件，吴国贵已有了充分的认识，所以他提出一个口号，"勿畏难，勿惜身，宁进死，勿退生"！

可以看出，吴国贵有一种精神，今天叫创业精神，也叫事业精神。零资本起家的人，负资本起家的事业人，要的就是这种干事业的精神，吴国贵具备了！

那么吴国贵的战略，有没有实现的可行性？是不是纯粹是冒险？

首先，从全局看。清军已经倾巢南下。康熙的做法是将所有的鸡蛋放在一个篮子里。这种做法，有强力的攻击性。然而，从防御上看，却存在一个巨大的漏洞。类似于走象棋，所有的车、炮、马全部杀到对方的阵地上展开进攻，后面的老将没有一马或一车保阵，就经不起对方的偷袭，风险万分。

长江以北，特别是黄河以北，清军在军事防备上已经是真空状态。即便是北京，也没有能战斗的兵力。清朝到了这时，北边已到了无兵可调的局面。下面用数据证明。

武昌府所有的兵，加在一起仅 3500 名。南昌：4500 名。安徽：5500 名。

上面三处是战略防御的重点。

北方一般城防兵力，最多不会超过 2000 人，大多数地方只有千把人、百十人。

这些人，根本不可能打仗，只能维持地方治安秩序。

康熙之所以这么大胆地干，就是看清了吴三桂的套路——无意北上。所以他敢玩一篮子鸡蛋放在一个手上拎着的冒险游戏。

这就像走围棋，吴三桂棋手一定是在某一个部位摆一条长龙，在那里必定要挣得你死我活。这盘棋走到半路，吴三桂棋手死了，换了新的棋手上阵。新棋手一来，完全不顾那个已经快要死去的长龙，而在棋盘新的部位落子。纵观全国新的部位不但很多，而且完全是空虚的，康熙棋手也完全没有在那些空白的地方布子。这样的情况，整个棋的局势会不会改观呢？

所以，如果吴国贵的主张得到大家全力支持，吴军向北边乘虚而入，给清朝的打击一定是四个字——出其不意。

等到清军再将军队北调时，必然疲于奔命、难以应战。

其次，从地方看，亦即从局部看。在那些还是空白的棋盘上，吴军并非完全没有子力。陕西仍然活动着叛军。汉中有大股的叛军。领有四川的吴之茂必定会立即从北边配合，这就大大缓解北征军的压力。此时，郑成功的军队可能会乘虚占据福建、广东沿海城镇，那将会牵制部分清军。这样的情况同时出现的话，清军必将措手不及。那么，在新的地盘上，如河南、河北就有可能局部突破，甚至全部拿下。

吴军如果集结北征的话，还有多少兵力呢？答案是，他们还有 10 万人以上。吴国贵的战略，"剿中原之腹心，断绝清东南漕运的根本"，也就有可能实现。那样，局势的发展，这盘棋到底谁笑到最后，实在难说。

当然，这必须要吴军有拼死决战、一往无前的精神。

否认吴三桂错误做法，需要巨大的勇气。否则，想法是好的，却实现不了，胎死腹中，后果可怕。可惜，吴国贵有否认吴三桂错误做法的勇气，却缺少必要的手腕。

假如在会前他与一些人深入沟通，得到他们的同意之后，再在会上提出来，那样的话，会上支持他的人会不会多起来呢？在会上，提出自己的正确想法，如果在其他人的思想中完全没有基础的话，往往会遭受被否决的命运。

我们只能为这个胎死腹中的方案叹息了。然而，当事者却没有时间坐在那里叹息，甚至连喘息的时间都没有，因为所有的将领决定继续南守而不是北征之时，清军已经追上来了，围过来了。

将领们意见一致了：守云贵，但也不放弃湖南，要尽一切力量保住湖南，因为保住湖南才是保住云贵的关键。

想法是好的，但"理想很丰满，现实很骨感"。

吴三桂死后，第二年（康熙十八年，1679年）正月二十九日，吴应期撤出岳州，奔向长沙。湖南大门洞开。

到了长沙，吴应期不敢多作停留，烧毁船只后，弃城逃向辰州（沅陵）。胡国柱也跟着出逃，到辰龙关屯驻，与吴应期互为犄角，力图死守。

得胜的清军攻下长沙，一边纵兵猛追；同时分路进剿松滋、常德、澧州。这些城镇的吴军纷纷弃城而逃，更多的吴军守将如洪福等人率舟师投清。

二月初七，清军攻打衡州，吴国贵、夏国相弃城逃走。

不到两个月的时间里，吴军就像大海退潮一样，向南方退去。清军就像赶海的渔民，追逐着潮水，一路收捡鱼虾。清军几乎是兵不血刃，追到一处，就得到一处。于是在广阔的湖南战场上，一大战争奇观上演了——清军铁骑如云，席卷而来；吴军急急如丧家之犬，丢盔卸甲，狂奔逃命而去。

除了辰州外，湖南绝大部分地区被清军占领。而驻扎辰州的吴军，日子也非常难过，狼狈而艰难。这里驻有吴军一万三千人，大部分兵士连盔甲都没有。枪炮奇缺，只有窝统五千，原有的大炮、鸟机都在逃命中丢弃了。新从云南发来的两船金银，每名军士本来应该给银五两，结果钱不够分，每人实际拿到手的，才四分，买酒买肉都不够用。负责采购的官员到乡下买粮，每次最多只能买到五十石，没有买过上百石的，粮食严重不足。征来的苗瑶士兵大为不满，每到夜晚，就有上百人结伙逃跑。可见吴军已到了穷困潦倒的境地。

吴国贵、马宝等将领讨论之后，做出决定，如果支撑不住，那就回铁索桥据守。将士们个个怨恨吴应期将岳州大门打开，以至造成今天这样恐怖的局面。

吴军为什么一定要驻守辰州？

辰州是贵州、四川、湖南三省交界的地带，地点在沅江边上；交通上，有水路、陆路直通贵州。这样的地方，很显然是一个交通枢纽。

在这个枢纽上，有一个关隘，名叫辰龙关，是"通云贵的孔道"。如果用人体来比喻的话，这样的位置叫咽喉。这里山势险峻，林木森密。人在这里走都非常的不容易，骑兵从这里通过，更是无法排成队列。

辰龙关为辰州的门户，清军过不了这个关，就进不了辰州，也就无法通向云贵。当然如果走其他省份也可以，那就要绕道几千里，多走几个月也不可知。

三月份的时候，勒尔锦率部追到了辰龙关附近。看到这里群山林立，林深路险，不敢继续进兵。

正是得益于勒尔锦畏缩不前，吴军才能够从容地完成部署工作，在这里构筑防御工事，将清军追击的脚步停在了这里。吴军恐慌的局面才得以暂时稳定下来。

七月份，清军在大将军简亲王喇布指挥下集结四万人，向辰州南的武冈发起强大的攻势。这里守卫的是吴国贵，有部众两万人。

喇布派穆占在八月初一首先攻取新宁县，然后与大将军安亲王岳乐合军一起，共同向武冈、枫木岭的吴军发起进攻。

激战在枫木岭隘口展开。此时的吴军恢复了一定的战斗力，没有像前边那样的溃退，当即迎战厮杀。

这时有一个关键人物出场——林兴珠，他熟知吴军内情。正是他，亲自率领清军奋勇出击，结果一举击败了吴军。

在枪炮互击中，吴国贵误中冷炮，当场死亡。一看主帅死了，吴军当即丢弃武冈。这样，枫木岭随之被清军拿下。

"清军夺得了武冈"，辰龙关守军听到这个消息，十分震惊，将士们原来稳定的情绪被打乱，变得惊慌起来。

第二年（康熙十九年，1680 年）初，清军在大将察尼率领下完成了集结，决定向辰州发动进攻。战斗首先在辰龙关展开。察尼想出了一个办法，派清军从小道开进，发起突然袭击。结果，成功地攻破辰龙关。

三月十三日，清军前进到了辰州城下。吴军弃城逃走，知府傅祖录献城投降。负责守辰州各地的吴军将领也都一一放下武器，个个率部向清军投降。

辰州城不战而降，吴军损失惨重。更加严重的是，清军这就等于打开了贵州门户。"枫木岭、辰龙关一经辟开，则滇、黔势同破竹"。现在，清军可以无阻挡直趋云贵。

清军在湖南追着吴应期、胡国柱打的时候，康熙算定，此时四川的叛军一定会看到清军便闻风丧胆。那么，此时就是向四川叛军发动总攻击的大好时机。

时机出现了，康熙岂能放过？

康熙十八年（1679 年）六月二十五日，康熙派大将图海平定四川。

八月，图海兵分四路向四川进发。图海想出了一个办法，在他的手下，有三员汉将张勇、王进宝、赵良栋，这三人已经威镇西北。图海派他们三人打头阵，满洲兵随后跟进。康熙高度肯定了图海的做法，"自古汉人逆乱，亦唯以汉人剿平"。这正是他继承了入关之前清太宗所定下的"以汉攻汉"的政策，也是清朝成功的军事、政治经验总结。

还在进剿四川前，康熙就向四川的核心人物王屏藩等发起政治攻势，派出人手，给他送去了亲笔招抚谕旨。康熙将他界定为从犯，"反叛之罪在吴三桂"，你是"附和之人"。康熙给出承诺，"朝廷愿意赦免他，论功录用"，提出的条件非常清楚、简单：必须归顺清朝。

出乎康熙意外的是，王屏藩是一个政治立场非常坚定的人，与吴三桂结成了密不可分的联盟，在反清的立场上，与吴三桂完全一致，对着到来的清军毫不妥协。吴三桂已死，王屏藩发下狠誓，要把吴三桂的反清事业进行到底，除非失败，否则决不罢休。

可让康熙更没有想到的是，在军事上，王屏藩却非常不经打，他根本就不是张勇、王进宝、赵良栋三员汉将的对手。几次交战之后，清军差不多是一路追着王屏藩的吴军打。康熙十九年正月十三日，在成都附近锦屏山战斗中，被清军追得走投无路的王屏藩上吊自杀。

王屏藩死了，四川的吴军逃的逃，降的降，抵抗者全部以失败告终。

当湖南这边的清军打下辰州时，也就是康熙十九年三月左右，清军差不多也同时拿下了四川，从西南包抄云贵的条件成熟了。

骨肉相残

现在，清军的目标是直指云贵。

一场坚守与争夺云贵的战争打响了。

康熙十九年（1680 年）三月，清军赵良栋策划了三路进取云贵的方案。康熙看过之后，当即批准。随即兵部着手选命将官，调遣军队。

"这次该选用一批什么样的人呢？是不是继续沿用先前的原班人马？要不要打造升级版的新领导团队？"

两个条件已经摆在了康熙的桌面上。一是云贵之战，是平叛的最后一战，也是最为关键的一战。因为那些先前逃出来的吴军将士这一次一定会拼死一战，而吴军中从战场上活下来的，一定是战斗力最强劲的部分。

二是在先前的战斗中，康熙亲眼看到了一个现象，皇室贵胄统帅军队，时常征战不利。要么是他们没有水平，要么是他们怕死。一句话，这些人实在不能再用。那么，这一次就必须选出真正的人才。这一次也的确需要真正的能征惯战的将才。

一番思考之后，康熙做出决定，将先前征战不力的领导，这一次全部解任，包括岳乐、勒尔锦等人，而且还要给他们严厉的处分。

新一批将领很快就找出来了，第一路即中路统帅为贝子章泰。凭着敢战、善计谋，他已经多次立下战功。第二路统帅为赖塔。这人也多次立下战功。第三路统帅为赵良栋，他以"勇略茂著，操行廉洁"著称。

第二个问题紧接着就来了，"这一次需要多少兵力？这些兵力如何组成？"

这是一个成本与收益的问题。康熙定出的目标是必胜，但是也不能在那样小的地方一下子集结太多的兵力。否则，成本太大反而拖累了国家。

当时全国总兵力大约在一百万，康熙决定动用其中的一半。在云南一隅之地动用全国近一半的兵力（实际征用四十万）。可以看出，这一次康熙是下定决心要踏平吴世璠坚守的昆明。

在兵种的选择上，康熙做了慎重的考虑：裁撤部分满洲兵；撤去大部分蒙古兵、乌拉兵（吉林兵）、宁古塔兵。这些兵生活在北方、东北地区，耐不住南方湿热的气候。云贵多峻岭、沟谷，专事骑射的北方兵无法发挥特长。

康熙发现在一系列较量中，由汉人组成的部队一再取得胜利。于是，这一次，他决定征调具有相当战斗力的绿旗兵，即汉人的部队。

结合云贵山地多的地理特点——康熙策划出一套独特战术，"行军作战皆由绿营步兵居前，满骑继后"。这样的做法，适合山地战，与湖南平原战场骑兵在前边冲锋的打法完全相反。

一个能自己推翻自己取得成功经验的人，一个能结合新情况想出新招的人，实为高人。

现在有必要看一看康熙的新对手吴世璠，在云贵集结了多少兵力？资料没有具体记载，史家分析的数据，十万。

十万对付四十万，这就是传说中的以卵击石，也叫最后的顽抗或最后的疯狂。想必这一点，吴世璠以及他的团队比我们任何人都清楚。

康熙十九年九月，湖南第一路统帅大将章泰报告军队已完成集结，这就要由蔡毓荣等人统帅从沅州出发。就在这时，突然从四川传来了当地接连发生叛乱的消息。四川已连失泸州、叙州、永宁等地。

四川是怎么搞的？

原来在得知清军即将进剿云贵，郭壮图想出了一招——从外围牵制清军，分散清军的兵力，派胡国柱、马宝、夏国相等人为将，在四川发动突然袭击。

郭壮图这一招非常成功，四川清军猝不及防，已经降清的叛将谭洪、彭时亨等乘机再次叛变，夔州府百姓也跟着叛变，谭洪率领叛众攻下了万县。

得到消息，康熙大为吃惊。不过，他并没有慌乱无措，很快就镇定下来，做出决定：原定赵良栋统率的第三路，取消出师云贵的计划，集中力量平息四川叛乱；第一、第二路军按原定计划、原定日期出师。

郭壮图想出来的这一招儿，被康熙轻松化解。

清军在贵州的战争乏善可陈，基本上都是清军追剿、吴军逃跑。九月十二日清军出师，到十月二十一日，清军抵贵阳时，也是不战而胜。住在贵阳的吴世璠惊慌失措，提前与将领刘国炳、叔父吴应期率众逃向昆明。两个月时间，清军差不多把贵州全境搞定,这就是传说中的风卷残云吧。到了年底，清军抵达云贵交界地区。

吴世璠一行人逃到云南后，吴氏集团的核心层，不同想法的人物全都挤在了一起，内部矛盾已经不可避免。

叔父吴应期是吴氏集团中的核心人物。还在贵州时，一天，他去朝见吴世璠。由于是自家叔父，吴应期被留下来在内庭接受款待。

宴席上，吴应期看着满桌子酒肉，想到了一连串的失败，"现在的形势摆在了那里，已经是连自家性命也难保"。想到这一点，他便开口大骂方光琛："他才是真正的祸首。本来我这是一辈子吃喝不愁的富贵命。就是他，要造什么反，现在不知道还能吃上几天的好饭好菜。"

在场的所有吴氏亲属，被他一顿骂，全都哭了起来。个个都后悔当初起兵。如果吴三桂没有死的话，估计个个都要骂死他了。但是，事情走到这步田地，说什么都晚了。投降的话，最终的结局，吴家人一定被康熙千刀万剐。这种起兵造反已经搞得天下大乱的事，康熙势必将吴氏灭族，一定不会给在座的各位好果子吃的。没办法，除了继续挣扎，整个吴氏家族已经没有第二条出路了。

这一次，在逃向云南的路上，吴应期一边逃命一边召集散兵游勇，也收拢到了两千来人。手中有了这点小本钱，吴应期就在考虑一个问题，如何做大做强？想着想着，他终于想出了一个办法：到昆明后，搞一场宫廷政变，废弃吴世璠，自己取而代之。

吴氏集团的另一个核心人物，吴世璠的岳父郭壮图，是真正手握实权的人，将自己的工作定位在"看护皇帝"这个重大工作职责上。现在，他正用他职业的眼光，搜寻可能心怀不轨的人。凭着直觉，他突然发现吴应期的动向有些不对劲。

郭壮图立即行动，故意派人代表皇帝到吴应期的驻地慰劳他的军队。乘着他没有防备，慰劳他的那位皇帝代表迅速将他拿下，用准备好的绳索当场把他勒死。为了斩草除根，防止他的后代报复，郭壮图再派人手，将吴应期的两个儿子也一并勒死。

这就叫内部倾轧，骨肉相残。这样的特殊时期发生如此恶性的重大政变，使得吴氏政权的实力自我削弱，队伍人心进一步涣散，局面越来越不可收拾。

吴军覆没

康熙二十年（1681年）正月，接到康熙的命令，章泰率第一路军起兵向云南进发。一同向云南进发的，还有赖塔的第二路军。

在石门坎、黄草坝、江西坡、交水城，吴军利用险峻的山势、城池为依托，沿途安排阻击。这些阻击战，有的打得十分激烈，但都被清军强大的洪流——冲垮，吴军所有的阻击全部被清军打败。

康熙二十年二月十五日，清军第一、第二路大军在交水城（云南曲靖中部）会师，随即向昆明挺进，十九日进抵昆明郊区四十里外的地方。清军在归化寺附近扎营，从西北金马山到正北鹦鹉山再到左右的石虎岗、城北山，清军全都布满营帐。如此盛大的军容，足以让对手寒而栗。

郭壮图似乎视而不见。二十一日他派了将军胡国柄、刘起龙率领马步军一万人出城三十里迎敌。这一次还组成了象阵，但数量不多，只有五只象。

章泰军排在左边，赖塔军排在右边。数十万人的清军向一万人的吴军发起进攻。这场混战，整整打了一个上午。清军一次又一次向吴军发起冲锋，到了中午时分，吴军被打败，向城里溃逃。清军在吴军后面猛追，一直追到昆明城下，阵斩了胡国柄、刘起龙等九名将官，俘获吴军六百多人，但没有能够冲进城去。

果然如康熙料定的那样，吴军虽然人数不多，却十分顽强。

吴军迅速关闭城门。吴世璠住在城里，没有一丝投降的意思，在他的手里，还有一张牌，他可以等待援军的到来。吴世璠已经向四川的马宝、夏国相、胡国柱发信，令他们放弃四川，立即回援昆明。

"是不是立即发起攻城战？"这已经是摆在章泰、赖塔面前的问题。认真研讨之后，两人做出决定，暂不攻城。"如果吴世璠死守，清军强行攻城必定伤亡重大。我们可以利用人多的优势，发动士兵沿着城墙挖掘壕沟，将昆明城彻底围死。同时，利用这个时间，扫清外围城市，将昆明彻底孤立起来。到那时，昆明粮食用尽，想不投降都难。"

围城清军立即开工，在昆明城四周挖壕沟，同时将营地迁到昆明城下，连营数十里。章泰同时派出官员四处张贴檄文，发布康熙招降政策，派遣官员与昆明城四周卫星城镇的吴军将士接洽，大搞招降工作。

招降工作迅速发力，不久，大理府的"定远大将军"张国柱、姚安府"亲军车骑后将军"刘汉章、临安吴军总兵徐衷明等人排着队到章泰这里来投诚。接着，又有吴将韩天福率武定府官兵投诚，从四川逃回的一批将领，如高启隆、刘魁等，领着所部官员士卒到清军军营投诚。

"四川的吴将马宝等人将要率军回云南救援"，得到消息，康熙立即做出指示，严令赵良栋"速行蹑击，对马宝等人就地全歼"。

此时，马宝、胡国柱已从四川撤出，正在回奔云南的路上。

留在四川的吴将，如宋国辅等人，感到势孤难支，遂献城向清军投降。四川本地的叛军领导人谭洪刚病死，部众也随之瓦解。康熙命令赵良栋率部速进云南。

五月间，马宝的军队赶到了云南的乌木山。

得到消息，章泰立即命都统希福统兵进击。

乌木山一战，马宝全军覆没，胡国柱、马宝、夏国相各自逃命。之后，这些被打散的吴军将领，有的人降清，有的人自杀。

吴世璠、郭壮图所期待的马宝、夏国相等人的外援，全部化为了泡影。但这两人不愿意投降，决定死守。这样一来，清军与昆明城的吴军进入僵持状态。

"我军从二月围困到五月，昆明城里的吴军似乎没有缺粮之类的威胁，小日子过得还比较舒心。"清军前方将领发现这个问题后，立即深入调查，终于发现了其中的秘密。

昆明城一面临昆明湖（滇池），一面临倚山，昆明城里的人没有缺水、缺柴这样的担忧。驻守昆明湖一带的清军，大都是吴三桂的旧部，而昆明城中有他们的家属、亲戚、部属、同僚，这些人不忍心让他们挨饿，所以封锁不严。与昆明湖里相接的河里，运输粮食的船只可以随便出入。

发现这两大问题后，清军前方将领立即做出决定：将驻守昆明湖一带的吴军旧部撤出，改换八旗兵驻守。

就这样，昆明城里的粮食来源终于被切断。

九月，平定四川叛乱后，赵良栋率军赶到昆明。十月初八，清军各部向昆明城发起攻城战。

清三路大军日夜攻城，吴世璠、郭壮图惊慌失措，看着清军攻城而一筹莫展。

在加紧攻城的同时，章泰决定同时向城内守军发起政治攻势，不停地向城内射进一封封招降书，动摇城内守将的军心。

城内粮食已经用尽，一酒杯米的价格高达一两白银。

城内守军面临双重压力，要么饿死，要么战死。城外已掘了壕沟，无处可逃；城内旦夕可下，人人自危。一些将领生出想法来，"早点投降，还能死中求生；等到城破时投降，就已经来不及了"。十月二十二日，吴将余从龙、吴成鳌悄悄出城投降。

从投降的吴军将领士兵这里，清军得到消息"城里已山穷水尽"。章泰立即亲自督战，加强攻城的势头。

十月二十八日，吴将线、吴国柱等人决定发动兵变，逮捕吴世璠、郭壮图献给清军。

得到兵变的消息，吴世璠、郭壮图还没有等叛军上门，便当即自杀。

吴将线、吴国柱等人逮住方光琛，接管了这座城市。第二天，也就是十月二十九日，吴将线、吴国柱等人打开城门，向清军献城投降。

至此，吴军彻底覆灭！

吴氏也随之家遭受了灭族之灾！

同样，吴军中那些投降清军的将领，也没有几个得到好下场。

方光琛等一批人被凌迟处死，吴氏亲属也被一律处斩。吴世璠的头被割下，传送北京示众。

吴氏灭族了，可陈圆圆去哪啦？

关于陈圆圆的去向，各种各样的传说倒有不少。大家如果有兴趣，也许从《圆圆曲》中可能会找到一些线索吧！

圆圆曲

——（清）吴伟业

鼎湖当日弃人间，破敌收京下玉关，恸哭六军俱缟素，冲冠一怒为红颜。
红颜流落非吾恋，逆贼天亡自荒宴。电扫黄巾定黑山，哭罢君亲再相见。
相见初经田窦家，侯门歌舞出如花。许将戚里箜篌伎，等取将军油壁车。
家本姑苏浣花里，圆圆小字娇罗绮。梦向夫差苑里游，宫娥拥入君王起。
前身合是采莲人，门前一片横塘水。横塘双桨去如飞，何处豪家强载归。
此际岂知非薄命，此时唯有泪沾衣。薰天意气连宫掖，明眸皓齿无人惜。
夺归永巷闭良家，教就新声倾坐客。坐客飞觞红日暮，一曲哀弦向谁诉？
白晳通侯最少年，拣取花枝屡回顾。早携娇鸟出樊笼，待得银河几时渡？
恨杀军书抵死催，苦留后约将人误。相约恩深相见难，一朝蚁贼满长安。
可怜思妇楼头柳，认作天边粉絮看。遍索绿珠围内第，强呼绛树出雕阑。
若非壮士全师胜，争得蛾眉匹马还？蛾眉马上传呼进，云鬟不整惊魂定。
蜡炬迎来在战场，啼妆满面残红印。专征萧鼓向秦川，金牛道上车千乘。
斜谷云深起画楼，散关月落开妆镜。传来消息满江乡，乌桕红经十度霜。
教曲伎师怜尚在，浣纱女伴忆同行。旧巢共是衔泥燕，飞上枝头变凤凰。
长向尊前悲老大，有人夫婿擅侯王。当时只受声名累，贵戚名豪竞延致。
一斛明珠万斛愁，关山漂泊腰肢细。错怨狂风飏落花，无边春色来天地。
尝闻倾国与倾城，翻使周郎受重名。妻子岂应关大计，英雄无奈是多情。
全家白骨成灰土，一代红妆照汗青。
君不见，馆娃初起鸳鸯宿，越女如花看不足。
香径尘生乌自啼，屧廊人去苔空绿。换羽移宫万里愁，珠歌翠舞古梁州。
为君别唱吴宫曲，汉水东南日夜流！